21世纪高职高专规划教材 · 通识课系列

人文素质与职业素养系列教材

心灵成长之旅

XINLING CHENGZHANG ZHILÜ

大学生积极心理指导与训练

主　编 ◎ 张丽芳　郑　静

副主编 ◎ 焦莹莹　吴　蕊　赵秋叶

中国人民大学出版社

· 北京 ·

本书编委会

主　编　张丽芳　郑　静

副主编　焦莹莹　吴　蕊　赵秋叶

参　编　张　峰　鲁孔翟　宋俊生　张　波

总 序

Preface

促进人的发展是教育的根本目的与本质属性。正如联合国教科文组织所指出的："教育不仅仅是为了给经济界提供人才：它不是把人作为经济工具而是作为发展的目的加以对待的。"黄炎培先生早在1917年就提出职业教育的目的有三个："为个人谋生之准备，一也；为个人服务社会之准备，二也；为世界、国家增进生产力之准备，三也。"作为一种教育类型，促进人的全面、可持续发展是职业教育的基本功能与价值体现。根据马克思主义的观点，人的全面发展概括起来可分为三层含义：一是强调个体发展的全面性，即人的个性的所有方面都不能被轻视和忽视；二是强调个体发展的自由性，即每个人都能自由地按照自己的目的、愿望去表现自身个性的魅力和丰富性；三是强调人的各种潜能本质获得最充分的发掘，成为自身的主人。

高职院校作为职业教育的主要承担者，以培养高素质技术技能人才为目标，促进学生的全面、可持续发展是实现其服务经济社会发展功能的前提和基础。促进学生的全面发展需要全面发展的教育，前者是目标，后者是手段；前者是对人的发展的总体要求，后者是教育的诸方面。然而，在高职教育实践中，依然存在重知识轻道德、重技能轻人文、重就业针对性轻职业发展性的倾向，更注重社会本位的教育功能而相对忽视人本位的教育价值，形成了工具理性的教育而非"人"的教育。在我国经济社会转型发展的新时期，社会对高素质技术技能人才的要求不仅仅体现在高超的操作技能上，还体现在高尚的职业道德、健全的人格和较高的文化素养等方面。高职院校不仅要培养学生卓越技能，更要成就学生精彩人生。在高职院校中加强学生的人文素质与职业素养教育既是个体全面、可持续发展的需要，也是新时期我国经济社会发展的需要。

多年来，山东劳动职业技术学院始终站在高技能人才培养的最高端，坚持"高端引领、特色立校、内涵发展、多元办学"的办学方针，把人才培养质量放在首位，2012年被确定为山东省技能型特色名校建设单位。建设过程中，学院把人才培养作为学院的中心工作，提出了"全人"的教育理念，构建了"三位一体"的学生人文素质与职业素养培养体系，实施了课程化建设。本套教材就是学院课程建设的成果之一，包括《人文经典诵读》《通用职业素养指导与训练》《轨迹——校史教育读本》《大学生安全与法纪教育读本》《心灵成长之旅——大学生积极心理指导与训练》等。

本套教材适应时代需求，贴近高职院校实际，遵循学生认知规律，按照科学性、趣味性的原则，采用“参与式、体验式”教学方法，通过构建能力目标、情境导入、活动体验、自我评估、拓展训练等方式，激发学生学习兴趣，提高学生综合素质。希望通过本套教材的推广应用，使学校受益、学生受益，促进高职教育质量的不断提升。

教材编写委员会

2016年10月

前 言

Preface

在多年高职院校的教育实践中，我们发现，高职院校学生与本科院校学生相比，虽然处于相同的年龄阶段，但由于学习经历、家庭环境等特殊的个人生活体验，该群体在自我认知、学习兴趣、情绪管理、人际关系、未来希望等诸多方面具有其自身特点。尤其是随着社会经济水平的不断提高，在无时不网、无处不网、无事不网的时代，学生个性化发展更加鲜明。心理健康教育如何适应高职院校学生的特点，采用更适合的方式，使学生发现自身潜能，激发生活、学习热情，成就幸福、出彩人生成为我们思考的重点。

在教材编写过程中，我们查阅了国内出版的众多大学生心理健康教育的教材，发现绝大多数内容都是面向少数问题学生、针对“消极问题”展开的，离学生的心理距离较远，也很容易让学生认为一谈心理，就是心理疾病，产生不良的心理暗示。本教材以高职院校学生日常的生活状态为切入点，吸收与借鉴积极心理学的研究成果，着眼于发现和养成学生的积极心理品质，挖掘学生固有的、潜在的、具有建设性的力量，进而促进学生人格的完善，走向幸福人生。

本教材在内容选取与编写方式上有以下几个特点：

一是内容创新。本教材改变以解决心理问题为重点的逻辑思维，吸收并借鉴了积极心理学的理念与方法，以培养学生积极心理品质、挖掘学生潜能为目标选取内容。

二是形式新颖。本教材以学生安然的成长故事为线索，将理论知识贯穿起来，按照“感—思—学—行—悟”的体验式模式，在每部分内容设计了成长故事、成长困惑、成长导航、成长训练营、成长体验与感悟、成长加油站等板块，使学生能够在体验中感悟、在体验中学习、在体验中成长。

三是趣味性、可读性。遵循学生的认知规律，本教材选取了大量图片，还有部分原创作品，图文并茂，增强了直观性，提高了吸引力。

本教材由山东劳动职业技术学院人文素质与职业素养系列教材编委会统一组织编写，学院党委书记崔秋立担任编委会主任，副书记王韶明、副院长胡涌、周峥、李华宾、许有财担任编委会副主任。张丽芳教授担任本教材第一主编，负责成长驿站一、二、三的统稿、教材内容审定、撰写前言等工作，并参与了成长驿站一的编写；郑静教授担任第二主编，负责成长驿站四、五、八的统稿工作，并参与了成长驿站四的编写工作；焦莹莹老师担任第一副主编，负责确定编写体例，承担了成长驿站一、五的编写任务；吴蕊老师担任第二副主编，负责成长驿站二的编写；赵秋叶老师担任第三副主编，负责成长驿站六、七的审稿工作，并参与了成长驿站六的编写工作。其余参编人员具体分工如下：成长驿站三、四由张峰老师编写，成长驿站六由鲁孔翟老师编写，成长驿站七由宋俊生老师编写，成长驿站八由张波老师编写。另外，山东劳动职业技术学院机械工程系孙钊老师为本书绘制了部分图片。

在教材编写的过程中，我们吸收、借鉴了国内外同行专家们的相关资料、研究成果，在此一并表示感谢。同时，由于水平有限，书中疏漏和不妥之处在所难免，恳请读者提出宝贵的意见和建议。

编　者

2017年3月

目 录

Contents

成长驿站一　发现独一无二的我
——自我意识

与其守成法，毋宁尚自然；与其求划一，毋宁展个性。

——蔡元培

世界上没有完全相同的两片树叶。

——莱布尼茨

成长故事

新生入学，自我介绍经典“三句半”

经过高考的洗礼，安然终于踏进了大学的校门。学校里的一切都是那么新奇，新的环境，新的班级，新的同学，新的老师……激动的心情还未平复，安然将要面对他人生中的一次重要“讲话”——自我介绍。

从没有在这么多人面前讲过话的安然感到十分紧张。随着同学们一个接一个上台介绍自己，安然的头上渗出了细细的汗珠，手却越发冰凉。他只看到同学们站在讲台上嘴巴一张一合的，具体说的啥却什么也没听到，听到的只有他自己“砰砰”的心跳声。

终于轮到安然上台。站在台上，安然脑子里一片空白。他红着脸，低着头，憋出了“三句半”：

“大家好。”

“我叫安然。”

“我来自山东菏泽”。

“谢谢。”

“同学们会记住我吗?”“为什么有的同学的自我介绍那么生动？为啥我就只憋出这么几句干巴巴的话?”“为什么我没想到还能用唱歌的方式让大家记住我，其实我唱得也不错的。”“为什么……”

成长困惑

1. 如果换做你，“三句半”的自我介绍能否再多添上几句？

2. 你认为安然没能做出一个给大家印象深刻、形象饱满的自我介绍的原因在哪里？

3. 像安然这样的困惑和疑虑，你是否也有过类似的体会？

____

____

带着这些思考与困惑，让我们一起来重新认识一下自己。

成长导航

第一站　我是谁——自我意识概述

早在古希腊时期，哲学家苏格拉底就提出了“认识你自己”的口号，这标志着人类自我意识的觉醒。人类对自我意识的真正研究始于欧洲伟大的文艺复兴运动。法国哲学家笛卡儿首先提出了“自我意识”这一概念。自我意识的确立是十分重要的，其正面或负面倾向都是我们人生走向成功或失败的方向盘和指南针。自我意识是一个前提、一个根据，我们的全部个性、行为，甚至能力都是建立在这个基础之上的。

如果一个人不了解自己是怎样一个人，那么他的生活就会处于一种混沌之中，充满不安和彷徨。德国作家约翰·保罗说：“一个人真正伟大之处，就在于他能够认识自己。”因此，在认识别人之前，我们首先要认识自己；要认识世界，我们就更要认识自己。只有认识了自己，我们才能更好地做自己。大学生要培养和保持健康的心理，必须从拥有良好的自我意识开始。

一、自我意识的含义

自我意识，是个体对自身存在的状态的认知，即个体对自己及自己与周围环境关系的认识、评价与体验。自我意识包括以下几方面内容。

（一）生理自我

生理自我是个体对自己的身体、生理状态的认识和评价，主要包括对自己身高、体重、身材、容貌、性别等方面的认识，以及对温饱饥饿、劳累疲乏、生理病痛等的感觉。生理自我是与生俱来的。随着自我意识的完善，个体对生理自我会有一个明晰、客观的认识。

（二）心理自我

心理自我是对自身心理状态的认识和评价，主要包括对自己的智力、性格、气质、兴趣、能力、记忆、思维等特点的认识和评价。

（三）社会自我

社会自我是个体对自身与外界客观事物关系的认识和评价，主要包括对自己在一定社会关系中的角色、地位、权利、责任等的认识，以及对自己与他人关系的认识和评价。大学生常用“我已经长大了”来表达自己的社会自我，期望社会给予积极的肯定与认可。

二、自我意识的结构

自我意识是一种多层次、多维度的复杂心理现象，它是由自我认识、自我体验、自我控制构成的。

（一）自我认识

自我认识就是自己对自己的认识，包括自我认知和自我评价。自我认识就是要解决“我是一个什么样的人”的问题。从认识形式看，自我认识表现为自我感觉、自我观察、自我分析和自我评价等。如果一个学生因为高考失利而没有考上大学或者考上理想的大学，就感觉自己低人一等，认为自己没有用，他就会产生自卑感，做事情也提不起兴趣，无法积极投入，结果也常常以失败而告终。难道人的全部价值就只体现在考大学这一件事情上吗？显然不是。法国著名思想家蒙田说：“世界上最重要的事情就是认识自我，因为认识自我是实现自我的第一个条件。”可见，对自我的客观认识和评价，对个人的健康发展是十分重要的。

（二）自我体验

自我体验，是个体对自己怀有的一种情绪体验，即自己对自己是否满意的问题。自我体验主要涉及“对自己是否满意”“能否悦纳自己”的问题。“满意”则自我肯定、信心十足；反之，就自我否定、垂头丧气。我们可能都有过这样的体验，当你对自己失望时，整个世界都似乎成了灰色；当你情绪沮丧、抑郁消沉时，你所看到的、做到的，甚至从记忆深层挖出的都是令人伤感的、自己否定自己的；而当你充满自信时，对自己的缺点都可以合理化，积极地去看待、去争取改善。

（三）自我控制

自我控制，是个体对自己的行为、思想和言语等的控制，以达到自我期望的目标。自我控制包括自我激励、自我暗示、自强自律，核心内容是“我将如何规划自己的人生”。自我控制是解决“如何有效地调控自己”“如何改变现状，使自己成为一个有理想的人”的问题。日常生活中讲的“自制力”实际上就是自我控制的能力。

三、自我意识的存在方式

（一）现实自我

现实自我是指个体在现实生活中的真实情况，即自我在能力、水平、业绩等方面的实际表现。它是个体在现实生活中获得的真实感受。

（二）镜中自我

镜中自我，也称“投射自我”，是指从别人眼中反照出来的自我形象，即在个体眼中别人对自己的基本看法。

趣味阅读

唐太宗以人为镜

魏征是隋末唐初著名的政治家，他尽心竭力地辅佐唐太宗 17 年，始终以谏诤为己任，有时甚至犯颜直谏、面折廷争，阻止或纠正了唐太宗许多错误的行为和主张，为“贞观之治”的形成和巩固作出了杰出的贡献。他去世之后，唐太宗伤心地说：“以铜作为镜子，可以端正衣冠；以历史作为镜子，可以知道国家的兴亡；以人作为镜子，可以知道自己的得失。现在魏征去世了，我失去了一面很好的镜子啊！”

资料来源：http：//baike. so. com/doc/5013848-5239201. html.

（三）理想自我

理想自我是指个体想要达到的比较完美的形象。

四、自我意识的功能

自我意识与人的成长发展息息相关。自我意识在大学生的成长中具有目标导向、自我控制和内省调节等功能。

（一）目标导向功能

一个人想要成就一番事业，就必须从自身的实际出发，制定明确、合理的目标，只有这样才能激发自身强大的动力和潜能，调动起积极性。个体在对自我形成客观、全面认识的基础上，树立清晰、合理的“理想自我”形象，为将来的发展确定目标，这将对个人的认知、情感、意志、行动产生很大的影响，是个体活动的动力。

（二）自我控制功能

一个人如果有了发展目标而不付之于行动，其结果仍然是一无所获。在有了目标之后，还必须具备自立、自主、自信、自制的意识，对自己偏离目标的情感和行动加以调节和控制。在通往成功的路上，很多人与成功失之交臂，他们并不缺乏机会和才华，而是缺乏自我控制的意识和能力。自我控制是自我意识发挥能动作用的一个重要表现，它是目标的保护神，是成功的卫士，是自我意识的一项很重要的功能。

（三）内省调节功能

自我意识健全的个体，不仅能够确立符合个体的“理想自我”，而且能够通过自我控制来实现预期目标。但是由于主客观条件的制约，“理想自我”的实现常常会遇到各种障碍，致使个体产生不同程度的挫折感，这时自我意识就会对自己的认识、情感、意志、行为等进行反省，找寻受挫的主客观原因，并重新调整认识，形成新的“理想自我”，使其与“现实自我”趋于统一。内省和调节是大学生成长中所进行的自我监督和自我教育。要想使自己成为自我实现的人，就需要有积极的自我意识，随时对自我的认识、情感、意志和行为加以反省和调节。

五、大学生自我意识发展的特点与冲突

（一）大学生自我意识发展的特点

大学生正处于自我意识发展的关键时期，其自我意识的发展出现了许多新的特点，具体体现为以下几个方面：

1. 自我认识的广度和深度大大提高，对自身的需要和发展关心度高

中学阶段，学生对自我的认识比较看重一些外在的东西，如身体、容貌、仪表等；到了大学阶段，学生对自己的认识发生了很大的变化，在看重外在东西的同时，更加注重内在的素质。

德国心理学家斯普兰格指出：青年期是开始“自我发现”的新时期，表现为以下几个方面：

（1）关于自己成人的自我意识。例如：“我是个成人吗？”“我的行为符合成人要求吗？”

（2）关于自己美丽的自我意识。例如：“我漂亮吗？”

（3）关于自己能力、性格的自我意识。例如：“我聪明吗？”“我温柔吗？”

（4）关于性的自我意识。例如：“会有人喜欢我吗？”“怎样才能招异性喜欢呢？”

（5）关于社会归属与社会地位的自我意识。例如：“我被重视吗？”“我的名气大吗？”

（6）关于对人生价值的自我意识。例如：“人为什么活着？”“活着的价值与意义是什么？”“我要成为一个怎样的人？”

趣味阅读

我去哪儿了

有个叫张三的解差，押送一名生性狡猾的和尚服役，途中张三为避免出现闪失，就每天早晨把所有重要的东西全部清点一遍。他先摸摸包袱，自言自语地说："包袱在。"他又摸摸押解和尚的官府文书，告诉自己说："文书在。"然后他再摸摸和尚的光头和系在和尚身上的绳子，又说道："和尚在。"最后他摸摸自己的脑袋说："我也在。"

张三跟和尚在路上走了好几天，每天早晨都这样清点一遍，不缺什么才放心上路，没有一天漏掉过。和尚把张三的一举一动都看在眼里。一天，和尚灵机一动，想出了一个逃跑的好办法。

一天晚上，他们俩照例在一家客栈里住了下来。吃晚饭的时候，和尚一个劲儿地给张三劝酒："长官，多喝几杯，没有关系的，顶多再有一两天，我们就该到了。您回去以后，因为押送我有功，一定会被上级提拔，这不是值得庆贺的事吗？不是值得多喝几杯吗？"张三听得心花怒放，喝了一杯又一杯，慢慢地，手脚不听使唤了，最后终于酩酊大醉，躺在床上鼾声如雷。

和尚赶快去找了一把剃刀来，三两下把张三的头发剃得干干净净，又解下自己身上的绳子系在张三身上，然后连夜逃跑了。

第二天早晨，张三酒醒了，他迷迷糊糊地睁开眼睛，就开始例行公事地清点。他先摸摸包袱说："包袱在。"他又摸摸文书说："文书在。""和尚……咦，和尚呢？"张三大惊失色。忽然，他瞅见面前的一面镜子，看见了自己的光头，再摸摸身上系的绳子，就高兴地说："嗯，和尚在。"不过，他马上又迷惑不解了："和尚在，那么我跑哪儿去了呢？"

"我"是不可能没有的，但在生活中我们经常忘了自我。"自我"是一位"既熟悉又陌生的朋友"，想要真正认识"自我"并不是一件容易的事。

资料来源：http：//www.psy525.cn/special/11363－63656.html.

2. 自我体验的内容和形式更加丰富、复杂

(1) 丰富性。丰富多彩的学习生活为大学生发展自我体验的丰富性提供了有利条件。随着大学生的自我意识不断发展完善，他们意识到自身的成长而产生成人感；意识到自己是一名当代的大学生而产生义务感，以及爱国主义和集体主义的体验；意识到自己的能力和品德状况，而产生自豪或自卑等体验。

（2）敏感性。由于对自我的认识还在不断进行中，大学生的个性还不够成熟和稳定，驾驭情感的意志力量也不够强大，因此对与他们相关的事物，很容易迅速引起情感、情绪上的反应。例如，大学生开始重视自己在群体中的地位和威信，对他人的言行和态度十分敏感，对涉及自己的名誉、地位、前途、理想及异性交往等方面的问题，更容易引起强烈的自我情绪体验。

（3）波动性及两极性。大学生的情绪极具波动性和两极性。他们可能因一时的成功而产生积极的、愉快的情感体验，甚至骄傲自满、忘乎所以，进而对自我的肯定多些，充满了自信；也可能因一时的挫折、失败而低估自我或丧失自信心，甚至悲观失望，对自我的否定就多些，容易产生自卑、内疚等情绪。从自我体验内容看，大学生表现出强烈的自尊心和好胜心，但也存在自卑感和孤独感等值得关注的消极情感体验。

（4）内隐性。内隐性是指人们的心理活动具有某种含蓄、内隐的特点。进入大学阶段，学生有了更多的空间和秘密。他们不再像儿时那样天真直率，不愿意轻易地把自己的内心世界向他人敞开，十分注重自己的面子，会有意识地掩盖自己的缺点和短处。

3. 自我控制的能力明显提高

大学生已经能够根据别人的评价和自己行动的结果进行反思，及时调整行为和目标。同时，他们也能够自觉、主动地根据社会的要求来调节自己不切实际的目标和动机，在掌握专业知识的同时，更加注重多元化能力的培养，以便能更好地适应社会。

哲理小故事

斯芬克斯之谜

古希腊有这样一个神话故事：底比斯城的人民得罪了天神。天神震怒，在底比斯城的土地上降下一个名叫斯芬克斯的女怪。她背上长着翅膀，上半身是美女，下半身却是狮身。斯芬克斯是希腊神话中以隐谜害人的怪物，埃及最大的胡夫金字塔前的狮身人面怪兽就是她。

斯芬克斯向底比斯城的过路人提出一个谜语：“什么东西早晨用四只脚走路，中午用两只脚走路，傍晚用三只脚走路？”对于这个令人费解的谜语，过路人没有一个猜中的，全被斯芬克斯吃了。底比斯城人陷入一片恐惧之中，随时都有被女妖吃掉的可能。于是他们发誓：谁破了这个谜语，谁就是底比斯城的国王。正在这时，科仁托斯国王波里玻斯的养子俄狄浦斯听太阳神阿波罗说，他将会有大难临头，因此他不敢回家，逃往底比斯城避难。底比斯城人告诉他，斯芬克斯是一个如何残忍、吃人不眨眼的妖魔。但是，聪明勇敢的俄狄浦斯会见女妖，猜中了女妖的神秘奥妙之谜。俄狄浦斯回答：是人。在生命的早晨，他是个孩子，用两条腿和两只手爬行；到了生命的中午，他变成壮年，只用两条腿走路；到了生命的傍晚，他年老体衰，必须借助拐杖走路，所以被称为三只脚。俄狄浦斯答对了。斯芬克斯羞愧地坠崖而死。"斯芬克斯之谜"常被用来比喻复杂、神秘、难以理解的问题。

人，最难认识的就是自己。

资料来源：http：//wenda. so. com/q/1362481271060183.

（二）大学生自我意识发展的冲突

1. 理想自我与现实自我的矛盾

随着知识的增多和对自身认识的发展，大学生在思想上形成了一个"理想自我"。这个"理想自我"是指个人想要达到的完美的形象，是个人追求的目标，它引导个体实现理想中的自我。"现实自我"是个人从自己的立场出发，对现实中的自我的各种特征的认识。俗话说，"理想很丰满，现实很骨感"。在现实生活中，"理想自我"与"现实自我"通常会存在一定的差距，这是正常的。一方面，这样的差距可以激励大学生奋发图强，积极向上；但另一方面，当"现实自我"与"理想自我"落差太大，个体会产生各种心理不适，进而导致一系列心理问题的产生。

2. 独立与依附的矛盾

大学生正处在人生中第二次飞跃的"心理断乳期"，生理与心理的成熟使他们渴望独立，以独立的个体面对生活、学习与工作中遇到的问题，希望自立自强，成为一个有独立见解、能决定自己命运的人。但长期的校园生活使他们应有的社会阅历与经验相对匮乏，当应激事件出现时，却又盼望亲人、老师、同学能够替自己分忧，无法做到真正意义上的独立。

3. 渴望交往与心灵闭锁的矛盾

没有哪个时期比青少年时期更加渴望友情与爱情的滋养，更加渴望同辈群体的认同与归属感。在这个时期，每个人都渴望着爱与友谊，渴望着交往与分享，渴望着自我价值得到实现，渴望着探索人生的真谛、寻找人生的知己，希望成为群体中受尊敬与受欢迎的人。然而，大学生的自我表露又受着心灵闭锁的影响，总是不经意地将自己的心灵隐藏起来，与同学有意无意地保持着一定的距离，存在戒备心理，不能完全敞开心扉交流与沟通思想，感到没有人理解自己，缺乏知音。这也是大学生常常感叹"大学里的人际交往不如高中那么真诚、亲切"的原因所在。

4. 自负与自卑的矛盾

自信是一种健康积极的心理，是一种健全自我意识与成熟人格的标志。自负则是一种过度的自信，自负的人缺乏自知之明，往往认为自己比别人强，带着傲慢之气。自卑是一种自我否定，表现为对自己缺乏信心，对自己不满意或否定自己，遇事胆怯、心虚、逃避，缺乏主见。由于大学生的自我意识正处在发展过程中，心理尚未完全成熟，不能对自己有正确的认知，因而对自己的认知会出现偏差：自卑或者自负。自负与自卑总是紧密相连的，自负表现强烈的人往往也是极度自卑的人。

5. 理智与情感的矛盾

大学生情绪变化的一个显著特点是容易两极分化，或高或低，波动性大，易冲动，不易控制。但随着身心的发展、认知水平的提高，大学生逐渐成熟，在遇到客观问题时，既想满足自己情感的要求，又想服从于社会及他人的需求。特别是当遇到就业困难、失恋等人生打击时，尽管理智上能够理解，但在情感上仍难以接受。

趣味阅读

周哈里窗

心理学家鲁夫特与英格汉提出“周哈里窗”（Johari Window）模式，“窗”是指一个人的心就像一扇窗，普通的窗户分成四个部分，人的心理也是如此。因此把人的内在分成四个部分：开放我、盲目我、隐藏我、未知我。

		自己	
		认识的自己	不认识的自己
别人	认识的我	开放我（Open）	盲目我（Blind）
	不认识的我	隐藏我（Hidden）	未知我（Unknown）

开放我：自己与别人都知道的特质

左上角那一扇窗称为“开放我”，也称“公众我”，属于自由活动领域。这是自己清楚、别人也知道的部分，所谓“当局者清，旁观者也清”。例如，我们的性别、外貌，以及某些可以公开的信息，包括婚否、职业、工作生活所在地、能力、爱好、特长、成就，等等。“开放我”的大小取决于自我心灵开放的程度、个性张扬的力度、人际交往的广度、他人的关注度、开放信息的利害关系等。“开放我”是自我最基本的信息，也是了解自我、评价自我的基本依据。

盲目我：自己不知道而别人知道的特质

右上角那一扇窗称为“盲目我”，也称“背脊我”，属于盲目领域。这是自己不知道而别人却知道的部分，所谓“当局者迷，旁观者清”。“盲目我”所包含的内容可以是一些很突出的心理特征，比如有人轻易承诺却转眼间忘得干干净净；也可以是不经意的一些小动作或行为习惯，比如一个得意的或不耐烦的神态和情绪流露，本人不觉察，除非别人告诉。盲目点可以是一个人的优点或缺点。因为事先不知不觉，所以当别人告诉自己时，或惊讶，或怀疑，或辩解，特别是听到与自己初衷或想法不相符合的情况时。“盲目我”的大小与自我观察、自我反省的能力有关，通常内省特质比较强的人，盲目点比较少，“盲目我”比较小。而熟悉并指出“盲目我”的他者，往往也是关爱你的人，欣赏你的人，信任你的人（虽然也可能是最挑剔你的人）。因此，我们要学会用心聆听，重视他人的回馈，不固执，不过早下结论；学会感恩，感谢他们帮助自己拨开云雾见月明。

隐藏我：自己知道而别人不知道的特质

左下角那一扇窗称为“隐藏我”，也称为“隐私我”，属于逃避或隐藏领域。这是自己知道而别人不知道的部分，与“盲目我”正好相反。就是我们常说的隐私、个人秘密，留在心底，不愿意或不能让别人知道的事实或心理。身份、缺点、往事、疾患、痛苦、窃喜、愧疚、尴尬、欲望、意念等，都可能成为“隐藏我”的内容。相比较而言，心理承受能力强的人、隐忍的人、自闭的人、自卑的人、胆怯的人、虚荣或虚伪的人，“隐藏我”会更多一些。适度的内敛和自我隐藏，会给自我保留一个私密的心灵空间，避开外界的干扰，是正常的心理需要。没有任何隐私的人，就像住在透明房间里，缺乏自在感与安全感。但是“隐藏我”太多，“开放我”就太少，如同筑起一座封闭的心灵城堡，无法与外界进行真实、有效的交流与融合，既压抑了自我，也令周围的人感到压抑，容易导致误解和曲解，造成他评和自评的巨大反差，成为人际交往的迷雾与障碍。勇于探索自我者，不能只停留在“开放我”的层面，还应敢于直面“隐藏我”的秘密和实质。

未知我：自己与别人都不知道的特质

右下角那一扇窗称为“未知我”，也称为“潜在我”，属于处女领域。这是自己和别人都不知道的部分，有待挖掘和发现。通常是指一些潜在能力或特性，比如一个人经过训练或学习后，可能获得的知识与技能，或者在特定的机会里展示出来的才干，也包含弗洛伊德提出的潜意识层面，仿佛隐藏在海水下的冰山，力量巨大却又容易被忽视。对“未知我”进行探索和开发，能更全面而深入地认识自我、激励自我、发展自我、超越自我。学着尝试一些全新的领域，挖掘潜力，会收获惊喜。勇于自我探索，要善于开发“未知我”。

资料来源：http：//blog. sina. com. cn/s/blog _ 540842160100glsa. html.

第二站 做最好的自己——积极自我意识的完善途径

积极的自我意识不是与生俱来的，它与长期的积极暗示密切相关。那么怎样才能获取积极的自我意识，又怎样才能驾驭自我意识呢?

一、正确地认识自我

正确地认识自我就是对自己的性格、特长、兴趣、爱好以及家庭、社会对自己的影响做一个全面、客观、准确的自我评价。德国著名作家约翰·保罗说：“一个人真正伟大之处，就在于他能够认识自己。”苏轼有言：“人之难知，江海不足以喻其深，山谷不足以配其险，浮云不足以比其变。”其中道出的仅仅是知人难，不知道他老人家可否知道：知人难，知己更难。

一个人认识自我的过程是艰难而曲折的，所以古人曰：“人贵有自知之明。”只有闯过了人生的重重迷宫，才能找到自己、认识自己。全面、客观地认识自我是形成积极自我意识的基础。大学生自我认识的途径主要有：

（一）积极参加社会交往活动

一个人想要全面、客观地认识自我，就必须积极、主动地进行社会交往，只有在社会交往中，才能充分表现自己，才能发现自己的优点和不足，才能使自我的各个方面得以显现。

安然成长小插曲　无心插柳柳成荫

自从新学期那次不怎么出彩的自我介绍后，在接下来的大学生活里，安然努力适应，积极投入到班级和系部的各项活动中。一周一次的团课，安然配合团支书一起搜集、整理材料，制作团课用的PPT，不会做的地方就用百度搜索；系里的辩论赛虽然没能晋级，但是安然收获了与团队成员间深厚的感情；安然还因为会点电脑知识而加入了系学生会秘书处，每日烦琐的表格制作统计培养了他细致、耐心的工作品质，Excel、Word等办公软件用得更是得心应手……

就是这些“不起眼”的小事，一个学期下来，安然竟然成了老师的得力干将，深得老师、同学们的信任。连安然自己也没想到，平日里那些在他看来琐碎，甚至是“浪费”时间的活动，竟然在悄然间让他收获了很多，整个人也变得越来越有自信。

（二）合理运用社会比较策略

每一个人在认识自我的过程中，免不了要与别人进行比较。例如，某人的高数成绩是85分，如果不与他人比较，这85分是高还是低他并不清楚。进行社会比较是每个人全面、客观地认识自我的重要方式，但绝不能无原则地攀比。不少大学生在社会比较的过程中，常常陷入这样一个误区：总是拿自己的弱点跟别人的优点比，总是看到自己的缺点而看不到自己的优点；同时，只看到别人的优点却看不到别人的缺点。这样的比较势必会夸大自己的不足、抹杀自己的长处，久而久之就会形成消极的自我意识。例如，高职高专学生常常拿自己的学历与本科生的学历进行比较，就得出了结论：自己不如本科生。这种比较是不科学的，因为没有看到自己的专业优势和技能优势，而这方面的优势恰恰是被当今很多本科生所羡慕的。

（三）观察他人对自己的态度和评价

唐太宗“以人为镜”的典故，从一个侧面强调了别人的态度、评价对自我意识形成的重要作用。个体的自我意识就是他人态度或评价在自我头脑中的反映。不同的人对同一个体的评价往往不同，同一个人对同一个体在不同时期的评价也会发生变化。每一种评价都不可能是对“自我”的全面、客观的评价，但只要我们把它们综合起来，就能得到比较全面、客观的自我意识。

是不是所有人的评价都要重视？当然不是。要留意来自父母、老师、同学、朋友等多方面的信息，这样就能够逐步形成对自我的全面、客观的认识。当然，在听取别人的意见的过程中既要虚心听，又不能偏听偏信。所谓“兼听则明，偏听则暗”，说的就是这个道理。

哲理小故事

能爬上树顶的青蛙

从前，有一群青蛙组织了一场攀爬比赛，比赛的终点是一棵非常高的大树。一大群青蛙围着大树看比赛，给它们加油。比赛开始了，老实说，蛙群中没有谁会相信有哪位会到达树顶，它们都在议论：“这太难了！谁能蹦得上去呢？”“它们绝不可能成功的，树太高了！”听到这些，一只接一只的青蛙开始泄气，除了几只情绪高涨的还在往上爬。群蛙继续喊着：“这太难了！没有谁能够爬到树顶的！”

越来越多的青蛙累坏了，陆续退出了比赛。但只有一只青蛙还在不停地往上爬，一点没有放弃的意思。

最后，除了这一只，其他所有的青蛙都退出了比赛。它费了很大的劲，终于成为唯一一只到达树顶的胜利者。很自然，其他所有青蛙都想知道它是怎么成功的。有一只青蛙蹦过去问那只胜利者，它哪里来那么大的力气跑完全程？这时，大家才发现，那是一只聋子青蛙！

永远不要听信那些习惯消极悲观看问题的人，因为他们只会粉碎你的梦想与希望。总是记住你听到的充满力量的话语，因为所有你听到的或读到的话语都会影响你的行为。因此，只有保持积极、乐观才可能获得最后的胜利！

资料来源：http：//uzone. univs. cn/content. action? itemId=2668253 _ x5lz5e4912b5f2mp4913.

二、积极地悦纳自我

“世界上没有两片完全相同的树叶”。一个人的心理健康与否，有一个重要的指标，那就是他能不能接受自我，这叫“悦纳自我”。总的来说，悦纳自我包括三方面：第一，接受自己的全部，无论优点还是缺点，无论成功还是失败；第二，无条件地接受自己，接受自己的程度不以自己是否做错事而有所改变；第三，喜欢自己，肯定自己的价值，有愉快感和满足感。只有能够真正地做到这些，我们才能真正地悦纳自我、认识自我。

悦纳自我是发展积极自我意识的核心和关键。悦纳自我，并不是认为自己的一切都是好的。悦纳自我就是对自己感到满意，欣赏自己的优点，承认自己的不足，不苛求自己雷同别人，做一个真实的、“独一无二”的自己。

对于大学生而言，要做到悦纳自我，可以从以下几个方面入手：

（一）接受自我

人无完人，任何人都是既有优点又有缺点的。无论是好的还是坏的，成功的还是失败的，有价值的还是无价值的，凡是自身现实的方面我们都应该接受。要平静而理智地对待自己的长短优劣、得失成败。要开朗乐观，以发展的眼光看待自己，既不以虚幻的自我来补偿内心的空虚，自欺欺人，也不消极回避自身的现状，更不能以哀怨、自责甚至是厌恶的态度来否定自己。

趣味阅读

阎若璩（qú）口吃成大器

阎若璩是我国著名的考据学家，是清代考据学创立之初的代表人物，他的作品《古文尚书书证》考证出当时被奉为经典的《古文尚书》中有25篇是东晋时的伪作，推翻了这个1 000多年来的定论，轰动了清初的学术界。可谁也想不到，这个著名的学者小时候竟然是个口吃的孩子。

阎若璩因为口吃，在学堂里常受到大家的欺负。有一次在课上背诵《静夜思》，尽管他记得很牢，但是因为说不出来而受到了同学们的嘲笑。后来阎若璩在母亲和老师的鼓励下，从短小的文章开始练习朗读，常因为读书而忘记吃饭。他凭着勤能补拙的精神，付出了比别人多几倍的努力，赶上了正常的同学。从此以后，阎若璩靠着这种好学、肯吃苦的精神，凡事都不怕繁难，终于成为一个了不起的学者。

资料来源：http：//www.360doc.com/content/11/0919/12/2282908_149450245.shtml.

（二）欣赏自我

一个对自己充满信心的人，会自感其美，并充分地展示其美；一个对自己缺乏信心的人，则很难去发现自己的美，更不用说去展示自己的美了。接受自己，喜欢自己，觉得自己是独一无二的，能产生价值感、自豪感、愉快感和满足感。绝大多数人从小就受到种种有条件的关注，或者严格的管束，致使很多人以为只有具备某种条件，如漂亮的外表、优秀的学习成绩、过人的专长、出色的业绩等，才能获得被自己和他人接纳的资格。很多人因此背上了自卑的包袱。由于曾经被挑剔，因此也就逐渐习惯于用挑剔的眼光看待自己，越看越觉得无法接受。只有平静而又理智地看待自己的长处与短处，冷静地对待自己的得与失，才能做到悦纳自我。

哲理小故事

弃商从文的马克·吐温

马克·吐温作为职业作家和演说家，取得了极大的成功，可谓名扬四海。你也许不知道，马克·吐温在试图成为一名商人时却栽了跟头，吃尽了苦头。马克·吐温投资开发打字机，最后赔掉了5万美元，一无所获。马克·吐温看见出版商因为发行他的作品赚了大钱，心里很不服气，也想发这笔财，于是他开办了一家出版公司。然而，经商与写作毕竟风马牛不相及，马克·吐温很快陷入了困境，这次短暂的商业经历以出版公司破产倒闭而告终，马克·吐温本人也陷入了债务危机。

经过两次打击，马克·吐温终于认识到自己毫无商业才能，于是断了经商的念头，开始在全国巡回演说。这回，风趣幽默、才思敏捷的马克·吐温完全没有了商场中的狼狈，重新找回了感觉。最终，马克·吐温靠工作与演讲还清了所有债务。

尺有所短，寸有所长。要善于利用自己的优点和长处，而对自己的弱点和短处要设法回避，人生的诀窍就在于利用自己的长处。凡成功者，都是根据自己的长处来确定并坚持自己的人生方向，而如愿以偿地获得成功的。坚守自己的优势方向，就要经得起各种诱惑的考验，不随波逐流。

聪明的人往往能够最大限度地表现自己的才华和优点，使自己具有永恒的魅力。因为唯有利用自己的长处，才能给自己的人生增值；相反，利用自己的短处会使自己的人生贬值。有一句名言说得好："世上本没有废物，只有放错地方的宝贝。"

资料来源：http://blog.sina.com.cn/s/blog_87218ffe0101b2aj.html.

（三）在大我中完善小我

这里的"小我"是指个人，"大我"是指与个人相对应的团体。个人与团体是相互依存的。"1+1>2"意为团体并不是个人的总和，它比个人之和还多些。要"悦纳自我，悦纳社会"，健全的生活态度是"我好，你也好"。利用小团体活动，在团体中建立自我，从团体中去了解自我、改变自我、发展自我；还要用同理心去体谅他人，学会换位思考，了解他人的想法和感受。

安然成长小插曲　**快慢搭配　干活不累**

安然是个慢性子，做事慢条斯理。而他的同桌小刚做事讲究速战速决，连走路都会带起一阵风，人送外号"风一样的男子"。在一次"齐眉棍"的团队训练中，两个人的性格差异在活动中集中爆发了。性子急的小刚，在下杆的过程中，没有顾忌其他队友的节奏，只顾自己迅速往下放杆子，结果导致杆子倾斜滑落，活动失败。

对于失败的经验分析，安然和小刚各执一词，闹得很不愉快。冷静下来的两个人反思各自在活动中的做法。安然发现，急脾气的小刚虽然做事有点冒失，但是在团队中很有号召力，对于团队的融合起到了很好的润滑作用。而安然自身，因为性子慢，对于细节的把握比较到位，在团队决策中起到了重要作用。于是，两个人相互妥协，发挥各自优势，经过几次尝试，团队整体放杆的速度和质量得到了明显的提高，最终在小组比赛中获得第一名。

（四）培养良好的自我感觉

找出最近（一年之内）一次或几次自己做过得比较成功或满意的事情，写在信纸上，用心体会成功的愉快心情，庆祝自己的胜利；及时总结自己在工作学习中取得的进展和成绩，肯定自己的能力；记录别人对自己的积极评价和态度，增强自信；仔细回忆自己从前的经历，找出各方面比较出色的表现，肯定自己以前就已具备的良好素质。这样，就能把注意力集中在自己的优点和成功上，而不是集中在自己的缺点和失败上，即所谓“积极关注，关注积极”。这有助于建立和巩固良好的自我感觉，悦纳自我，不断提升自己的生命价值。

三、有效地控制自我

自我控制是健全自我意识、完善自我的根本途径，是主动、定向地改造自我的过程，也是个体对待自己的态度具体化的过程。

从“现实自我”向“理想自我”实现的过程中，大学生将会遇到各种干扰和障碍，需要及时进行自我调节和自我监督，从实际出发，合理定位，做出自我完善的决策和指示；努力培养自己坚强的意志品质，经得起打击且越挫越勇，从而做到有效的自我控制，最终实现理想自我。

安然成长小插曲　跑早操带来的意外收获

军训结束后，安然原以为跑早操的日子可以结束了，却没成想，这样“噩梦”般的日子将要持续整个大一生涯。起初有几次跑早操，安然因为卡着点到操场而被记为迟到，而且站在操场上罚站被人“围观”的感觉让他感到羞愧与尴尬。

为了能够按时起床不再迟到，安然用尽了各种办法：从早晨6点开始，定三个闹钟，每10分钟响一次；调整作息，晚上10点前就睡觉，早睡早起。冬季起床跑早操是一件需要极强的意志力和自控力的事情，为此，安然还尝试过闹钟一响，就把自己的被子掀开，让自己“冻醒”的极端做法。

就这样过了半个学期，安然发现自己的生物钟已经很规律了，早上起床不再依靠闹钟，自己就能醒来，不急不慢地洗漱，收拾完毕去跑早操。作息规律，身体的抵抗力也增强了。“坚持做一件事情，这么看来，似乎也并不是很难。我为自己感到自豪。”安然在自己的QQ空间里这样写到。

四、不断地超越自我

认识自我、悦纳自我都是为了能实现自我的超越。超越自我是每个大学生终身努力的方向。因此，无论对人还是对事，我们都要尽全力，使自己的能力得到最大限度的发挥。超越是一种境界，也是一个过程，一个“新我”的诞生需要付出艰辛的努力和沉重的代价。

在美国一间黑人教堂的墙上，刻着这样一句话：“在这个世界上你是独一无二的人。

你是什么，这是上帝给你的礼物；你将成为什么，这是你给上帝的礼物。”上帝给你的礼物，即父母的创作；你给上帝的礼物，即你将成为什么样的人，全由你自己创作，主动权在你自己。那就是：认识自我、悦纳自我、激励自我、控制自我、完善自我、超越自我。这才是走向成功和卓越的自我。

趣味阅读

积极心理学的24种优秀品质

积极心理学是21世纪刚刚兴起的一门心理学科，是一门从积极角度研究传统心理学的学科。积极心理学的主要研究对象是幸福，倡导心理学的积极取向，以研究人类的积极心理品质、关注人类的健康幸福与和谐发展为目标。

积极心理学非常著名的研究成果是24种优秀品质。

一、智慧与知识：知识的获得和应用

1. 好奇心。你对任何事都感到好奇，你经常发问，对所有话题和题目都感到着迷。你喜欢探索和发掘新事物。

2. 喜好学习。你喜欢学习，不管是在课堂上或自学，你都喜爱学习新事物。你喜爱上学、阅读、参观博物馆和任何有学习机会的地方。

3. 创造力。你有创造力、独立性和完整性及开放的胸襟，能够想出新方法做事是你拥有的重要特质。如果有更好的方法，你绝不会满足于用传统的方法去做同样的事。

4. 开放的思想。你有判断力、批判性思维和原创力，能从多角度思考和考证事物是你重要的特质。你不会妄下结论，只会根据实际的证据做决定。你能够变通。

5. 智慧和知识。包括社会智慧、个人智慧、情绪智慧。你明白别人的动机和感受。在不同的社交场合，你知道该做什么，也知道要做些什么，才能使人感到自在。

6. 独特视角。有统揽全局的洞察力和观点。你不认为自己有智慧，但你的朋友却认为你有。他们重视你对事物的洞察力，并向你寻求意见。你对这个世界的看法，无论对自己还是别人来说，都具有意义。

二、勇气：面对内部、外部两种不同立场暂达目标的一致

7. 勇敢。英武、勇敢和勇气。你无所畏惧，绝不会在威胁、挑战、困难或痛苦前畏缩。即使面对反抗，你仍会为正义大声疾呼。你会根据自己的信念而行动。

8. 坚持不懈。坚持、努力、勤奋和坚毅。你努力完成自己的工作。无论怎样的工作，你都会尽力准时完成。工作时，你不会分心，而且在完成工作的过程中获得满足感。

9. 真实性。正直、诚实、真实。你是个诚实的人，不止说实话，还会以真诚和真挚的态度生活。你是个实事求是的人，不虚伪，是个“真心”的人。

三、仁慈和爱：人际交往的品质

10. 仁慈、善良、慷慨。你对别人仁慈和宽宏大量。别人请你做事，你从不推搪。你享受为别人做好事，即使那些人和你交情不深。

11. 爱与被爱的能力。你重视和别人的亲密关系，特别是那些互相分享和关怀的关系。那些给你最亲密感觉的人，他们同样感到跟你最亲密。

四、正义：文明的品质

12. 精神。责任、团队精神和忠诚。指公民之间的关系、公民的权利和义务、团队精神、忠诚。作为团队的一分子，你的表现突出，是个忠心和热心的队员。你对自己的分内工作负责，并为团队的成功而努力。

13. 公平。平等、正义：对所有人公平，是你坚持不变的原则。你不会因为个人的感情，而影响你对别人作出有偏差的判断。你给予每个人平等的机会。

14. 领导能力。你在领导力方面表现出色。你鼓励组员完成工作，令每名组员有归属感，并能维持团队的和谐。你在筹划和实践活动方面表现良好。

五、修养与节制：谨慎处世的品质

15. 自我控制。自我控制和自我管理。你自觉地规范自己的感觉与行为，是个自律的人。你对自己的食量和情绪有自制力，不会反被它们支配。

16. 谨慎小心。你很小心，选择也是一贯的审慎。你不会说些将来会令自己后悔的话，或是做些会后悔的事。

17. 适度和谦虚。你不追求别人的注视，比较喜欢让自己的成就不言而喻。你不认为自己很特别，而你的谦逊是公认和受重视的。

六、心灵超越：个体与整体人类相联系的品质

18. 欣赏美和完美。对美、卓越的敬畏、欣赏和领会：对生命中的一切，从大自然、艺术、数学、科学乃至日常生活体验，你都有注意到和欣赏到其美丽、优秀，以及富有技巧之处。

19. 感激、感恩。你留意到发生在自己身上的好事，但从不会视为理所当然。由于你常常表达谢意，你的朋友和家人都知道你是个懂得感恩的人。

20. 希望、乐观。对未来充满期望：你对未来有最好的期望，并为此努力达成心愿。你相信未来掌握在你手中。

21. 心灵上的有目标和信仰。精神追求、对目标的信念，你对崇高的人生目标和宇宙的意义有着强烈的贯彻信念。你知道自己应怎样在大环境中作出配合。你的信念塑造了你的行为，也成了你的慰藉之源。

22. 宽恕、怜悯。你宽恕那些开罪你的人，也经常给别人第二次机会。你的座右铭是慈悲，而不是报复。

23. 风趣、幽默。你喜欢大笑和逗别人开心。对你来说，为别人带来欢笑很重要。在任何情况下，你都尝试去看事情轻松的一面。

24. 热情。热心、激情、热情、精力充沛。

——摘自［美］Alan Carr：《积极心理学：关于人类幸福和力量的科学》，北京，中国轻工业出版社，2008。

资料来源：http：//blog. sina. com. cn/s/blog _ 40861d6e0100dybk. html.

成长训练营

一、名片制作——独一无二的我

（一）活动目的

（1）通过体验，帮助学生了解自我，了解每个人都是独一无二的。

（2）通过体验，让学生接纳独特的自我和独特的他人。

（3）通过体验，让学生发挥自己的优势，努力做更好的自己。

（二）活动准备

（1）A4 名片纸若干张（参加活动者每人一张）。

（2）彩色画笔若干（自画像彩色绘图，学生自愿使用）。

（3）课程背景音乐推荐：《One Summer's Day》《菊次郎的夏天》《我们都是好孩子》《愿我能》《追梦人》《我就是我》。

（三）活动时间

45 分钟

（四）活动过程

1. 指导教师课程导语（参考）

世界上找不到完全相同的两片叶子，也找不到完全相同的两个人。造物主把我们每一个人都打造得很独特，所以，每个人都是独一无二的。但是，你真的了解自己吗？现在，让我们开始本次课程关于自我的探索之旅。

2. 制作名片

指导教师发给每人一张剪裁好的同样大小的卡片，制作属于个人的专属名片。

卡片的上半部分请学生为自己设计带自画像的名片。自画像框里可以用任何形式来画出自己，抽象的、形象的、写实的、动物的、植物的，什么都可以。总之，把自己心中最能代表自己的东西画出来。名片要求新颖独特，展示自己的信息。

3. 组建团队

根据卡片背面右下角的不同颜色的符号，迅速组成新的团队。

4. 队友交换名片，书写完成“队友眼中的我”

在新的团队中，组员交换名片，在卡片的下半部分填写“队友眼中的我”。请认真书写，不评价成员的自画像。

5. 相互交流

当全体学生都填好名片后，指导教师发布指令，各小组在组长的带领下进行交流活动：

（1）每个成员对自己的特质作出较为全面的评价性表述。

（2）评价之后，小组其他成员给他“戴高帽”，即把自己认为的该成员的优点大声地讲给他听。

（3）小组成员说出对他的希望（帮助他认清自己的不足）。

（建议以上五步活动时间控制在25分钟左右）

6. 分享感悟

（1）指导教师提示语（参考）：

我们每个人都是与众不同的，只有接纳自己的独特，才能以健康的心态去接纳他人。在人际交往中，关注别人首先要关注他的特殊之处，这样才能使我们真正地相互了解。

在一个优秀的团队中，我们要相互取长补短，充分发挥每个成员的兴趣爱好、特长及性格特征。你可以做我做不到的，我可以做你做不到的，我们大家一起什么都能做到。

（2）学生分享：本次体验活动我有哪些收获？

7. 名片展示

由各组推荐或自荐一名同学上台，进行分享，亮出自己独一无二的名片。

（建议以上两步活动时间控制在20分钟左右）

8. 教师总结（参考）

大学生在进行自我意识培养时，要树立终身培养的观念，“活到老，学到老”，要把自己培养成心理健康、品德高尚的人，就不能中断对自我认识的培养。对自我的认识是一个长期的、不断变化发展的过程，只有通过多种途径不断地自我反省、自我调节和自我控制，才能形成对自我的良性认知，进而不断改进与完善，最终达到自我实现的目标。

________的名片

自画像

我是：

我的优点：

我的不足：

队友眼中的我：

优点：

不足：

二、“优点大轰炸”活动

（一）活动目的

（1）通过活动，体验被赞美时的心理体会，增强自信心。

（2）通过活动，引发对真诚赞美力量的思考，增进同学间的感情。

（二）活动时间

20 分钟

（三）活动过程

1. 轮流上台说出被抽中同学的优点

抽签决定一名学生，请他站到讲台上。班里的其他同学轮流上台，与选出的这名同学两两相对，目光接触，真诚地说出该名同学身上的善心善行或优点，要求能举出具体实例。被谈论者只需倾听，无需作答。

（建议该活动环节时间控制在 10 分钟）

2. 分享感悟

（1）提问被赞美的同学：在听到同学们说到自己优点的时候，心里的感受与期许是什么？

（2）提问班级其他同学：真诚赞美时，你的心情又如何？平时生活中会经常说出类似真诚赞美的话语吗？如果没有，现在想想原因是什么。

3. 教师总结（参考）

寓言故事《两只口袋》中这样讲道：普罗米修斯创造了人，又在每个人的脖子上挂了两只口袋，一只装别人的缺点，另一只装自己的缺点。他把那只装别人缺点的口袋挂在胸前，另一只则挂在背后。因此人们总是能够很快地看见别人的缺点，而自己的却总看不见。不管是关注于别人的口袋还是专注于自己的口袋，都可能会引发一些不良后果，如人际关系上的摩擦、自卑感的产生，等等。若把两只口袋里的缺点都换成优点也同样适用。

相信同学们在这堂活动体验中都有自己不同的感悟，如自信心爆棚、被尊重等，体会到真诚赞美带给我们的愉悦感受。同时也提醒我们：要培养一颗善于发现别人优点的心。“善于发现美的眼睛”“不抱怨的心态”都是人际关系中的润滑剂。希望同学们积极地去发掘和培养这些品质，让这堂课带给我们的愉悦感在现实生活中延续。

三、“天生我才”活动

（一）活动目的

通过练习，帮助学生了解自己的长处，珍惜自己的潜能，学习自我欣赏、自我肯定，学习欣赏他人，增进自信和信任。

（二）活动时间

45 分钟

（三）活动准备

每人一张“天生我才”练习表（见表 1—1）、一支笔，每组 8～10 人。

表 1—1　“天生我才”练习表

请完成下列句子：

1. 我最欣赏自己的外表是__________________（例如：头发、身高、牙齿等）
2. 我最欣赏自己对朋友的态度是__________________
3. 我最欣赏自己对求学的态度是__________________
4. 我最欣赏自己的一次成功是__________________
5. 我最欣赏自己的性格是__________________
6. 我最欣赏自己对家人的态度是__________________
7. 我最欣赏自己做事的态度是__________________

（四）活动过程

1. 填写“天生我才”练习表

请每名同学填写“天生我才”练习表，然后在小组内与其他同学分享自己的答案。

2. 交流讨论

在了解了小组内所有同学的答案后，开始讨论。

讨论大纲：

(1) 你是否同意“每个人都有长处”？理由何在？

(2) 当你做了一件事，如帮助一个盲人安全过马路或给老年人让座等，你会欣赏自己吗？

(3) 当你做了一件事，例如，一个重要的约会，你迟到了，或者考试时，完全不会回答问题，你会怎样看待自己呢？你会责怪自己吗？怎么责怪？

(建议以上活动时间控制在 30 分钟以内)

3. 教师总结（参考）

每一个人都有长处、有值得自己或他人欣赏的地方。对于优点，应欣赏、珍惜及继续发展；对于缺点，应了解并改善。通过团体活动，学生们在认识自我、悦纳自我、接纳他人、与人沟通、乐于交往方面都表现出显著的改善；成员也更相信自己、乐于欣赏他人、关怀他人，更有责任感。

成长体验与感悟

亲爱的同学们，通过本堂课的学习与体验，请在下面这张“能量卡”中写下最想对自己说的话，每天拿出来读一读，为自己加油！坚持 21 天，感受一下你的神奇变化吧！

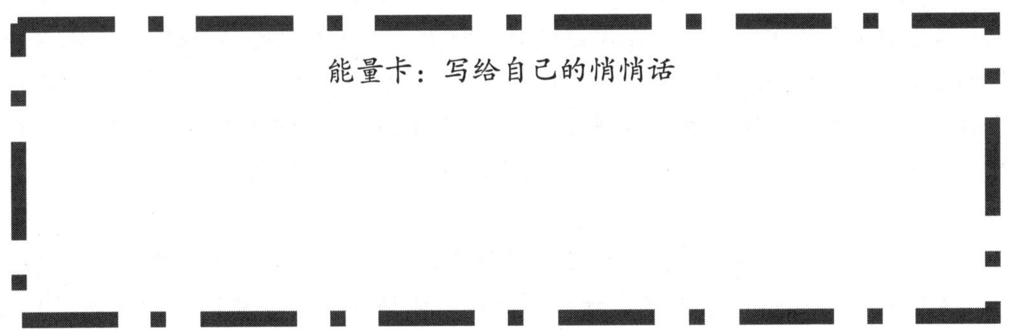

成长加油站

一、生活中的心理学效应——“视网膜效应”

【案例】 公园里有一对夫妇在散步，女的挺着大肚子，是个孕妇。这个孕妇问身边的丈夫：“真是奇怪，我最近好像总是能看到孕妇，昨天逛超市的时候，一下子就看到了两个，对了，就在刚才，还从我们身边走过去一个呢。我怀疑这两年的人口出生率提高了，可是当我把这个现象告诉几个女同事的时候，她们却异口同声地说没发现孕妇有增加的现象，还说我看到那么多大概是巧合。你说这是怎么回事呢？”

心理学研究发现，人的心理存在一种“视网膜效应”。它的意思是，当我们自己拥有一种特征时，就很容易在别人身上也发现这种特征。最常见的，就是孕妇经常碰上孕妇，当她们把肚子里的孩子生下来后，就碰不到那么多了。

美国的戴尔·卡耐基曾提出这样一个论点，那就是每个人的特质中大约有80%的长处和优点，而20%左右是缺点。在生活中，我们经常会将80%的优点给忽略掉，而更多地去关注20%的缺点。这个现象不管是对自己还是对别人都是一样的。也就是说，我们经常关注别人或自己的缺点，而忽视别人或自己的优点。当一个人知道自己的缺点是什么，而不知道发掘自己的优点时，“视网膜效应”就会促使这个人发现他身边也有许多人拥有类似的缺点，进而使他的人际关系无法改善，生活也不会快乐。

例如，有一位女士觉得自己总是没有朋友。最近她去参加同事的婚礼宴席，想和同一个办公室的同事们一桌，他们那桌明明能加一把椅子进去，却没有一个人请她坐下。她觉得同事们有意孤立她。她很孤独，不知道大家为什么要这样对待她。事实上，她周围同事对她的印象还不错，很多人认为这位女同事人挺好，工作认真，大家对她并没有反感，也愿意和她做朋友，只是她总给人一种很难接近的感觉，所以大家对她有点敬而远之。

原来，这个女同事的内心藏着对同事的一些不满，她不愿意和他们走得太近。而她所谓的同事的缺点，其实在她自己身上也有。她是一个总觉得自己不够好的人，因为只看见自己的缺点，也就更容易发现别人身上类似的缺点。可想而知，在我们关注别人缺点的时候，我们就会对这个人产生厌恶感。同时，由于“视网膜效应”，我们会发现身边的人也同这个人一样存在这样一个缺点。而如果我们只想着自己的短处，就会使自己越来越没有自信。由于“视网膜效应”，我们会更加关注别人是否也会同自己一样有这么一个缺点。这就使得我们与他人的人际关系逐渐恶化，最后形成孤僻的性格以及单一的人际圈。

相反，如果我们看到更多的是一个人的优点，那么延伸开来就会发现身边的很多人也拥有这样一个优点，那么我们就会觉得自己所处的是一个充满美丽事物的环境。当我们肯定自己、关注自己优点的时候，我们也会发现身边的很多人是值得我们去交往的。

智慧点拨：

一个人要人缘好，要受人欢迎，一定要养成欣赏自己与肯定自己的能力。只要我们相信自己、肯定自己的优点，那么我们的胸襟就会越来越宽广，对自己也会越来越自信，对于生活中的每一件事都会以一种积极的心态去面对。同时，我们也会因为肯定别人、欣赏别人而受到别人的肯定和欣赏，从而人际关系越来越和谐。因此，从现在起，学习欣赏自己的优点和长处吧！

二、图书、影音作品推荐

(一) 图书推荐

1.《自我激励的100种方法》

在这个世界上，没有一种成功不是自我激励的结果。不管什么时代，不懂自我激励，你就与成功基本无缘。

自我激励，不是简单地在内心给自己加油、鼓劲，它是一种有具体方法可循的心理技巧。当你掌握了这些，面对各种困难和挫折时，内心就会自动生出一种积极向上的动力，推着你不断向前，战胜眼前的种种障碍，达成目标、实现梦想。在这个过程中，你会惊奇地发现：你变得比以前更自信、更乐观、更强大了。

2.《一切都是最好的安排》

本书是加措活佛的首部作品，也是他首度公开分享生命沉淀的轨迹与感悟。本书完成之后，受到《西藏生死书》作者索甲仁波切和北京大学哲学系楼宇烈教授的大力赞赏，还被谢娜等人列为必读书。全书共分九个章节，以人生、情感、信念、生活、爱、快乐、幸福、智慧、情绪为主题，教我们如何对待生命中的困惑与迷茫，增强面对世事无常的内在力量。

3.《目标正能量》

通过阅读《目标正能量》，我们可以进一步掌握：如何平衡长期规划与短期目标；如何围绕目标整合有效资源；如何为不同的目标合理分配精力，达致人生的平衡；如何更有效地实现目标。不止于此，两位作者还通过众多典型的案例向我们展示了关于目标及规划的更多知识。

(二) 影音作品推荐

1. 杨培安《我相信》MV

请用网络搜索观看。

2.《荒岛余生》

查克身为联邦快递的系统工程师，是个超级工作狂，所以很少有时间陪女友凯莉，渐渐地他们的关系出现了危机。在一次出差的旅程中，查克搭的小飞机失事，他被困在一座资源贫瘠的无人荒岛。当他失去了现代生活的便利以及人与人之间的互动，生活唯一的目的就是求生，他的人生观反而逐渐有所转变。当他发现生活的压力顿时消失，便开始反思人生的目的，最后对工作、感情，甚至生命本身都有了全新的体会和领悟。

3.《当幸福来敲门》

《当幸福来敲门》是由加布里尔·穆奇诺执导、威尔·史密斯等主演的美国电影。影片取材于真实的故事，主角是美国黑人投资专家 Chris Gardner。

影片讲述了一位濒临破产、老婆离家的落魄业务员，如何吃苦耐劳地善尽单亲责任，奋发向上地努力成为股市交易员，最后成为知名的金融投资家的励志故事。

三、心理自测

兴趣是一个人成功的助推剂，一个人如果没有什么兴趣，是不可能在事业上获得成功的。同时，兴趣也是生活所必需的调味剂，一个人通过兴趣可以丰富自己的生活、提高生命的质量。当然，兴趣不是天生的，它可以通过人们的主观能动性在社会实践中培养起来。而大学期间则是培养兴趣的关键时期，无论从专业学习还是业余爱好来说，都与人们将来的工作和生活密切地联系在一起。

如何探知自己的兴趣所在呢？做一下下面这个测试，或许会给你一些提示。

潜在兴趣测验

请你对下面的题目回答“是”或“否”。

1. 你宁愿参加音乐会而不待在家闲聊吗？
2. 你很少写错字、别字吗？
3. 当你读一本关于谋杀案的小说时，你常能在作者没有告诉你之前便知道谁是罪犯吗？
4. 墙上的画挂歪了，你会想着去扶正吗？
5. 你宁愿读一些散文和小品文而不去看小说吗？
6. 你愿意打牌或下棋吗？
7. 你愿意少做几件事，但是一定要做好，而不愿意多做几件马马虎虎的事吗？
8. 你常记得自己看过或者听过的事吗？
9. 你对自己的预算均有控制吗？
10. 你喜欢学习机械知识吗？
11. 你喜欢改变日常生活中的惯例，使自己有一些充裕的时间吗？
12. 闲暇时，你比较喜欢运动，而不喜欢看书吗？
13. 你看书看得快吗？
14. 你是否喜欢与比你年轻者在一起？

15. 你喜欢新朋友、新地方与新的东西吗？
16. 对你可以办到的事，你是乐于帮助别人还是怕麻烦？
17. 你不喜欢太细碎的工作吗？
18. 对你来说，数学很难吗？
19. 你能列出 5 个你认为够朋友的人吗？

这些题目的答案没有对错之分，只是看你的倾向。要求：

（1）圈出全部答“是”的答案。

（2）算算前 10 题中有几个“是”的答案（第一组）。

（3）算算后 9 题中有几个“是”的答案（第二组）。

（4）比较两组答案，如果第一组的答案中的“是”比第二组的多，那么表示你是个精深的人，能从事具有耐心、谨慎、研究的琐细工作，如医生、律师、科学家、工程师、修理人员、编辑、哲学家、机械师、技术工人等。

如果第二组的答案中的“是”比第一组的多，那么表示你是个广博的人，最大的长处在于与人交往。你喜欢有人来实现你的想法，适合你的工作包括：人事、顾问、运动教练、计程车司机、服务员、演员、推销员、广告宣传的执行者等。

如果你在两组的答案中的“是”大致相等，那么表明你不但能处理琐细小事，也能维持良好的人际关系，你可以适应多种工作。

四、实践作业

（一）拍摄一段视频

拍摄一段视频，展现独一无二的自己。视频题目自拟。视频拍摄要求如下：

（1）视频可以另命名，能代表个人风采即可。

（2）画面清晰无抖动，人物对话要有字幕，有背景音乐更好。

（3）可合作拍摄视频，展现每个人物鲜明的特点。

（4）视频时长不少于 3 分钟。

（二）作业评分标准

（1）内容完整，含视频标题、个人展示部分、片尾等。（30 分）

（2）声像同步，画面清晰，有一定的视频处理技巧。（30 分）

（3）视频内容令人印象深刻，个人形象饱满。（40 分）

拍摄内容提示：

爱唱歌的你、喜爱看书的你、喜欢动手操作的你、喜欢在安静角落思考的你、喜欢在操场上奔跑的你…… 总有一款适合你。

大胆地秀出你自己吧，哪怕“一无是处”，也要学着为自己鼓掌！

成长驿站二　成长路上，感谢有你——人际关系与人际交往艺术

人生最美好的东西，就是他同别人的友谊。

——林肯

人生离不开友谊，但要得到真正的友谊是不容易的；友谊总需要忠诚去播种，用热情去灌溉，用原则去培养，用谅解去护理。

——马克思

成长故事

宿舍风波

“朋友一生一起走，那些日子不再有，一句话一辈子，一生情一杯酒，朋友不曾孤单过，一声朋友你会懂，还有伤还有痛，还要走还有我……”哼着这首经典歌曲《朋友》，安然第一次离开家住进了大学的宿舍。都说大学生活更像“小社会”，最亲密的伙伴们就是日夜相处的几位好兄弟、好哥们，安然对他们完全敞开心扉，不设防卫，期待和舍友们成为好朋友。安然觉得在宿舍就是要让每个人都随心所欲，自由自在。谁知好景不长，有一天晚上，舍长说要“严肃地和安然谈谈”，他谈了很多，用词很委婉，但是大意是他们觉得安然的所作所为使他们没法容忍了，要么改正，要么从宿舍里搬出去。舍长说完，掏出了舍友们事先准备好的纸条，上面写了他们对安然的不满和控诉……

图片来源：http：//roll. sohu. com/20130525/n377017171. shtml.

成长困惑

1. 当初刚进宿舍时，你的感觉是怎样的？

____

____

2. 如果安然是你的舍友，你认为他可能有什么地方让你感到不舒服了？

____

____

3. 在人际交往中，你有哪些困惑呢？

____

____

带着这些思考与困惑，让我们来一起学习本章节，进一步改进和提升人际交往能力吧！

成长导航

第一站　有缘千里来相会——大学生人际关系概述

一、大学生人际关系的含义及其重要性

（一）人际关系的含义

人际关系，是指人与人在相互交往过程中所形成的心理关系。这种关系是通过直接交

往所产生的情感积淀，是人与人之间相对稳定的情感纽带，所反映的是人与人之间的心理关系与心理距离。人际关系的好坏，将直接影响人际交往的数量和质量。

（二）大学生人际关系的重要性

大学生进入大学新环境时，常常产生难以言表的孤独感和寂寞感，容易想家、思念亲人和故友，希望通过丰富的人际交往，拥有令人感到友善、温暖、和谐的人际关系。然而，经过几个月的集体生活，有的同学人际关系和谐，精神振奋，而有的同学则人际关系糟糕，心情非常郁闷，影响学习和生活。

根据美国心理学家艾里克森的研究，大学生群体正处于“成年早期”，这个阶段的发展任务是获得亲密感以避免孤独感，体验着爱情的实现。大学生正处于学习知识、了解社会、探索人生的重要发展阶段，对社会交往有着强烈的渴望和要求。据统计，大学生每天除了睡眠外，其余时间中有70%处于人际交往互动中。和谐的人际关系对于大学生个体而言，犹如阳光之于草木一样至关重要。

趣味阅读

社交剥夺实验

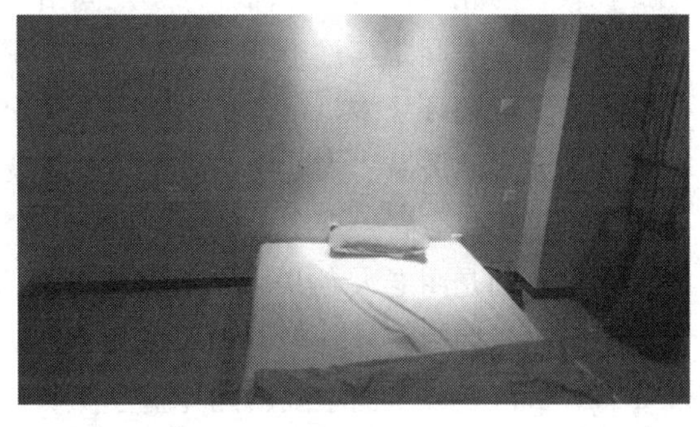

美国心理学家沙赫特·斯坦利曾经做过这样一个实验：他以每小时15美元的酬金聘人在一个小房间里居住，居住的时间越长，得到的报酬越多。这个小房间与外界完全隔绝，没有手机，没有书报，不准写信，每天只供应必要的水和食物，不让其他人进入，也没有任何声音。先后有五个人应聘参加实验。实验结果是：1个人在小房间里只待了不到2个小时就出来了，3个人待了2天，还有1个人待了8天。这个待了8天的人出来以后说：“如果让我在里面再多待1分钟，我就要发疯了。”这个实验充分说明了作为社会性的人，离不开与别人的交往，就像吃饭、睡觉一样，人际交往也是一种必需品。人们通过相互交往，诉说自己的喜怒哀乐，增进了彼此的情感共鸣，从而在心理上产生一种归属感。尤其是当人处于紧张、孤独、焦虑的情绪中时，更需要与人交往。剥夺人的正常交往，不仅影响到人的正常心理发展，而且影响到人的精神健康，良好的人际关系是人生存和发展的基础和条件。

资料来源：http：//www.koolearn.com/shiti/st-1-834419.html.

二、大学生人际关系的类型

大学是一个浓缩型的小社会，大学生的人际关系类型更是丰富多彩。通常来说，按照交往对象划分，大学生主要有以下几种人际关系。

(一)师生关系

老师是大学生人际交往的重要对象，师生关系是大学生人际交往的重要内容。师生关系如何将直接影响着大学生能否健康地学习、成长，并在很大程度上决定着学校教育目标能否实现。大学校园里，师生关系较中小学时有所改变，大学生尊重老师，但不再认为老师是权威。大家敢于在课堂上表达自己的观点，与老师交流思想。师生之间教学相长，建立起一种亦师亦友的关系。与此同时，由于高校教育的特点，大学老师与学生的接触并不像中小学那样频繁，课外时间师生交往不多。从交往内容来看，大学老师往往仅限于传授知识，师生之间交往的内容比较狭窄；从交往过程来看，师生之间互动性较少，往往是老师讲得多，学生听得多。据调查，更多的学生只有遇到与学习有关的问题时才会去寻求老师的帮助，至于其个人的心理问题、情绪问题、恋爱问题等，则很少有人会去寻求老师的帮助。

(二)同学关系

同学是大学生人际交往最基本的对象。大学生相互之间的交往非常普遍，也最复杂。一方面，同学之间年龄相近，经历相同，兴趣、爱好相似，又在一个集体中学习和生活，因此比较容易相处；另一方面，同学之间由于生活习惯、个性等各方面存在差异，加之交往频率过高、空间距离过小，因此在交往过程中难免会发生这样那样的矛盾。

在众多校园环境中，宿舍是大学生人际交往最亲密的场所，所以，对大学生影响更多的应属宿舍人际关系。大学生的舍友关系体现了亲情化、家庭化的趋势。很多宿舍都会按年龄大小进行排名，一个宿舍的同学就像一个家庭的孩子一样，按大小排序，平时称呼也不叫名字，而是叫老大老二、兄弟姐妹之类的。表面上看，大学生的舍友关系比较融洽、和谐，但也正因为同处一个屋檐下的近距离相处，往往也会造成各种矛盾和争执。2013年1月，武汉长江工商学院新闻专业学生针对大学生宿舍关系，在华中师范大学等12所高校做了问卷调查。结果显示，仅43%的大学生对宿舍关系表示满意。调查发现，容易引发宿舍矛盾的原因主要是性格、生活习惯以及沟通方式等方面存在差异。而当问题出现时，多数同学会选择跟舍友冷战，很多同学甚至因宿舍人际关系不和而影响到身心的健康发展。2013年4月某高校发生的同宿舍投毒案就是一个惨痛的教训。

(三)与父母关系

当代大学生群体主要是以20世纪90年代后出生的孩子为主，家庭是大学生的情感寄托。大学生在家庭中的地位较中学时期有了明显的变化。

家庭关系方面，大学生普遍与母亲关系好，而与父亲关系并不亲密。但是整体而言，父母也从此认为孩子长大了。再加上离家很远、长期住校，大学生与家庭成员之间的关系一般比以前更为融洽。

经济方面，大学生对父母的依赖性比较强，生活缺乏独立。虽然当代大学生群体已经是成年人，但在经济上仍接受着来自父母的支持，勤工俭学的仍是少数。尽管大多数的大学生并不想做啃老族，让父母受累，但往往没有有效的途径养活自己。大学生一方面想独立，另一方面在经济上还要依靠父母，这种矛盾的心理引发出大学生与父母之间的矛盾，从而影响到大学生与父母之间的关系。

思想方面，大学生思想活跃，求知欲强，勇于担当，但是生活压力大，抗挫能力弱。90 后大学生出生于改革开放后经济发展迅猛、遍布网络的时代，衣食不愁，思想上不愿意受束缚。但是随着社会的不断变革，社会竞争的压力不断增大，90 后大学生承担了更多的压力，如学习压力、升学压力、结婚压力等，容易与父母望子成龙、望女成凤的迫切心情产生矛盾。

（四）网络关系

网络关系是人们在网络空间里进行的一种新型人际关系。网络人际交往给大学生的生活方式、价值观念带来的挑战和改变是前所未有的。网络人际关系对大学生而言也是不可或缺的。中国互联网络信息中心发布的统计报告表明，目前学生占网络用户的 40%，是上网用户比例最大的一个群体，其中，大学生占所有上网学生的 90%。网络人际关系有着交往公平、心理隐秘的特点，深受大学生的喜欢。在网络交往中，大家可以尽情地表达自己，感受自己的重要性。但网络中交往主体的虚拟性，使大学生在交往过程中不必遵循社会规则，不必履行角色义务，可以在无拘束的状态下说话做事，这种匿名效应容易导致社会角色的混淆，部分同学整日沉迷在网络世界中而逐渐患上网络心理依赖症。正如精神病专家托尼所说，“长期的网上冲浪会渐渐使人失去自我，改变个性”。从这种意义上说，网络剥夺了大学生网民正常交往的权利，使一些学生成了孤独的网络人。

三、人际关系的形成和发展

美国心理学家奥尔特曼（1973 年）提出，和谐、融洽的人际关系，交往及情感的由浅入深，需要经过以下四个阶段：

（一）人际关系定向阶段

这是人际关系形成的初始阶段，通常情况下，只有那些具有特殊个性的人，或具有某种能激起人们兴趣特征的人，才能引人注意。这个阶段还未形成有效的沟通和交往，还没有相互的情感输入。

（二）人际关系情感探索阶段

这个阶段是由注意转向选择。在这个阶段，双方开始有初步的接触沟通，几乎没有感情卷入，仅仅是情感关系发展的起始点，所以模式为“相敬如宾”。通常我们所交往的对象多数保持在这一阶段。人们的话题仍避免触及别人私密性的领域，自我暴露也不涉及自己基本的方面，在这个阶段初始印象的作用十分重要。

（三）人际关系情感交流阶段

人际关系发展到这个阶段，双方关系的性质开始出现实质性变化，此时的人际关系的安全感已经确立，谈话也开始广泛涉及自我的许多方面，有较深的情感卷入，双方已经开始确立相互的信任感和安全感，人际心理距离已经大大缩短，人际关系较为密切，双方感到充实、愉快到无话不说，建立友谊。如果在这个时期关系破裂，将会出现焦虑、痛苦等负面情绪。

（四）人际关系稳定交往阶段

人们心理上的相容性会进一步增加，自我暴露也更加广泛深刻，可以允许对方进入自己高度私密性的个人领域，分享自己的生活空间和财产，分享各自的思想、情感。人际心理进入高度相容阶段，双方在认知、情感和行为上均达到相对一致，关系也相对稳定，是人际关系的理想状态。通常所说的“刎颈之交”“唇齿相依”“一日不见，如三秋兮”，也都处于这个阶段。因为这一阶段有高度的情感吸引，所以双方之间即使有矛盾，也极易化解。

表 2—1 人际关系状态及其相互作用水平

图 解	人际关系状态	相互作用水平
	零接触	低
	单向注意 双向注意	↓
	表面接触	
	轻度卷入	
	中度卷入	
	深度卷入	高

资料来源：http：//old.pep.com.cn/xgjy/xlyj/xlshuku/xlsk1/115/xlsk _ shxlx/201008/t20100827 _ 814611.htm.

趣味阅读

心灵空间里的朋友

人的心灵里有许多不同的空间，具体一点说像是不同的楼层。

一楼：店面朋友，通常几句固定的话就够用了。例如：你好吗？吃饭没？去哪里？……每个人看起来都很平稳、安定、满足。

二楼：客厅朋友，可以坐在一起泡泡茶，八卦一下政治经济、新的商机、最近的媒体新闻……大家一起打发时间，可以绕过每一个人内心的孤独，然后觉得自己好幸福。

三楼：厨房朋友，就是可以推心置腹谈心的那种，然后觉得自己充分被对方所了解，人生一点也不寂寞。

四楼：卧室朋友，是可以亲密触摸的朋友。

顶楼阳台：缘分朋友，一般是空在那里，没有被设定要怎么样，有时飞来一只鸟，有时吹来一根草，有时落下几颗种子，你不知道它在什么时候会开什么花，当然没有期望要结果实。也许一阵雨来滋润了心灵，也许刮起风吹乱了寸心。这个屋顶看起来也许是空空的，但是你知道它不是空的，它装满了“曾经”。

我习惯用一秒钟穿过店面，两秒钟经过客厅，三分钟停在厨房一下，四小时在卧室里睡一觉，花五天的时间在屋顶等待，等待老天爷给我生命中带来的惊奇和美。而常常一点小小的感动，会使我觉得好像可以拥有这整栋楼的朋友和心情。

资料来源：http：//www.gkstk.com/article/1408509150877.html.

四、影响人际吸引的因素

人际吸引是指人与人之间相互喜欢、愿意亲近的程度，人际吸引决定了人际关系的质量和人际交往的成败。一般而言，影响人际吸引的因素主要有如下几个：

（一）接近性

两个人能否成为朋友的最好预测因素，是他们相互之间的接近性。接近性有利于双方不断曝光，从而相互交往，这也促使双方去发掘两人的相似之处，感受彼此的喜爱。

1. 相互交往

我们常常与那些在小区入口、停车场和娱乐场所工作的人成为朋友，距离近的人容易成为朋友。

趣味阅读

住在隔壁的人：时空接近效应

心理学家费斯廷格、沙赫特和库尔特·拜克（1950年）调查了不同公寓夫妇间的友谊形成情况。西门公寓由17栋两层楼的建筑构成，每一栋有10间公寓。一开始搬进来的时候，这些随机安排的住户彼此都不熟悉。一段时间后，研究者要求住户列出在整个住区中最好的三位朋友。结果如同接近性所预测的那样，65%的朋友是住在同一栋建筑里的，尽管其他的建筑也并不是很远。更令人惊讶的是，同一栋建筑中的友谊，每栋西门公寓的房门的距离只有5.8米，而距离最远的门之间也不过27米。

研究结果发现：41%的人和隔壁邻居成为亲密朋友，22%的人和隔壁两三家的人成为朋友，而只有10%的人是和公寓另一端的住户成为好朋友。

资料来源：http：//max.book118.com/html/2017/0107/80838400.shtm.

2. 对相互交往的预期

如果预先就期望某人是令人喜爱的和容易相处的，这种预期的喜欢可以增加与之建立和谐、融洽的人际关系的机会。

3. 曝光效应

曝光效应又称多看效应、暴露效应、接触效应等，它是一种心理现象，指的是我们会偏好自己熟悉的事物。社会心理学又把这种效应叫做熟悉定律，我们把这种只要经常出现就能增加喜欢程度的现象叫做曝光效应。

看看身边，吃饭时的礼貌招呼、电梯里的寒暄问候、会议上的相视一笑、某次活动中的出色表现……只要你不再低头走过，是不是人际关系就会好很多？再比如，我们新认识的人中，有时会有相貌不佳的人，最初，我们可能会觉得这个人难看，可是在多次见到此人之后，逐渐就不觉得他难看了，有时甚至会觉得他在某些方面很有魅力。亲戚朋友之间多来往能增进感情，否则就可能会慢慢疏远。另外，你细心观察可能会发现，经常在领导身边出现的人往往比较受领导喜欢，这也是曝光效应的作用。

当然，曝光效应也不是万能的，有以下三点需要特别注意：

(1) 一开始就让人感到厌恶的事物，无法产生曝光效应。

(2) 如果两个人彼此之间已经有一些冲突，或是性格上本来就不合，越常见面反而越会扩大彼此的冲突。

(3) 过多的曝光会引起厌烦。

(二) 外表吸引力

古希腊哲学家亚里士多德曾经说过："美貌比任何一堆推荐信都有用。"在不同的文化中，人们对于美的知觉是否相同呢？答案是肯定的。多位研究者的跨文化研究发现：观察者认为一些面孔就是比另外一些漂亮，美貌的确是一笔财富。

对约会陌生人进行的实验室研究和现场研究都表明，大学生都更倾向于选择外表有吸引力的人。然而在日常生活中，人们实际上愿意选择那些大体上与自己的吸引力匹配的人结婚。对有吸引力的人的积极归因，形成了关于外表吸引力的刻板印象——也就是"美即是好"的假设。

(三) 相似性与互补性

人际交往双方在态度、信仰和价值观上的相似性，会极大地增进一方对另一方的喜欢。

1. 相似引发吸引：物以类聚，人以群分

当某人的态度与自己的越相似时，我们就越喜欢他；如果某人和我们持不同的态度，那么我们对他的喜欢程度要低于对他不喜欢的程度。

研究表明：是相似性而非互补性把人们结合到一起。

2. 对立引发吸引

虽然相似是主导因素，但是某些方面的互补性也能促进关系的改进。在需求和人格相似的基础上，如果两个人具有互相吸引的互补性，那么这样的人更容易结为夫妻。

接近性和外貌吸引力影响我们最初为谁所吸引，而相似性会影响长期的吸引。

（四）互惠式好感

通过一个人喜欢他人的程度可以反过来预测对方喜欢他的程度。如果我们将别人的赞美归因于真诚的欣赏而不是讨好，那么我们更容易喜欢对方。我们喜欢那些我们认为喜欢我们的人，并很有可能和那些喜欢我们的人建立友谊关系。

安然成长小插曲　　纸条中的秘密

安然和舍长谈话后，心里十分难过，他回想起入学以来和大家交往的日日夜夜，自己都是诚心诚意地把舍友当自己人，从未客气过。可是现在，大家对他的意见竟然这么大，问题究竟出在哪里呢？

安然在宿舍走廊里默默地打开了舍友们的小纸条。

大军是这样写的：“安然，你把臭袜子塞在床底下，还不洗脚，臭得我不敢仰睡；早上蚊帐不挂好，让我在你挂下来的蚊帐里钻来钻去，抬不起头来；在我早上还没睡醒时，你还摇床，把我摇醒。所以我真的没法和你共住一张床。”

另一个舍友小刚写道：“安然你给我取绰号，对人乱开玩笑，不尊重别人的自尊心。”

还有一位舍友大宝写道：“安然，宿舍的热水是公用的，大家轮流去打水，但是每次轮到你时你都不干，都是我们替你打的。你每天喝的用的都是别人的劳动成果，你太自私了。”

安然心想：“我从来没有想臭他，我只是忘记管好自己的袜子，因为在家里，我是从来不管自己的袜子的。我摇床是为了提醒他，我们是睡在一张床铺上，我以为他喜欢这样的提醒。至于外号，我还以为我们两个的成长环境有很多共同之处，所以我心里对他最亲近，我开玩笑，是为了和他成为亲密的朋友。不过，我的的确确经常忘记自己该打水的责任，唉……”

安然这才意识到自己和舍友的所思所想是多么的不同，也许，自己真的不能只是一厢情愿了，宿舍和家里真的是不一样的，要学会和大家亲密相处，必须做出改变。

夜深人静，安然脑海中头绪纷杂，难以入眠。怎样才能让大家知道自己的一片赤诚之心呢？怎样和大家交往才能更加舒心呢？

看来只凭一腔热血是不够的，还得多学习，多请教。安然想到学校图书馆好像有一些人际交往方面的书籍资料，宣传栏里也经常会有人际交往社团的讲座和活动，他决定明天去看看……

图片来源：http：//edu. workercn. cn/c/2013/08/29/130829140043580417274. html.

第二站　友谊地久天长——人际交往的艺术

一、大学生人际交往的特点

人际交往也称人际沟通，是指个体通过一定的语言、文字或肢体动作、表情等表达手段将某种信息传递给其他个体的过程。

大学生人际交往的特点是由其自身的条件所决定的。大学生的文化层次较高，生理和心理日趋成熟，比较重感情，因此大学生人际交往与其他类型的交往相比，有以下几个特点。

（一）交往动机——感情色彩浓厚，追求纯洁性

大学生远离父母步入大学校园后，急切地希望通过交往结识新朋友，获得友谊，填充陌生的感觉，找到新的情感支撑点。大学里流行一句话："小学的时候全班是朋友，中学的时候半数是朋友，大学的时候没有几个朋友。"这句话既反映出大学生在交往过程中失落的心情，也折射出大学生对友情的渴望。也正因为大学生对友谊的珍惜和渴求，加之青年人情感丰富的心理特点，所以大学生在人际交往中十分注重感情的交流，追求情投意合和心灵深处的共鸣。同时，大学生在人际交往过程中，功利因素较小，不存在复杂的政治、经济、权势等利害冲突，因此，大家的交往动机比较单纯，注重的是情感满足。不过，大学生由于情绪不是很稳定，起伏较大，有时容易冲动，因此在交往和择友时变化较快，经常出现用感情代替理智的现象。

（二）交往范围——丰富多彩，全方位拓展

在今天的大学校园里，大学生根据各自的兴趣、爱好、性格的不同，结成了一个个不同的社交圈，一般可分为学习、娱乐、社团、老乡等几种类型。

学习圈：这个圈子里的大学生有一个共同的爱好，就是学习，并且多半是通过考研、留学、自学考试、专升本考试、英语、计算机等某种公共考试而形成的。

娱乐圈：大学生由于共同爱好某种娱乐活动，如体育活动、文艺活动、休闲娱乐等共同兴趣爱好聚集在一起而形成的圈子。

社团圈：学生社团是大学校园里一道亮丽的风景，是校园文化的重要组成部分。大学

生社团有理论类、文艺类、体育类、学术类等各种类型，许多同学通过社团活动培养能力，增长才干，结交朋友，将自己和社会融为一体。

老乡圈：这个以地域上的“同乡”为基础，由来自同一地区的同学所组成的交际圈，以老乡之间的感情维系，对内是一种比较亲切的人际关系，对外则具有封闭性和排他性，一般在新生入校和毕业生离校期间活动比较频繁。

（三）交往方式——直接交往占主流，网络交往普遍化

有关调查显示：大学生的交往方式日趋多样化，但是多数人仍然是以宿舍为中心，以面对面的直接交流为主要形式。广东大学高等教育研究所对广东大学生交往地点的调查显示，选择最多的仍然是宿舍，占到了近七成，其次是教室和食堂。在这些亲密的接触中，大学生之间很容易产生心理认同感。调查同时也发现，手机联络和网络交流在大学生里非常普遍。特别是网络交往的非直面性，身份的隐蔽性，思想情感表达的随意性、自由性、超时空性的特征，使网络交往成为大学生时髦的、新型的人际交往的重要方式。

（四）交往能力——主观上认同，仍需在实践中提高

尽管越来越多的大学生认识到人际交往能力对自己的发展具有重要的意义，并且从心理上积极、主动地与他人交往，很注意学习社交知识，但从实际的交往效果看，大学生对自己的社交能力和人际环境评价并不高。

据三方教育数据咨询和评估机构麦可思于2011年3月20日公布的调查显示，39%的被调查2010级大学新生表示自己目前存在人际关系问题。其中，“交异性朋友有困难”的新生占了被调查新生的18.7%。从性别来看，“交异性朋友有困难”的男生占被调查男生的20.3%，明显高于女生的同项指标（14.8%），并且在与同班同学、老师和父母的相处中存在问题的比例均高于女生。但是女生并非在处理一切人际关系上都有优势，调查发现，被调查女生中“与室友相处不融洽”的比例为15.2%，高于男生的同项指标。

由上述调查状况可以看出，大学生不仅仅需要寻求甜蜜的爱情，同时也渴望收获亲密的友情。正因为大学生脱离了父母这个原生家庭的呵护与照顾，离开了以往朋友的陪伴与玩耍，来到大学这样一个完全陌生的环境，重新面对一群来自五湖四海的陌生人，所以面临着新的人际交往挑战。

二、大学生人际交往的原则与技巧

（一）人际交往的原则

人际交往是大学生日常生活中的重要组成部分。如何顺畅地进行人际交往，既是大学生心理健康不可或缺的条件，也是获得心理健康的重要途径。要想改善人际关系，就必须遵循人际交往的基本原则，具体有如下几条：

1. 尊重原则

尊重包括两个方面：自尊和尊重他人。自尊就是在各种场合都要尊重自己，维护自己

的尊严，不要自暴自弃。尊重他人就是要尊重别人的生活习惯、兴趣爱好、人格和价值。只有尊重别人才能得到别人的尊重。

趣味阅读

让对方感觉“很重要”

全世界知名的玫琳凯化妆品公司创办人玫琳凯女士，曾说过一个故事，她开着一辆老旧汽车，到福特汽车的展示中心去，因为她手头上有钱，想买一部黑白相间的新轿车。

进了福特汽车的展示中心，业务员看她开着老旧的车子，断定她买不起新车，所以就不把她当一回事。当时刚好是中午，业务员说，他赶着赴午餐约会，就托词先走了。

由于玫琳凯女士急着购买新车，因此想见业务经理，但经理也不在。于是玫琳凯只好悻悻地逛到对街 Mercury 的汽车展示中心。

该中心正展示一辆黄色轿车，她很喜欢，价钱却远超出她的预算。可是，那位业务员十分殷勤、诚恳。而在闲聊中，玫琳凯说，想买车是因为当天是她的生日，送给自己当“生日礼物”。

业务员有礼貌地说他有点事，请求告退一分钟，马上回来。十分钟之后，一位秘书小姐带来一束玫瑰，业务员礼貌地送给玫琳凯女士，祝贺她“生日快乐”!

当时她真的太诧异、太意外了。不用说，玫琳凯后来买的是远远超过预算的 Mercury 黄色轿车。这是因为聪明的业务员看到玫琳凯女士身上散发着强烈的讯号——“让她感觉我很尊重她”，而他所表现的，就是让玫琳凯女士感觉“自己很重要，很受礼遇”。

的确，我们都期待——“感觉自己很重要”，因为人的自我价值感是经由别人的肯定、赞美而来的；只要“让他感觉自己很重要”，对方就会善意地给我们正面的回馈。

资料来源：http：//blog. sina. com. cn/s/blog _ 65edce990100ypjn. html.

2. 真诚原则

只有以诚待人、虚怀若谷，才能产生情感的共鸣，收获真正的友谊。没有人喜欢虚情假意，多少夸夸其谈都会败下阵来。

趣味阅读

三顾茅庐

官渡大战后，曹操打败了刘备。刘备只得投靠刘表。曹操为得到刘备的谋士徐庶，就谎称徐庶的母亲病了，让徐庶立刻去许都。徐庶临走时告诉刘备，南阳卧龙岗有个奇才叫诸葛亮，如果能得到他的帮助，就可以得到天下了。

第二天，刘备就和关羽、张飞带着礼物，去南阳拜访诸葛亮。谁知诸葛亮刚好出游去了，书童也说不准什么时候回来。刘备只好回去了。

过了几天，刘备和关羽、张飞冒着大雪又来到诸葛亮的家。刘备看见一个青年正在读书，急忙过去行礼。那个青年是诸葛亮的弟弟，他告诉刘备，哥哥被朋友邀请走了。刘备非常失望，只好留下一封信，说渴望得到诸葛亮的帮助，平定天下。

转眼过了新年，刘备选了个好日子，又一次来到南阳卧龙岗。这次，诸葛亮正好在睡

觉。刘备让关羽、张飞在门外等候，自己在台阶下静静地站着。过了很长时间，诸葛亮才醒来，刘备向他请教平定天下的办法。

诸葛亮给刘备分析了天下的形势，说：“北让曹操占天时，南让孙权占地利，将军可占人和，拿下西川成大业，和曹、孙成三足鼎立之势。”刘备一听，非常佩服，请求他出山相助。诸葛亮起初再三推辞，但见刘备痛哭流涕，一心为汉，而且多次到访，这才被刘备的真诚所打动，决定出山。

资料来源：http：//baike.baidu.com/link? url＝vXAXZ2SU4ylWFHQKmgefcThnadGC0hi06FLoVfr-BFicM3hnl7_e2wo986LwsdWhH5bRtoUd_b7P_ZPQUqLiX6boejLYl_WD7GGRRTiFBalBnLznkKgf6nJ3PVSLFJZF.

3. 宽容原则

在人际交往中，难免会产生一些不愉快的事情，甚至产生一些矛盾冲突。这时候我们就要学会宽容别人，不斤斤计较，正所谓退一步海阔天空。俗话说：“人不犯我，我不犯人；人先犯我，礼让三分。”不要因为一些小事而陷入人际纠纷，这样我们会浪费很多时间，同时也变得自私自利。

4. 互利合作原则

互利是指双方在满足对方需要的同时，又能得到对方的报答。人际交往永远是双向选择，双向互动。你来我往，交往才能长久。在交往的过程中，双方应互相关心、互相爱护，既要考虑双方的共同利益，又要深化感情。

5. 理解原则

理解是成功的人际交往的必要前提。理解就是我们能真正地了解对方的处境、心情、好恶、需要等，并能设身处地地关心对方。有道是“千金易得，知己难求”，人海茫茫，知音可贵。善解人意的人，永远受人欢迎。

6. 平等原则

与人交往应做到一视同仁，不要嫌贫爱富，不能因为家庭背景、地位职权等方面原因而对人另眼相看。平等待人就不能盛气凌人，不能太嚣张。平等待人就是要学会将心比心，学会换位思考，只有平等待人，才能得到别人的平等对待。

趣味阅读

萧伯纳和小女孩

萧伯纳是英国有名的戏剧家。有一次在国外，他看到一个小姑娘，长着一双闪亮的大眼睛，头上戴着大红蝴蝶结，显得聪明伶俐。萧伯纳非常高兴，同她玩了很久。

临别的时候，萧伯纳把头一扬，幽默地对小姑娘说：“别忘了回去告诉你的妈妈，就说今天同你玩的是世界闻名的萧伯纳!”

“先生，您就是萧伯纳?”“怎么，难道我不像吗?”“可是，您怎么会说自己了不起呢?

请回去也告诉您的妈妈，就说今天同您玩的是一个普普通通的小姑娘!”

萧伯纳愣住了，他觉得刚才自己太自以为是了，一时不知说什么才好。

后来，萧伯纳常对人说：“一个人无论取得多大的成就，都不能骄傲，要永远谦虚。这就是那位小姑娘给我的启迪。”

资料来源：http：//www.61ertong.com/wenxue/mingrengushi/20141127/244935.html.

7. 信用原则

言必信，行必果。“人，无信不立”“言而无信非君子”。要取信于人，就要做到以下几点：第一，要守信，言行一致，说到做到；第二，要信任，不仅要信任别人，而且要争取赢得别人的信任；第三，不轻易许诺；第四，要诚实，答应别人的事要尽量做到，做不到的要讲清楚，以赢得对方的理解。第五，要自信，给别人以信赖感和安全感。

（二）人际交往中的心理学效应

人生活在社会中，每天都需要与他人进行交流，在交流的同时，我们会对他人形成这样或那样的印象。这种印象有时会与真实情况有所差别。这是为什么呢？其实是一些效应在作怪。积极地了解一些交往心理学知识，了解印象形成的一些效应，可以帮助我们学会怎样留给他人一个好印象，同时也可以帮助我们克服这些效应的消极作用。

1. 首因效应

首因效应是由美国心理学家洛钦斯首先提出的，也叫首次效应、优先效应或第一印象效应，指交往双方形成的第一次印象对今后交往关系的影响，也即“先入为主”带来的效果。虽然这些第一印象并非总是正确的，但却是最鲜明、最牢固的，并且决定着以后双方交往的进程。如果一个人在初次见面时给人留下良好的印象，那么人们就愿意和他接近，彼此也能较快地取得相互了解，并会影响人们对他以后一系列行为和表现的解释。反之，对于一个初次见面就引起对方反感的人，即使由于各种原因难以避免与之接触，人们也会对之很冷淡，在极端的情况下，甚至会在心理上和实际行为中与之产生对抗状态。

第一印象是在短时间内以片面的资料为依据形成的印象，心理学研究发现，与一个人初次会面，45秒钟内就能产生第一印象。它主要是获得了对方的性别、年龄、长相、表情、姿态、身材、衣着打扮等方面的印象，判断对方的内在素养和个性特征。这一最先的印象对他人的社会知觉产生较强的影响，并且在对方的头脑中形成并占据着主导地位，而且这种先入为主的第一印象是人的普遍的主观性倾向，会直接影响到以后的一系列行为。在现实生活中，首因效应所形成的第一印象常常影响着人们对他人以后的评价和看法。

心理学家卡耐基在早期名著《如何赢得朋友》中也总结了六条给人留下良好印象的途径，即：真诚地对别人感兴趣；微笑；多提别人的名字；做一个耐心的倾听者，鼓励别人谈他们自己；谈符合别人兴趣的话题；以真诚的方式让别人感到他自己很重要。

趣味阅读

以貌取人

语出《史记·仲尼弟子列传》：“吾以言取人，失之宰予；以貌取人，失之子羽。”

春秋时期，大教育家孔子有很多学生，其中有一个叫子羽，一个叫宰予。子羽因为体

态和相貌很丑陋，孔子就认为他资质低下，不会成才，对他的态度十分冷淡，后来子羽只好退学，回去自己钻研学问。而宰予因为长得仪表堂堂，又能说会道，利口善辩，因此孔子很喜欢他，认为这个学生将来一定很有出息。然而，事情的发展却出乎孔子的意料，子羽其实是一个热爱学习的人，离开孔子后更加发奋努力学习、钻研，成了一个才能出众的著名学者，再加上他处事光明正大，不走邪路，他的名声在诸侯之间传开了，很多青年因此而慕名到他门下求学，有三百位弟子跟随。相反，宰予却非常懒惰，大白天不读书研习，却躺在床上睡大觉，被孔子骂为“朽木不可雕”。后来，宰予靠着他的口才，在齐国做官，可是没多久，就因为和别人一起作乱，被齐王处死了。孔子听到宰予的死讯，很感慨地说：“从子羽身上使我明白，不能以外貌来衡量一个人；而宰予的事也告诉我，不能只凭一个人所说的话来衡量他。”

资料来源：http：//diyitui. com/content-1460569310. 39292522. html.

2. 近因效应

所谓近因效应，是指在交往过程中，我们对他人最近、最新的认识占了主体地位，掩盖了以往形成的对他人的评价，因此，也称为“新颖效应”。

第一印象产生的“首因效应”，一般在交往初期，即双方还生疏的阶段，特别重要。而在交往后期，就是双方已经十分熟悉的情况下，近因效应就发挥了更大的作用。

多年不见的朋友，在自己的脑海中印象最深的，其实就是临别时的情景；一个朋友总是让你生气，可是谈起生气的原因，大概只能说上最近发生的两三条，这也是一种近因效应的表现。

我们在交往过程中，可以用近因效应提升自身的形象。例如，双方感情不和，一旦要分手，主动向对方表示好感甚至歉意，会出乎意料地博得对方的好感，甚至将以往的恩怨化解。

3. 光环效应

所谓光环效应，是指我们在对别人作评价的时候，常喜欢从或好或坏的局部印象出发，扩散出全部好或全部坏的整体印象，就像月晕（或光环）一样，从一个中心点逐渐向外扩散成为一个越来越大的圆圈，所以有时也称为“晕轮效应”或“月晕效应”。

多数情况下，光环效应常使人犯“以偏概全”“爱屋及乌”的错误，产生一个人一好百好的错觉。

“旁观者清，当局者迷”，我们要善于倾听和接受他人的意见，防备光环效应的负作用。同时也可以利用光环效应的影响增加自身的吸引力，与人交往时，可以采用先入为主的策略，让对方了解我们的优势，以获得积极的评价。

趣味阅读

爱屋及乌

我国自古流传一种迷信习俗，以为乌鸦是“不祥之鸟”，它落到谁家的屋上，谁家就要遭遇不幸。我国最古老的一部诗歌集《诗经》的《小雅》部分，题为《正月》的一首诗里，就有“瞻乌爰止，于谁之屋”。可见古人多厌恶乌鸦，而绝少有人爱它的。

而所谓“爱屋及乌”，是说由于爱那个人，因而连他家屋上的乌鸦都不以为不祥，不觉得讨厌了。这句成语，一向被人们用作对爱的比喻。因为深爱某人，从而连带喜爱他的亲属朋友等人或其他东西，就叫做“爱屋及乌”或“屋乌之爱”。唐代诗人杜甫在《奉赠射洪李四丈》的诗中，开头两句是：“丈人屋上乌，人好乌亦好”。

资料来源：http：//baike. sogou. com/v100290. htm？ ch=ch. bk. innerlink.

4. 刻板效应

刻板印象主要是指人们对某个事物或物体形成的一种概括的看法，并把这种看法推而广之，认为这个事物或者整体都具有该特征，而忽视个体差异。

教授的形象常常被认为是白发苍苍、文质彬彬的老人；江南一代的人往往被认为是温柔细腻、聪明伶俐的，北方人则被认为是性情豪爽、胆大正直的……我们在认识和判断他人时，并不是把个体作为孤立的对象来认识，而总是把他看成是某一类人中的一员，使得他既有个性又有共性，很容易认为他具有某一类人所有的品质。因而当我们把人笼统地划为固定、概括的类型来加以认识时，刻板印象就形成了。

刻板印象的积极作用在于对具有许多共同之处的某类人在一定范围内进行判断，不用探索信息，直接按照已形成的固定看法即可得出结论，这就简化了认知过程，节省了大量时间、精力，使人们能够迅速地了解某人的大概情况，有利于人们应对周围的复杂环境。

5. 投射效应

古代一位喜欢吃芹菜的人，总以为别人也像他一样喜欢吃芹菜，于是一到公众场合就向别人热情推荐芹菜，成为一个众所周知的笑话。但是生活中每个人都免不了犯类似的错误，“以己度人”，心理学上称之为投射效应，即在人际认知过程中，人们常常假设他人与自己具有相同的属性、爱好或倾向等，常常认为别人理所当然地知道自己心中的想法。

趣味阅读

投射效应实验

心理学家罗杰斯曾做过这样的实验来研究投射效应，在80名参加实验的大学生中征求意见，问他们是否愿意背着一块大牌子在校园里走动。结果，有48名大学生同意背牌子在校园内走动，并且认为大部分学生都会乐意背，而拒绝背牌的学生则普遍认为，只有少数学生愿意背。可见，这些学生将自己的态度投射到其他学生身上了。

资料来源：http：//xlzx.cdu.edu.cn/index.php？s=/Home/Xlkp/showarticle&article_id=1028.

“以小人之心，度君子之腹”就是一种典型的投射效应。当别人的行为与我们不同时，我们习惯用自己的标准去衡量别人的行为，认为别人的行为违反常规；喜欢嫉妒的人常常将别人行为的动机归纳为嫉妒，如果别人对他稍不恭敬，他便觉得别人在嫉妒自己。

趣味阅读

苏东坡与佛印的趣事——佛与牛粪的故事

宋代著名学者苏东坡与高僧佛印是好朋友，两人经常一起参禅、打坐。佛印老实，常常被苏东坡欺负。苏东坡有时候占了便宜很高兴，回家就喜欢跟他那个才女妹妹苏小妹说。

一天，两人又在一起打坐。苏东坡问：你看看我像什么啊？佛印说：我看你像尊佛。苏东坡听后大笑，对佛印说：你知道我看你坐在那儿像什么？就活像一摊牛粪。这一次，佛印又吃了哑巴亏。

苏东坡回家就在苏小妹面前炫耀这件事。

苏小妹冷笑了一下对哥哥说：“就你这个悟性还参禅呢，你知道参禅的人最讲究的是什么吗？是见心见性，你心中有眼中就有。佛印说看你像尊佛，那说明他心中有尊佛；你说佛印像牛粪，想想你心里有什么吧！”

资料来源：http：//blog.sina.com.cn/s/blog_4a4b8e1c0100089c.html.

知人者智，自知者明，能否正确地把握人际知觉，关系到人际交往能否顺利进行。要走出对他人认知的心理误区，就要特别注意合理利用人际交往中的心理学效应。

（1）克服首因效应，不以第一印象作为取舍判断的标准。人们很重视给别人的第一印象，但也该看到，第一印象源于较短时间的接触，又无以往的经验作参照，主观性、片面性较强。因此，一定要注意其消极的一面，既不能因第一印象不好而全盘否定，又要防止被表面的堂皇所迷惑，“金玉其外，败絮其中”。要练就一番透过现象看本质的本事，在长期的相处中全面、正确地认识和了解他人。

（2）克服晕轮效应，不因“光环”来评价人。“借一斑而窥全貌”并不适合于一切人和事，个别和局部并不一定能反映全部和整体。在人的诸多行为或性格特征中抓住某个好的或不好的，就断定他是好人、坏人，无疑是幼稚的。恰当地、全面地认知他人，就要克服说好全好、说坏全坏的绝对化方法。

（3）克服刻板印象，切莫先入为主。在我们的头脑中，总有一些先在的、源于各种途径的观念，并常常以此来评价和判断他人，因为这样所耗费的心理能量最少。但是，图省事往往会造成一些认知偏差。这些说法虽与某些人的特征相吻合，但绝不是个个如此，还要“具体问题具体对待”。人如其面，各个不同，不能用概念来衡量人，把人简单化。

（4）克服投射效应。为了克服投射效应的消极作用，我们应该正确地认识自己和他人，做到严于律己，宽以待人，尽量避免以自己的标准去判断他人。对方并非如我们所想象的，只有交往了才会知道。

显然，要形成理想、和谐的人际关系，应在人际交往中不断审视、认识自己和他人，不断领悟人生，这才是人际交往的内涵之所在。

安然成长小插曲 **积极学习，用心思考**

第二天一下课，安然来到了图书馆。正巧礼堂里有老师在进行人际交往主题的讲座，安然觉得自己好幸运。他立马走进礼堂，如饥似渴地听了起来，企盼着老师的讲解能解答自己心中的谜团……

当安然走出礼堂时，对人际交往的发展规律、原则和技巧有了大致的了解，原来自己想和舍友们交往时没有注意从陌生到熟悉的分寸，也没有注意运用合适的交往方法，只是一厢情愿地急于把最真实的自己暴露给大家，所以让大家误会和反感了……

安然给写纸条的舍友们一一回复，写下了自己当时的想法和现在的想法，并真诚地向大家道了歉。

“大军，实在对不起，我没天天洗脚洗袜子，以前我的臭袜子是属于我妈妈的，现在我知道了，不洗脚不洗袜子影响了下铺的兄弟，抱歉啊哥们，我以后保证用香皂洗脚，你说的其他事情我也都注意，争取不再犯了。”

“小刚，不好意思，我觉得你是非常亲切的朋友，我喜欢你，但是我忽略了叫外号时你的感受，伤害了你。你希望我叫你啥，可以告诉我吗？嘻嘻。”

“大宝，你说得对，我真是挺懒的，在家里啥都没干过。我只顾着自己快乐，没有意识到你们生气了。真是对不住了，我以后每天起床出门第一件事儿就是去打水，大丈夫一言既出，驷马难追！”

当安然回到宿舍时舍友们都关灯睡觉了，没一点声音。安然轻轻地把纸条放在了舍友们的枕边，悄悄地洗漱，关好门窗水电，上床睡觉了……

第二天开始，安然按照自己的誓言默默地改变了，舍友们也接纳了这个真诚坦荡的兄弟，再也没提过让他搬出去的事儿。后来聊天时，大军和小刚也对安然把话说开了，大家伙儿当时意见挺大的，但是后来安然在转变，在进步，他们也都喜欢安然了。

安然一直在人际交往社团参加活动，并在图书馆借了好多老师建议的参考书，认真研读。渐渐地，安然的宿舍人际关系从紧张到缓和，再到与大家和睦亲切了。安然知道，宿舍的舍友们给他结结实实地上了一堂人际交往课。他由衷地感谢舍友们。

（三）学会有效沟通

美国著名的人际关系学专家戴尔·卡耐基说：专业知识在一个人成功中的作用只占15%，而其余的85%则要靠人际关系和处世技巧。人际关系的成功与否主要看三点：第一是沟通，第二是沟通，第三还是沟通。沟通是我们每个人每天都要做的事情，是我们生活中必不可少的部分。事实上，我们大多数人每天有50%～75%的时间在以面对面或打电话等多种方式进行沟通。

1. 学会倾听

人际关系学者认为，“倾听”是维持人际关系的有效法宝。倾听本身就是褒奖对方谈话的一种方式。你能倾听对方的谈话，等于告诉对方“你是一个值得我倾听的人”，这在无形之中就能提高对方的自尊心，加深彼此的情感联系；反之，如果不认真倾听对方的谈话，则会使对方的自尊心受挫，人际沟通也会受阻。事实也表明，越是善于倾听他人意见的人，人际关系就越融洽。对大学生而言，作为一名倾听者，要注意以下几个方面：

（1）耐心倾听。在听他人说话时，要精神集中，表情专注，不可东张西望，心不在焉。在倾听过程中，尽量不要看手机或书报，也不要有打哈欠、玩手指等小动作，这类举止不仅不礼貌，也在向对方透露你已经不想听了。

（2）虚心倾听。在倾听过程中，要谦虚认真，不要和对方争辩，这样会打破和谐的交往氛围。

（3）用心倾听。在倾听过程中，不要只是被动地接受，还要积极反馈，在交往时注意与对方目光的交流，用赞许性的点头，或者用“哦”“对的”“是这样的”来表示你的专注，以鼓励对方继续讲下去。

趣味阅读

林肯的倾诉

美国南北战争曾一度陷入困难的境地，身为美国总统的林肯，把自己的一位老朋友请到白宫，让他倾听自己的问题。林肯和这位朋友谈了好几个小时。他谈到《解放黑奴宣言》的问题时，心中有来自北方的压力。林肯在分析这一行动的可行和不可行的理由时，还把一些信和报纸上的文章内容念出来，有些人怪他不解放黑奴，有些人则因为担心他解放黑奴而谩骂他。

在谈了数小时后，林肯跟这位老朋友握握手，甚至没问他的看法，就把他送走了。

这位朋友后来回忆说：“当时林肯一个人说个不停，这似乎使他的心境清晰起来。他说过这些话后，似乎觉得心情舒畅多了。”

其实，林肯虽然遇到很大的麻烦，但是他需要的不是别人给他的忠告，而只是友善的、具有同理心的倾听，以便减缓心理上的巨大压力和解脱思想上的极度苦闷。

资料来源：http：//read. jd. com/9706/469662. html.

心理学家已经证实，倾听可以减除他人的压力，帮助他人理清思绪。倾听对方的任何一种意见或议论都是对他的尊重，以同情和理解的心情倾听别人的谈话，不仅是维系人际关系、保持友谊的最有效的方法，更是解决冲突、矛盾和处理抱怨的最好方法。

2. 拥有同理心

趣味阅读

开心

一把坚实的大锁挂在大门上，一根铁杆费了九牛二虎之力，还是无法将它撬开。钥匙来了，它瘦小的身子钻进锁孔，只轻轻一转，大锁就“啪”地一声打开了。铁杆奇怪地问：“为什么我费了那么大的力气也打不开，而你却轻而易举地就把它打开了呢？”

钥匙说：“因为我最了解它的心。”

每个人的心，都像上了锁的大门，任你再粗的铁棒也撬不开。唯有关怀，才能把自己变成一只细腻的钥匙，进入别人的心中，了解别人。

资料来源：http：//www.koolearn.com/shiti/st-1-827774. html.

同理心是指站在对方立场设身处地地思考的一种方式，即人际交往过程中，能够体会他人的情绪和想法、理解他人的立场和感受，并站在他人的角度思考和处理问题。同理心主要体现在情绪自控、换位思考、倾听能力以及表达尊重等与情商相关的方面。

一个人要想真正了解别人，就要学会站在别人的角度来看问题，也就是人们在日常生活中经常提到的设身处地、将心比心的做法。心理学家发现，无论在人际交往中发现什么问题，只要你坚持设身处地、将心比心，尽量了解并重视他人的想法，就能比较容易地找到解决问题的方法。尤其在发生冲突和误解时，当事人如果能够把自己放在对方的处境中想一想，也许就可以了解到对方的立场和初衷，进而求同存异、消除误会。其实同理心并不是什么新的想法，早在2 000多年前孔子就说过：“己所不欲，勿施于人。”这就是同理心所说的，要做到“推己及人”：一方面自己不喜欢或不愿意接受的东西千万不要强加给别人；另一方面，应该根据自己的喜好推及他人喜好的东西或愿意接受的待遇，并尽量与他人分享这些事物和待遇。西方文化同样也有强调和推崇同理心的传统，基督教中的“黄金法则”说：“你们愿意人怎样待你们，你们也要怎样待人。”其实这就是同理心原则的体现。

趣味阅读

将心比心

奶奶给我讲过这样一件事：有一次她去商店，走在她前面的一位阿姨推开沉重的大门，一直等到她跟上来才松开手。当奶奶向她道谢的时候，那位阿姨轻轻地说：“我的妈妈和您的年龄差不多，我希望她遇到这种情况的时候，也有人为她开门。”听了这件事，我的心温暖了许久。

一天，我陪患病的母亲去医院输液，年轻的护士为母亲扎了两针也没有扎进血管里，眼见针眼处鼓起青包。我看在眼里，疼在心里，正要抱怨几句，一抬头看见了母亲平静的眼神——她正在注视着护士额头上密密的汗珠，我不禁收住了涌到嘴边的话。只见母亲轻轻地对护士说："不要紧，再来一次！"第三针果然成功了。那位护士终于长出了一口气，她连声说："阿姨，真对不起。我是来实习的，这是我第一次给病人扎针，太紧张了。要不是您的鼓励，我真不敢给您扎了。"母亲用另一只手拉着我，平静地对护士说："这是我的女儿，和你差不多大小，正在医科大学读书，她也将面对自己的第一个患者。我真希望她第一次扎针的时候，也能得到患者的宽容和鼓励。"听了母亲的话，我的心里充满了温暖与幸福。

是啊，如果我们在生活中能将心比心，就会对老人生出一分尊重，对孩子增加一分关爱，就会使人与人之间多一些宽容和理解。

资料来源：http：//www.zybang.com/question/181006929a47f2edcdcefb2f7778213c.html.

3. 学会赞美

人们总是喜欢那些喜欢自己、真诚评价自己的人。人际交往是一个互动的过程，交往的双方在心理上总是以情感的相悦性作为交往的动力，而且赞美能够释放一个人身上的能量，调动人的积极性。

趣味阅读

今天打了两只野兔，明天呢

有一天，甲、乙两个猎人各捕猎到两只兔子回来。

甲的妻子看见后冷漠地说："你一天只打到两只小野兔吗？真没用！"甲猎人不太高兴，心里埋怨起来："你以为很容易打到吗？"第二天他故意空手而回，让妻子知道打猎是件不容易的事情。

乙猎人遇到的情况则恰恰相反，他的妻子看到他带回了两只兔子，欢天喜地地说："亲爱的，你一天竟然打了两只野兔？真了不起！我们可以享用美味的大餐啦！"乙猎人听了后满心喜悦，心想两只算什么，结果第二天他打了四只野兔回来。

面对同样的两只野兔，一位妻子指责抱怨，一位妻子赞美崇拜，产生了完全相反的结果。人的根本天性就是喜欢自己主动地做一些事情，而不是被逼迫着去做事，赞美就有这样神奇的效果。

资料来源：https：//zhidao.baidu.com/question/348023220.html.

人总是喜欢被赞美的，无论是六岁的孩子还是古稀的老人都一样。赞美别人，不单单是花言巧语、甜言蜜语，更重要的是根据对方的文化修养、个性性格、心理需求、所处背景、角色关系、语言习惯乃至职业特点、性别年龄、个人经历等不同因素，恰如其分地恭维、赞美对方。那么要怎样赞美别人呢？

（1）要真诚。赞美别人最关键的是真诚，不要说一些敷衍搪塞的话，口是心非的阿谀奉承只能让别人反感。

（2）要善于发现别人的长处和优势。赞美别人不仅可以从大处着眼，也可以从小处发挥，从多个方面寻找交往者的优点。

(3) 赞美要尽可能热诚具体、深入细致。例如，要赞美一个人穿的衣服漂亮，可以说："这件衣服穿在你身上特别合适，颜色适宜，款式大方，很适合你的气质。"

(4) 赞美要适度。对别人的赞美要把握一定的度和时机。恰当地运用赞美，你将在人际交往中收到意想不到的效果；而过分的赞美或不合时宜的赞美，反而会起到适得其反的效果。

4. 学会拒绝

想要与别人维持良好的人际关系，又能恰当地在不伤害别人的前提下表达自己的立场而拒绝别人，这是一种交往的能力和交往的智慧。

因不想破坏人际关系而顾虑重重，最终没能拒绝别人的请求，勉强答应……相信大家都有这样的经历。尽管体谅对方是十分重要的，但若只是一方一味忍让，这样的关系迟早也会破裂。短时间内也许还好，想要长时间维持良好的关系，学会说"不"是十分必要的。

也许有人认为说"不"就会令彼此间产生嫌隙，但其实高明的回绝方式并不会伤害对方。要想保持良好的人际关系，掌握一种既重视他人又重视自己的沟通方式显得尤为重要。

同样是拒绝的话，由于表达方式的不同，给人的印象也大相径庭。习惯于勉强自己而应承别人的这一类人，在下决心拒绝的时候往往会采取极端的方式，这样的例子不胜枚举，所以应格外注意。

将难以说出口的事情坦然地传达给对方，并得到他的理解，这是最好的状况。有一种简单的委婉拒绝的方法，就是可以提前记下几个用于拒绝的惯用句。这些方便的句式有以下几种。

(1) 遗憾型——"有负您的期望，我很遗憾"，使用能表达出这一感情的词汇。例如：

"难得您开一次口，我却实在是不能答应您，真的很抱歉。"

"真是太遗憾了，周五我全天外出……"

"我其实非常想做您说的那项工作，可是月末各项工作异常繁忙……"

(2) 过失型——"勉强接受反而会给您造成不便"，传达出这样的意思。例如：

"关于××那件事，我接受的话反而会给您添麻烦，所以……"

"我能力不足，反而会拖您的后腿，所以……"

"我会尽力协助您，可是最近工作繁忙，我勉强应承的话，品质方面会打折扣，我也会过意不去……"

(3) 替代方案型——拒绝后给出替代方案。例如：

"这周是不行了，下周的话我可以帮忙。"

"志愿者活动我胜任不了，捐助可以吗?"

"很遗憾我无法出席，可以让××代替我去。"

总之，对于对方的希望和请求，要表示理解，也要表达自己的诚恳与歉意，同时在语气上也要尽可能地委婉，容易让别人接受。

安然成长小插曲　　**破茧成蝶**

自从安然开始学习人际交往的知识后，他在日常交往中就十分注意了，学着用同理心换位思考，学着用积极的、令人愉悦的方式与人交往和沟通。渐渐地，舍友们都觉得安然进步了，关心别人了，他们宿舍的人际关系愈发融洽，更像一家人了。一年后，安然还在参加人际交往社团的活动，不同的是，他从当初的那个懵懂少年成长为一名社团的志愿者了。

安然想：“我还是我，在舍友们的提醒和帮助下，在老师的教导和自己的努力下，我终于完成了自己的蜕变，破茧成蝶了！安然，你真棒！”

趣味阅读

萨提亚沟通模式

萨提亚沟通模式是由美国第一代家庭治疗专家维吉尼亚·萨提亚女士所创建的理论体系。她是美国最具影响力的首席家庭治疗大师之一，《人类行为》（*Human Behavior*）杂志誉她为“每个人的家庭治疗大师”。她一生致力于探索人与人之间以及人类本质上的各种问题，她在家庭沟通方面的理念和方法备受专业人士的尊崇与重视。

一、萨提亚沟通模式的观点

萨提亚沟通模式认为人是活在环境、关系中的，因此，一个症状的出现与人与他人、环境的互动有很大的关系。

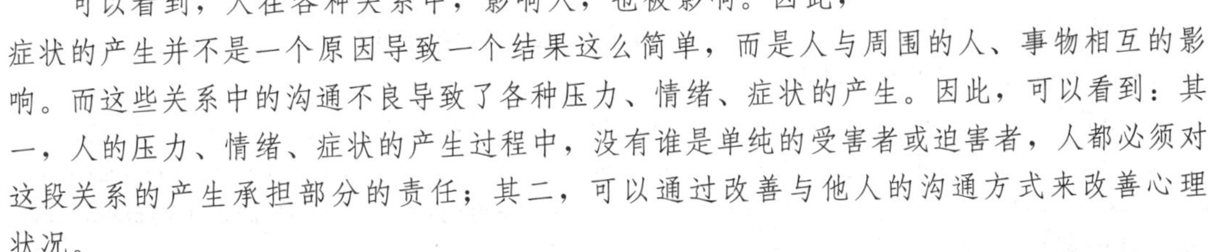

可以看到，人在各种关系中，影响人，也被影响。因此，症状的产生并不是一个原因导致一个结果这么简单，而是人与周围的人、事物相互的影响。而这些关系中的沟通不良导致了各种压力、情绪、症状的产生。因此，可以看到：其一，人的压力、情绪、症状的产生过程中，没有谁是单纯的受害者或迫害者，人都必须对这段关系的产生承担部分的责任；其二，可以通过改善与他人的沟通方式来改善心理状况。

“一个人在原生家庭中经历的各种关系，以及各种应付方式，对这个人的一生影响最为重大”。而在这些家庭关系中，影响力最大的时期又是童年至青少年时期（出生至16岁）。

当长大成人之后，在青年期之前经历、学到的思考、行为、感受的方式会一直影响人的生活、工作、人际关系。与父母的关系被内化到心里，然后，会在与爱人、孩子、朋友、上司、下属等人的关系中，重演这种关系。

因此，萨提亚创造出家庭图、影响圈来协助人们了解自己在家庭或整个人际关系圈中，与他人的关系是怎样的，还有自己与他人不同的应对姿态是怎样的。

萨提亚创造的“雕塑”技术，可以呈现人们的心理症状背后，受到哪些人际关系的影响，并进一步改善这些沟通不良的关系，以改善人们的心理状态。

二、萨提亚沟通的治疗信念

(1) 改变是有可能的，就算外在的改变有限，内在的改变还是可能的。

(2) 父母在任何时候都是尽他们所能去做。

(3) 我们拥有一切所需的内在资源得以成功地应对及成长。

(4) 我们有许多选择，特别是面对压力做出适当回应而非对情况做出实时反应。

(5) 治疗需要把重点放在健康及正向积极的部分，而非病理负面的部分。

(6)“希望”是“改变”最重要的成分。

(7) 人们由于相同而有所连接，由于相异而有所成长。

(8) 治疗的主要目标是个人可以为自己做出选择。

(9) 我们都是同一生命力的明证。

(10) 多数人倾向于选择对他而言是熟悉的而非舒适的应对，尤其是在压力之下。

(11) 问题（困难）不是问题，如何应对问题才是问题。

(12) 感受是属于我们的，我们都拥有它们。

(13) 人性本善，他们需要找寻自己的宝藏，以便联结及确认他们的自我价值。

(14) 人常重复在他们成长过程中熟悉的形态，即使那些形态是没有功能的。

(15) 我们不能改变过去已发生的事件，只能改变那些事件对我们的影响。

(16) 欣赏并接受“过去”可以增加我们支配“现在”的能力。

(17) 所谓全人性的目标是接受父母也是人，而不是只以他们扮演的角色来相处。

(18) 自我价值高低呈现在应对的方式上，自我价值越高，应对的方式越人性化。

(19) 人类的过程是普遍性的，因此适用于一切情况、文化及环境。

(20) 过程是“改变”的途径，故事内容形成情境，而“改变”就在那里发生。

(21) 萨提亚沟通模式的主要目标是达到表里一致及很高的自我价值。

(22) 健康的人际关系建立在平等的价值上。

萨提亚认为，无论旧有的成长模式给我们什么样的经历与感受，都值得尊重和接纳，并透过新的觉察而获得更多选择。

资料来源：http：//baike. baidu. com/link? url＝drpX6lD _ hip8RpsGT3eo061ks _ ZNm _ 9igUnLYXCgKJ4UEzk-QU65jYIdEgUku6SZQ4jeNGQjTa9 _ NKR9jkCKfgZy5leqa3m _ NmvVsEgBY _ fBauKotKIPfBN222rq9pO5aRzRjByaS1-EQIYIGixZdWizKvIQV2skN1VnXa8C2dXLCA6m7mUsVDx5BzQiPhdzecPb9jo-emQva13sNwFgg02f6oCVT2LdKqiqllwz-Gc1SPipUqRWX8n7a4eQj _ iBj0N.

成长训练营

一、沟通架起成功的桥梁

(一) 活动目的

通过体验，帮助学生体会人际交往的原则和沟通技巧。

(二) 活动准备

(1) 根据场地准备活动需要的椅子。

(2) 活动音乐：《幸福拍手歌》。

(三) 活动时间

30 分钟

(四) 活动步骤

1. 沟通技巧练习（25 分钟）

(1) 教师带领全班同学用报数的形式，将全班同学分成五个小组，然后每个同学迅速寻找本组成员。

(2) 每个小组围成一个圈，跟随《幸福拍手歌》的节拍分别对自己左侧或右侧的同学做出拍手、握手、帮助对方捶肩、拥抱等动作，活跃气氛。

(3) 每个小组围成一个圈，老师发出指令，同学们按照要求做以下练习：

1) 无关注练习：

同学 A 做主讲人对小组成员讲一件他感到非常难过的事儿，其他同学在听的同时低头玩手指头，对 A 没有回应。小组成员依次做主讲人，体会自己讲话没有人关注的滋味。都讲完后，大家分享感受。

2) 不同频率练习：

同学 B 做主讲人对小组成员讲一件他感到非常兴奋的事儿，其他同学在听的同时看着他，慢语速回应“哦，是吗”“真的啊”“真好玩儿啊”等。小组成员依次做主讲人，体会自己讲话和对方不同频率回应的滋味。都讲完后，大家分享感受。

3) 关注、同频率练习：

同学 C 做主讲人对小组成员讲一件他感到非常纠结的事儿，其他同学在听的同时用眼睛看着他，做恰当的点头回应，也可以适当地简单回应“嗯嗯”“哦”等。小组成员依次做主讲人，体会自己讲话和对方同频率回应的滋味。都讲完后，大家分享感受。

4) 语言的减力和增力练习：

同学 D 做主角，扮演因肺炎住院的病人，同事四人来看望他：

a. 语言减力练习：

同事 1：××，看到你这样，我真难过！

同事 2：××，你会不会更加严重啊，唉！

同事 3：××，你真可怜啊！

同事 4：××，你放心吧，你的事儿我们都替你做了！

b. 语言增力练习：

同事 1：××，相信你很快就会好起来的！

同事 2：××，有什么我们可以帮你的吗？

同事 3：××，你一定有办法能帮自己好起来，加油！

同事 4：××，快回来吧，我们需要你！

小组成员轮流当主角，体会不同语言给当事人的减力和增力，体会在日常人际沟通中应该怎样运用语言。

2. 分享感受（10 分钟）

每个小组派一名代表上台分享以上练习的感受。

3. 教师总结（参考）

人际沟通随时随地地在我们身边发生，人际沟通质量的好坏直接决定了我们的人际交往环境。同学们，本次团体活动后，我们更要注意这些技巧在日常生活中学以致用，多加思考和练习，必能像安然一样受益。

二、人际关系与交往的技巧——情景剧表演

（一）活动目的

通过情景剧表演，体会每个角色在情景剧中的情绪和困扰，理清思路，正确地处理人际关系，练习人际交往技巧。

（二）活动时间

每个情景剧 30 分钟

（三）活动过程

情景剧一：王强的故事

1. 情景剧背景

一天晚上，王强因为打篮球不小心撞倒了其他系的建青，并发生了争执，建青扬言要找人收拾王强。王强找到了好哥们刘伟商量对策。王强想着尽量好好谈谈，争取和平解决，但是万一谈不好也得做好动手的准备，不能吃了亏，所以请刘伟帮忙找人去打架。

2. 表演内容

如果你是王强的好哥们刘伟，你会怎样处理这件事情？

以小组为单位讨论，并将讨论结果排演成情景剧，在课堂上展示。

3. 分享感受

每个小组派一名代表上台分享以上练习的感受。

4. 教师总结（参考）

“哥们义气”不等同于真正的“友谊”；对朋友提出的所有要求，我们要有是非标准，有自己的准则，不屈从朋友；真正为朋友着想，是要帮助他处理好人际交往中的难题，而不是简单地帮忙打架，火上浇油。

情景剧二：优优的故事

1. 情景剧背景

优优来自省会城市，家庭条件优越，长得漂亮，因高考发挥不好才不得不到专科学校就读。平日里她瞧不上周围的同学，认为大家都很土气，一心想成为校园中的佼佼者。在宿舍里，她对舍友也不那么亲密，总是觉得自己不需要依靠任何人。没想到，在几次竞选和推优中，都需要同学们投票推荐，优优平日里趾高气扬，得票数少得可怜。看看自己不容乐观的人际关系，想想自视甚高的结局是整日在校园里形单影只，她终于有所觉悟，想和宿舍的几个女生交朋友了。一日，优优感冒了，发烧很严重，她更加感到需要舍友们的帮助。这时，同宿舍的方芳和晓雪回来了……

2. 表演内容

(1) 如果你是优优，你怎样做才能得到舍友的友谊?

(2) 如果你是方芳或晓雪，你会怎样处理和优优的关系?

每个小组排演一幕，演员们分享每个角色的感受。

3. 分享感受

每个小组派一名代表上台分享以上练习的感受。

4. 教师总结（参考）

每一个人都是宿舍的一分子，更是班级的一分子，人与人之间没有所谓的高低贵贱之分。放下心中的成见，敞开心扉，才能收获友谊，每一天的生活才会更温暖，更精彩。

成长体验与感悟

请把你参加活动的感受写在下面，做个留念吧!

成长加油站

一、推荐书籍

1.《卡耐基说话技巧与人际交往》

《卡耐基说话技巧与人际交往》一书将教会你：赢得他人赞同的说话技巧；赢得他人合作的说话技巧；有效说服的说话技巧；当众说话的沟通艺术；如何做一个受人欢迎的说话高手；如何克服恐惧，建立自信；如何学会当众讲话，让别人相信和接受你……

如果获得了这些技巧，你将迎来崭新的人生!

2.《蔡康永的说话之道》

《蔡康永的说话之道》一书的作者是知名主持人蔡康永，这是一本最好玩、最幽默的说话之道。本书开端蔡康永便许下宏愿：《蔡康永的说话之道》会令“本来已经很讨人喜欢的你，在未来变得更讨人喜欢”。本书包括 40 篇精彩短文，每篇都会让谈话变得生动有趣，让你在与他人相处中也开始变得有趣，并配以兔斯基绘制的令人狂笑的插画，如同蔡康永的主持风格一样俏皮机智，饶有情趣。

3.《人际的奥秘：曾仕强告诉你如何搞好人际关系》

世间最复杂的莫过于人与人之间的关系，而中国人之间的关系更加微妙，更加难以把握。一方面，中国人认为“在家靠父母，出外靠朋友”，靠不靠得住，就看关系如何；另一方面，中国人又希望凡事凭本事，讨厌“拉关系”。殊不知，一个毫无能力的人，是无法依靠人际关系而成功的。而如果缺乏良好的人际关系，即便能力再强，也无法顺利地获得成功。

《人际的奥秘：曾仕强告诉你如何搞好人际关系》一书以人际关系为出发点，主要介绍了处理和经营人际关系的十个要领，并与伦理道德完美融合，帮助人们营造健康、优质的人际关系。

二、心理测试

（一）人际关系自评量表

请你仔细阅读下列 16 个问题，每个问题后面有 A、B、C 三个选项，请你按照自己的真实情况任选其一。

1. 在人际关系中，我的信条是：
A. 大多数人是友善的，可与之为友
B. 人群中有一半是狡诈的，一半是善良的，我将选择善良者而交友
C. 大多数人是狡诈虚伪的，不可与之为友

2. 最近我交了一批朋友，这是：
A. 因为我需要他们
B. 因为他们喜欢我
C. 因为我发现他们很有意思，令人感兴趣

3. 外出旅行时，我总是：
A. 很容易交上新朋友
B. 喜欢一个人独处
C. 想交朋友，但又感到困难

4. 我已经约定要去看望一位朋友，但因为太累而失约了，在这种情况下我感到：
A. 这是无所谓的，对方肯定会谅解我
B. 有些不安，但又总是在自我安慰
C. 很想了解对方是否对自己有不满的情绪

5. 我结交朋友的时间常是：
A. 数年之后
B. 不一定合得来的朋友能长久相处
C. 时间不长，经常更换

6. 一位朋友告诉我一件极有趣的个人私事，我会：

A. 尽量为其保密，不对任何人讲

B. 根本没有考虑过要继续扩大宣传此事

C. 朋友刚一离开，随即与他人议论此事

7. 当我遇到困难时，我：

A. 通常是靠朋友解决的

B. 要找自己可信赖的朋友商量着办

C. 不到万不得已时，绝不求人

8. 当朋友遇到困难时，我觉得：

A. 他们大都喜欢来找我帮忙

B. 只有那些与我关系密切的朋友才来找我商量

C. 一般都不愿意来找我麻烦

9. 我交朋友的一般途径是：

A. 经过熟人介绍

B. 在各种社交场所

C. 必须经过相当长的时间，并且还相当困难

10. 我认为选择朋友最重要的品质是：

A. 具有能吸引我的才华

B. 可以信赖

C. 对方对我感兴趣

11. 我给人们的印象是：

A. 经常会引人发笑

B. 经常启发人们去思考问题

C. 和我相处时别人会感到舒服

12. 在晚会上，如果有人提议让我表演或者唱歌，我会：

A. 婉言谢绝

B. 欣然接受

C. 直截了当地拒绝

13. 对于朋友的优缺点，我喜欢：

A. 诚心诚意地当面赞扬他们的优点

B. 诚实地对他们提出批评意见

C. 既不奉承，也不批评

14. 我所结交的朋友：

A. 只是那些与我的利益密切相关的人

B. 通常能和任何人相处

C. 有时只愿与同自己相投的人和睦相处

15. 如果朋友们和我开玩笑（恶作剧），我总是：

A. 和大家一起笑

B. 很生气并有所表示
C. 有时高兴，有时生气，依自己当时的情绪和情况而定
16. 当别人依赖我的时候，我是这样想的：
A. 我不在乎，但我自己却喜欢独立于朋友之中
B. 这很好，我喜欢别人依赖我
C. 要小心点，我愿意对一些事物持冷静、清醒的态度

记分：

1. A. 3　B. 2　C. 1　　9. A. 2　B. 3　C. 1
2. A. 1　B. 2　C. 3　　10. A. 3　B. 2　C. 1
3. A. 3　B. 2　C. 1　　11. A. 2　B. 1　C. 3
4. A. 1　B. 3　C. 2　　12. A. 2　B. 3　C. 1
5. A. 3　B. 2　C. 1　　13. A. 3　B. 1　C. 2
6. A. 2　B. 3　C. 1　　14. A. 1　B. 3　C. 2
7. A. 1　B. 2　C. 3　　15. A. 3　B. 1　C. 2
8. A. 3　B. 2　C. 1　　16. A. 2　B. 3　C. 1

解释：

根据选定的答案，找出相应的分数，将 16 个题的得分累加起来，这个总分值大致可以判定你的人际关系是否融洽。

（1）总分 38～48 分：人际关系很融洽；

（2）总分 28～37 分：人际关系并不稳定；

（3）总分 16～27 分：人际关系不融洽，交往圈子小，有必要扩大交往范围。

（二）处世能力测试

下面有 14 个问题，每个问题设计了一种具体的时间、地点、背景，并且列出了 4 个备选方案。请你设身处地地考虑一下，如果你面临这种情景，你的表现将与哪一种叙述更符合，请把它前面的字母代号圈出来。

1. 校友聚会上，碰巧你与多数同桌的人素不相识，你怎么办？
A. 显得紧张焦虑，左顾右盼
B. 一言不发地听别人谈论
C. 寻找相识的人高谈阔论
D. 神态自若地加入大家的谈论
2. 当你觉得与一起工作的同事在各个方面都合不来时，你怎么办？
A. 勉强应付，尽量凑合下去
B. 故意找碴儿，与他吵架，迫使领导注意并解决
C. 向领导打他的小报告，要求领导把他调走
D. 尽你所能谅解对方，实在不行，则向领导如实说明，待机解决

3. 在公共汽车上，你无意踩了别人一脚，别人对你骂个不停，你怎么办？

A. 只当没听见，随他去骂，骂够了也就完了

B. 与他对骂，看谁能骂过谁

C. 解释因为他拥挤自己才踩到他的，指出对方不该怪自己

D. 请他原谅，同时提醒他骂人是不文明的

4. 在影院看电影时，你邻座旁若无人地讲话，使你感到讨厌，你怎么办？

A. 盼望有人能出面向他们提意见或他们知趣停止

B. 直截了当地指责他们

C. 叫工作人员来制止

D. 有礼貌地叫他们小点声

5. 你辛苦地干完了工作，自以为干得很不错，不料领导很不满意，你怎么办？

A. 默默地听领导埋怨，但心中感到十分委屈

B. 愤愤地拂袖而去，因为你觉得自己不应受委屈

C. 解释因客观条件限制，自己已尽了最大努力

D. 留意听取自己做得不够的地方，以后改正

6. 你买了一个崭新的球拍，自己还未用过，但有朋友向你借，你怎么办？

A. 勉强给他，但是满腹牢骚

B. 把脸色、语气变坏，使朋友不得不改口

C. 撒谎说已经借给别人了

D. 告诉他自己要试用一下，检查了球拍的质量后，再借给他

7. 当你正专注于一件工作，一位朋友上门来找你倾诉苦恼，你怎么办？

A. 放下手中的工作，全心倾听

B. 很不高兴，流露出不耐烦的神态

C. 表面应酬，似听非听，脑子里还在想自己的事情

D. 向他直言自己的情况，同他另约时间

8. 在你无意获知了别人的一些隐私之后，你怎么办？

A. 虽然很好奇，但尽量不传播给其他人听

B. 本想忍住，实际上却会很快告诉其他人

C. 不会主动谈，但当其他人谈起的时候，也会附和着一起谈

D. 根本没有想过要让其他人知道

9. 周末，你忙了一整天，把房间全部打扫干净，你的爱人下班回家后，却指责你没及时做晚饭，你怎么办？

A. 心里很气，但仍忍着去做饭

B. 勃然大怒，骂爱人自私，要爱人自己去做饭

C. 气得吃不下，睡不着

D. 向爱人解释，然后提议干脆一起去下馆子

10. 假如你搬家到一个新的小区，和周围的邻居都不认识，显得较生疏，你怎么办？

A. 尽量不与邻居交往

B. 故意显示出自己是很有来头的，让人家有种敬畏感

C. 观察邻居对自己的态度再决定

D. 马上与邻居打招呼，表现出友好的姿态

11. 有一个不太熟的人，经常要麻烦你做一些事，你却很忙，你怎么办？

A. 尽量躲避他

B. 直截了当地告诉他很忙，不要再来麻烦了

C. 表面上敷衍他，实际上心急如焚

D. 尽自己的能力帮助，实在忙不过来时再向他说明情况

12. 一位朋友向你借了几十元钱，但后来没还，好像不记得这件事了，你怎么办？

A. 发誓以后再也不借给他

B. 假装无意地提醒他曾借过钱

C. 向他借同等数额的钱，并且自己也很快忘记

D. 就当没这回事

13. 在餐馆买了一份本来很爱吃的菜，但发现味道太咸或太辣，你怎么办？

A. 向身边的人发牢骚

B. 破口大骂厨师无能

C. 虽一言不发地吃下去，但发誓再也不来了

D. 态度自然地问服务员，能否换一份，如不能，则自己决定吃或不吃

14. 一位售货员为了使你买到满意的东西，向你充满热情地介绍了所有的东西，但你都不满意，你怎么办？

A. 买一件你并不急需的东西

B. 气愤地指责这些商品质量不好，永远卖不掉

C. 向她表达歉意，说是朋友托买的东西，一定要朋友满意才能买

D. 不为所动地说一声“谢谢”，若无其事地离去

记分与解释：

如果选 A 的次数最多，说明你处事态度过于消极，表面上害怕与人相争，实际上心中并不一定服气。对任何有争议的事，你都不愿意表态，希望他人自觉承担责任。当人们起初了解你的时候，也许会同情你，但时间长了会对你产生反感。

如果选 B 的次数最多，说明你处事能力较差，不善于待人接物，往往属于好斗型，遇到不顺心的事容易暴跳如雷，甚至粗鲁地骂人。表面看来，你好像占了上风，其实得不到他人对你的尊重，结果往往使人们因厌恶和害怕而躲开你。

如果选 C 的次数最多，说明你比较理智清醒，有一定的处世所需要的克制能力，能把怨气或不满情绪隐藏起来，比前面两种人更善于处理人与人之间的关系，只是有时为人不够真诚坦率，结果是使人们对你有虚伪的印象而不能真正理解你。

如果选 D 的次数最多，说明你有积极的处世态度，遇事清醒，有较强的克制能力，尊重他人，对人诚恳坦率，不喜欢虚假和装模作样，结果是人们尊重你，愿意和你交往，能够建立和谐互助的双边关系。

三、实践作业——我们的宿舍我们的家

请以宿舍为小组，拍摄一段宿舍主题视频。

（一）作业要求

（1）拍摄人物要包括宿舍全体成员。

（2）主题自定，可以包含宿舍成员介绍、宿舍生活的一天，或者宿舍节日等，主要围绕宿舍成员间人际交往与人际关系，展示所在宿舍的特色，以此作为大学宿舍生活的一份纪念。

（3）通过拍摄和制作视频，能帮助宿舍成员间有更深层次的交往和协作，促进宿舍人际关系更加和谐融洽。

（4）画面清楚，音质清晰，有字幕，有配乐更好。

（5）时长不少于 5 分钟。

（二）评分标准

（1）主题突出，内容能够反映出宿舍同学之间的交往与互动。（40 分）

（2）配合默契，宿舍内每位同学都参与，在视频中有镜头，有发言。（30 分）

（3）视频制作效果好。（30 分）

成长驿站三　我快乐、我健康——情绪管理

把脸一直朝向阳光，这样就不会见到阴影。

——海伦·凯勒

做自己情绪的奴隶比做暴君的奴隶更不幸。

——毕达哥拉斯

成功者与失败者最大的区别在于，前者是情绪的主人，后者是情绪的奴隶。

——拿破仑·希尔

成长故事

倒霉的一天

安然从高一开始便确定了考上名校的目标，忙忙碌碌的高中生活，远离各种各样有趣的事情，三更灯火五更鸡，一切只为了考上名校的目标。高考成绩查询之后发现，成绩正好处于模棱两可状态中，报志愿的时候，又没有好好地做功课，于是便被调剂到一所高职院校。来到高职院校，安然感觉现实与理想有些差距，周围的同学也和自己不一样，他们好像特别容易满足，没有多大的上进心。大学的生活和高中也不一样了。一时间，安然没了目标，干什么都没有兴趣，心情仿佛被雾霾笼罩，总也阳光不起来，天天昏昏沉沉。

特别是最近，安然更觉得自己的心情差到了极点，所有倒霉的事情仿佛一块出现，就像商量好了一样。

军训完毕，正好赶上周末，宿舍的舍友们约好了一块出去逛逛附近的园博园。谁知道在等公交车的时候人特别多，安然下车的时候一摸口袋，钱包不见了，里面还有银行卡、身份证、校园卡等，游玩不成，只得返回学校。安然给家里打电话本来想得到一些安慰，谁知道爸爸反而责怪他粗心大意，弄得自己更加郁闷和委屈。这还不算完，在今天早上起床的时候，安然不小心碰到舍友的桌子，把舍友心爱的杯子碰到地上，惹得舍友很不高兴，与他争吵起来。自己也不是故意的，何必这么认真，想到这里，安然心里更加委屈。

成长困惑

1. 你是否有过类似的经历？你当时是如何处理的？

____

____

2. 你会给安然什么建议？把你的建议写下来。

____

____

成长导航

第一站　几多欢喜几多忧——认识情绪

现实生活中，人们有时会感到高兴和喜悦，有时会感到悲伤和忧虑，有时会感到气愤和憎恶，有时会感到爱慕和钦佩，有时会感到孤独和恐惧，等等。这些都是人的情绪过程。情绪是极其复杂的心理现象，它有着独特的心理过程。

一、情绪的概念[①]

情绪是人们对客观事物和对象所持态度的主观体验。情绪同认识活动一样，也是人脑对客观现实的反映。情绪反映的是一种主客体的关系，是作为主体的人的需要和客观事物之间的关系。例如，高考对于每个高中生来说都是人生大事，高考能考出高分显然符合高中生的主观需要，高中生会对之采取肯定的态度，产生满意、愉快等内心体验；而如果考试发挥失利、成绩不理想，也会在一定程度上改变人生的命运，考试成绩不好显然违背了高中生的主观需要，他们对之持否定的态度，产生不满、愤怒甚至憎恶等内心体验。一般来说，情绪由主观体验、生理唤醒、外部行为三部分组成。

美国心理学家伊扎德认为，情绪包括认知层面上的主观体验、生理层面上的生理唤醒、表达层面上的外部行为。当情绪产生时，这三种层面共同活动，构成一个完整的情绪体验过程。情绪与有机体的需要联系紧密，它是以需要为中介的一种反映形式。客观世界的某些刺激并不全都能引发人的情绪，只有与人的需要有直接或间接联系的事物，才使人产生情绪。通常，那种能满足人的某种需要的对象，会引起肯定的情绪体验（如满意、愉快、喜悦等）；反之，那种妨碍与干扰需要得到满足的东西，就会引起否定的情绪体验（如不满意、痛苦、忧愁、恐惧、愤怒等）。

---

① 桂宇才：《基础心理学》，北京，人民教育出版社，2007。

（一）主观体验

情绪的主观体验是人的一种自我觉察，即大脑的一种感受状态。人有许多主观感受，如喜、怒、哀、乐、爱、恶、惧等。人们对不同事物的态度会产生不同的感受。人们对自己、对他人、对事物都会产生一定的态度，如对朋友遭遇的同情、对敌人凶暴的仇恨、对事业成功的欢乐、对考试失败的悲伤等。这些主观体验只有个人内心才能真正感受到或意识到，例如："我知道'我很高兴'""我意识到'我很痛苦'""我感受到我很内疚'"，等等。

（二）生理唤醒

人在产生情绪反应时，常常会伴随着一定的生理唤醒。例如，激动时血压升高，愤怒时浑身发抖，紧张时心跳加快，害羞时满脸通红，等等。脉搏加快、肌肉紧张、血压升高及血流加快等生理指数是一种内部的生理反应过程，常常是伴随着不同情绪产生的。

（三）外部行为

在情绪产生时，人们还会出现一些外部反应过程，这一过程也是情绪的表达过程。例如，人悲伤时会痛哭流涕，激动时会手舞足蹈，高兴时会开怀大笑，等等。情绪所伴随出现的这些相应的身体姿态和面部表情，就是情绪的外部行为。它经常成为人们判断和推测情绪的外部指标。由于人类心理的复杂性，有时人们的外部行为会出现与主观体验不一致的现象。例如，在一大群人面前演讲时，明明心里非常紧张，还要做出镇定自若的样子。

主观体验、生理唤醒和外部行为作为情绪的三个组成部分，只有三者同时活动、同时存在，才能构成一个完整的情绪体验过程。例如，当一个人佯装愤怒时，他只有愤怒的外在行为，却没有真正的内在主观体验和生理唤醒，因而也就称不上有真正的情绪过程。因此，情绪必须是上述三方面同时存在，并且有一一对应的关系；一旦出现不对应，便无法确定真正的情绪是什么。

回顾思考

在安然第一次尴尬的自我介绍中，他紧张情绪的三部分分别是什么？

主观体验：________________

生理唤醒：________________

外部行为：________________

二、情绪的类型

按照不同的划分标准，情绪可以划分为不同的情绪类型。

（一）按照情绪的内心体验划分，可以分为积极情绪和消极情绪

1. 积极情绪

积极情绪指的是与某种需要得到满足相联系，通常伴随着愉悦的主观体验，并能提高人的积极性的正性情绪。例如：爱与感恩、温暖、好奇、振奋、坚毅、乐观、奉献等。积极情绪可以促进人努力学习，养成良好的习惯，不断地健全人格。

2. 消极情绪

消极情绪指的是与某种需要得不到满足相联系，通常伴随着消极的主观体验，并能降低人的积极性的负性情绪。例如：憎恨、嫉妒、愤怒、抑郁、紧张、狂躁、怀疑、自卑、内疚等。消极情绪会使人意志消沉、士气低落，阻碍人的健康成长，对人生起到消极作用。

趣味阅读

情绪对健康的影响

美国生理学家艾尔玛·辛吉斯将一支支玻璃管插在摄氏零度、冰与水混合的容器里，以收集人们处于不同情绪时呼出来的“气水”。结果发现，心平气和时呼出来的气，凝成的水清澈透明、无色、无杂质。如果生气，则会出现一种紫色的沉淀物。将这种“生气水”注射到小白鼠身上，几分钟后，小白鼠竟然死了。

资料来源：http：//blog. sina. com. cn/s/blog _ 5d8b46140102ve1j. html.

（二）按照情绪的发展划分，可以分为基本情绪和社会情绪

1. 基本情绪

基本情绪指的是与生理需要相联系的内心情绪，如人类的恐惧、焦虑、满足、悲伤等情绪早在人的幼年时期就形成了，具有先天遗传的特征。我国古代名著《礼记》认为，人们的基本情绪是喜、怒、哀、惧、爱、恶、欲七种。现代心理学家普遍认为，人类的四种基本情绪分别是快乐、愤怒、恐惧、悲哀。

2. 社会情绪

社会情绪指的是与社会相联系的情绪体验，表现为一种复杂且稳定的体验活动，如人的善恶感、理智感、荣誉感、幸福感、羞耻感等，是随着人的成长逐步发展起来的，具有社会性特征，同时又会通过基本情绪表现出来。

（三）按照情绪状态划分，可以分为心境、激情与应激

情绪状态指的是在一定的生活事件影响下，一段时间内的各种情绪体验的一般特征表现。苏联心理学家根据情绪发生的强度、持续性、紧张度，把情绪状态划分为心境、激情与应激三种形态。

1. 心境

心境是指比较微弱、持久地影响人整个精神活动的情绪状态，也就是大家常说的“心情”，具有弥散性的特点。例如，当一个人心情舒畅时，他看什么都会觉得乐观积极，而

当一个人郁郁寡欢时，则对许多事都会感到没有兴趣。“感时花溅泪，恨别鸟惊心”就是心境的表现。心境有消极和积极之分。

例如：

> 那个晚上月亮太亮了，蜡染一般的天幕上一颗星星都没有，月光将周围的云层晕染成昏黄。
>
> 那是她一生当中最亮的月亮。
>
> ——辛夷坞小说，《致我们终将逝去的青春》

心境会影响我们的生活和学习。积极的心境会使人提高效率，帮助渡过难关，克服困难，保持健康；消极的心境则会使人意志消沉，悲观绝望，甚至带来亚健康和身心疾病。

趣味阅读

快乐的钥匙

每个人心中都有一把“快乐的钥匙”，但我们却常常在不知不觉中把它交给别人掌管。

一位女士抱怨道：“我活得很不快乐，因为先生常出差不在家。”她把快乐的钥匙放在先生手里。

一位妈妈说：“我的孩子不听话，让我很生气！”她把钥匙交在孩子手中。

男人说：“上司不赏识我，所以我情绪低落！”这把快乐的钥匙被塞在老板手里。

婆婆说：“我的媳妇不孝顺，我真命苦！”

年轻人从文具店里走来说：“那位老板服务态度恶劣，把我气炸了！”

这些人都做了相同的决定，就是让别人来控制他的心情。

一位知名作家和朋友在报摊上买报纸，那朋友礼貌地对报贩说了声“谢谢”，但报贩却冷脸相对，没发一言。“这家伙态度很差，是不是？”他们继续前行时，作家问道。“他每天晚上都是这样的。”朋友说。“那你为什么还是对他那么客气？”作家问他。朋友答道：“为什么我要让他决定我的行为？”

一个成熟的人握住自己快乐的钥匙，他不期待别人使他快乐，反而能将快乐与幸福带给别人。

资料来源：http：//www. xue163. com/1778/11010/17787730. html.

2. 激情

激情是一种强烈的、短暂的、有爆发性的情绪状态，如狂喜、愤怒、绝望等都属于这种情绪状态。在激情状态下，人的理解力、自制力等都有可能降低。激情也有积极和消极之分。积极的激情能增强人的敢为性和魄力，激励人们克服艰险，攻克难关；消极的激情则会导致理智的暂时丧失、情绪和行为的失控。例如：当上完晚自习，面对抢劫女同学的歹徒，你奋勇向前勇斗歹徒就是一种积极的激情；当你情绪气急败坏、乱扔东西就是一种消极的激情。

3. 应激

应激是在出乎意料的紧迫情况下所引起的高度紧张的情绪状态。在人们遇到突如其来的紧急事故时就会出现应激状态。例如突如其来的地震、火灾等都会让人产生一种特殊的情绪体验，就是应激。

在应激状态下，人的心律、血压、呼吸和肌肉紧张度等会发生显著的变化，从而增加身体的应变能力。在应激状态下，人们往往能做出平时难以做到的事，从而尽快地转危为安。但是人在紧急情境中的应激状态下，也会导致知觉狭窄，行动刻板，注意力被局限；过于强烈的应激情绪会导致人的临时性休克甚至死亡，还会导致心理创伤。现在，重大自然灾害之后，如地震、洪灾等，国家一般会派出心理援助小组对灾民进行灾后心理危机干预。一个人长期或频繁地处于应激状态中，会导致身心疾病和心理障碍。积极的应激表现为沉着冷静、急中生智，消极的应激表现为惊慌失措、一筹莫展。

趣味阅读

绝境和奇迹

在法国一个位于野外的军用飞机场上，一位名叫桑尼耳的飞行员正在专心致志地用自来水枪清洗战斗机。突然，他感到有人用手拍了一下他的后背。回头一看，他吓得大叫一声，拍他的哪里是人，一只硕大的狗熊正举着两只前爪站在他的背后！桑尼耳急中生智，迅速地把自来水枪转向狗熊。也许是用力太猛，在这万分紧急的时刻，自来水枪竟从手上滑了下来，而狗熊已朝他扑了过去……他闭上双眼，用尽吃奶的力气纵身一跃，跳上机翼，然后大声呼救。

警戒哨所里的哨兵听见了呼救声，急忙端着冲锋枪跑了过来。两分钟后，狗熊被击毙了。

事后，许多人都大惑不解：机翼离地面最起码有 2.5 米的高度，桑尼耳在没有助跑的情况下居然跳了上去，这可能吗？如果真是这样，桑尼耳不必再当飞行员了，而应去当一名跳高运动员，去创造世界纪录。

然而，事实确实如此。

后来，桑尼耳做了无数次试验，再也没能跳上机翼。

人们越来越怀疑此事的真实性。一位研究人体潜能的专家说：“此事完全有可能发生。人在遇到危急情况时，体内会分泌一种奇异的激素，此激素能激发人体所潜藏的超常能力。情况越危急，潜能越易发挥，而在平常情况下，潜能皆处于沉寂状态。”

一个绝境就是一次挑战、一次机遇，也许你会因此创造超越自我的奇迹。

资料来源：https：//wenku. baidu. com/view/5f66c86e793e0912a21614791711cc7931b77808. html.

三、情绪的功能

情绪与大学生的生活、学习、人际交往、个人发展密切相关，对大学生的身心健康、学业发展和个人成长都具有直接的影响。有这么一首小诗：

你若是心情愉快，健康就会常在；
你若是心境开朗，眼前就是一片明亮；
你要是经常知足，就会感到幸福；

你若是不计较名利，就会感到一切如意。

这首小诗告诉我们，如果我们能有一份好心情，提高适应能力，保持乐观的状态，就能使得自己进入洒脱、豁达的境界，那就掌握了生命的主动权。因此，了解情绪的功能，并充分发挥情绪的功能对于大学生来说至关重要。

（一）激励提升

情绪能够以一种与生理性动机或社会性动机相同的方式激发和引导行为。有时我们会努力去做某件事，只因为这件事能够给我们带来愉快与喜悦。从情绪的动力性特征看，情绪分为积极增力的情绪和消极减力的情绪。快乐、热爱、自信等积极增力的情绪会提高人们的活动能力，而恐惧、痛苦、自卑等消极减力的情绪则会降低人们活动的积极性。有些情绪同时兼具增力和减力两种动力性质，如悲痛可以使人消沉，也可以使人化悲痛为力量。

（二）通信交流

情绪的通信功能是指在人际交往中，人们除借助语言进行交流之外，还通过情绪的流露来传递自己的思想和意图。情绪的这种功能是通过表情来实现的。表情具有通信交流的作用，属于一种非语言性交际。人们可以凭借一定的表情来传递情绪信息和思想愿望。在社会交往的许多场合，人们之间的思想、愿望、态度、观点仅靠语言无法充分表达，有时甚至不能言传，只能意会，这时表情就起到了通信交流的作用。

（三）动机调节

个体的情绪表现还常被视为动机的重要指标。由于情绪可能与动机引发的行为同时出现，情绪的表达能够直接反映个体内在动机的强度与方向，因此情绪也被视为动机潜力分析的指标，即对动机的认识可以通过对情绪的辨别与分析来实现。

动机调节是在具有挑战性的环境下所表现出的行为变化能力。当个体面对危险的情境时，动机潜力会产生作用，促使个体做出应激的行为。当面临危险时，有的人头脑清晰，沉着冷静地离开；而有些人则惊慌失措，浑身发抖，不能有效地逃离现场。这些情绪指标可以反映出人们动机潜力的个体差异。

（四）维护健康

人对社会的适应是通过调节情绪来进行的，情绪调控的好坏会直接影响身心健康。作为心理因素的一个重要方面，情绪同身体健康的关系早已受到人们的关注。情绪对健康的影响作用是众所周知的。积极的情绪有助于身心健康，消极的情绪会引起各种疾病。我国古代医书《黄帝内经》中就有“怒伤肝，喜伤心，思伤脾，忧伤肺，恐伤肾”的记载。有许多心因性疾病与人的情绪失调有关，如溃疡、偏头痛、高血压、哮喘、月经失调等。

趣味阅读

关于猴子的心理学实验

1. 预备实验

把一只猴子放在用铜条编织的筐子里，双脚绑在铜条上，然后给铜条通电。猴子挣扎乱抓，旁边有一个弹簧拉手，是电源开关，一拉就不痛苦了，这样猴子一被电就拉开关，建立了一个一级条件反射。然后每次在通电前，猴子前方的一个红灯就亮起来，多次以后，猴子知道了，红灯一亮，它就要受苦了，所以每次还不等来电，只要红灯一亮，它就先拉开关。这样就建立了一个二级条件反射。预备试验完成。

2. 正式实验

在这个猴子的旁边，再放一只猴子，与第一只猴子串联在铜条上，隔一段时间就亮红灯，每天持续6小时。第一只猴子注意力高度集中，一看到红灯亮就赶紧拉开关；第二只猴子不明白红灯是什么意思，无所事事，无所用心。那么哪一只猴子先死呢？为什么？

答案是第一只猴子。那么，第一只猴子是因为什么死的呢？科学家发现，它死于严重的消化道溃疡，胃烂掉了。实验之前的体检结果显示它没有任何胃病，没有溃疡，可见这是二十几天内新得的病。第一只猴子要工作，他的责任重，压力大，精神紧张，焦虑不安，老担惊受怕，它的消化液和各种内分泌系统紊乱了，所以就会得溃疡。

因此，我们要保持自己的情绪健康，对不合理的情绪要及时调整，拥有一个好心情。

资料来源：http：//blog. sina. com. cn/s/blog _ 8938155a01012e1s. html.

四、健康情绪的标准

健康的情绪是大学生健康成长的重要条件。一般来说，情绪的目的性恰当，符合社会规范的要求，就是健康的标准。

（1）心理学家瑞尼斯等人提出了情绪健康的六项指标：

1）发展出某些技巧以应付挫折情境；

2）能重新解释与接纳自己与情绪的关系，不会一直自我防卫，能避免挫折并安排替代的目标；

3）知觉某些情境会引起挫折，可以避开并找寻替代目标，以获得情绪满足；

4）能找出方法，缓解生活中的不愉快；

5）能认清各种防卫机制的功能，包括幻想、退化、反抗、投射、合理化、补偿，避免养成错误的习惯，以致防卫过度，造成情绪困扰；

6）能寻求专家的帮助。

（2）心理学家索尔指出了情绪健康的八个特点：

1）独立，不依赖父母；

2）增强责任感及工作能力；

3）去除自卑情结、个人主义及竞争心理；

4）适度的社会化与教化，能与人合作，并符合个人良心；

5）成熟的性态度，能组织幸福家庭；

6）一定的环境适应能力，避免敌意与攻击；

7）对现实有正确的了解；

8）具有弹性以及适应力。

（3）美国心理学家马斯洛提出了健康情绪的六个特征：

1）平和、稳定、愉悦和接纳自己；
2）有清醒的理智；
3）适度的欲望；
4）对人类有深刻、诚挚的感情；
5）富有哲理、善意的幽默感；
6）丰富、深刻的自我情感体验。
（4）清华大学的樊富珉教授提出了情绪健康的几条参考标准：
1）保持积极、乐观的心态；
2）能接纳自己的情绪变化；
3）善于及时调整自己的不良心态；
4）宽容别人，增加愉快体验；
5）掌握有效的情绪调节方法。

五、大学生情绪的主要特征

大学生处于青春期发展的中后期，具有青年人的情绪和特点，同时，这类群体独特的社会地位、心理成熟度和生理发育情况决定了他们的情绪又具有自己的特征。

（一）情绪的丰富性与压抑性并存

大学阶段是学生情感最丰富、最强烈的时期，他们的重要心理变化使自我意识不断得到发展，各种高层次需求不断出现且强度逐渐增强，这一发展表现为情绪活动对象、内容增多，出现较多自我体验，自尊需要强烈，自卑、自负情绪活动明显。同时，大学阶段也是一个充满压力和冲突的时期，而这往往会导致大学生情绪的压抑。

（二）情绪的冲动性与理智性并存

大学生情绪体验比较强烈，富有激情，且大多“喜怒形于色”。他们由于对新事物比较敏感，加上精力旺盛，表现出热情奔放的冲动性特点。同时，由于大学生自我意识的发展与成熟，他们的理智性也逐渐加强，具有一定的情绪控制能力，能对强烈的情绪反应进行适当的调试。考试成绩的好坏、人际关系的亲疏、恋爱的成败等，都会表现出这一特征。

（三）情绪的独立性与依赖性并存

随着大学生离开家庭以及自我意识的增强，他们的成人感迅速增加并获得了一种独立于父母的自主感，同时自信心和自尊心也有了很大的提高。因此，一方面，他们在情绪上有着强烈的独立反应，渴望独立生活，希望社会承认并相信他们的独立生活能力；另一方面，由于受社会经验和认识习惯的局限，他们还无法完全依靠自己的力量来处理学习和生活中遇到的一系列复杂问题，对家庭、学校和社会还有明显的情绪依赖性。

（四）情绪活动呈现出两极化和心境化特点

大学生情绪活动的两极化特点表现在其情绪容易从一个极端跳到另一个极端，情绪表现出跌宕起伏的状况。强烈的情绪活动在大学生身上容易时过境迁，激情不能始终一贯地保持下去，情绪活动往往会随其认知标准的改变而改变。

情绪活动的心境化表现在大学生的情绪活动一旦被刺激引发，即使刺激消失，紧张的情绪状态会有所缓和，但其持续影响时间较长，会转化为心境，对其后的活动产生持续的影响。

六、大学生常见的情绪困扰

大学生常见的情绪困扰又称为情绪适应不良，常常表现为以下几种负面情绪：

（一）焦虑

焦虑是一种复杂的心理，它始于对某种事物的热烈期盼，形成于担心失去这些期待、希望。焦虑情绪本身并非一种情绪困扰，适度焦虑有益于个人潜能的开发。如果一个人没有焦虑或是焦虑不足，就会导致注意力涣散，工作、学习效率下降。因此，无论是听课还是上自习，都需要保持一定的焦虑。这里所说的焦虑，是指自身的焦虑程度已经构成了对学习和生活的不良影响或干扰。过度焦虑，往往会使人因过度紧张而产生注意力分散和工作、学习效率的降低。大学生如果长期陷入焦虑情绪不能自拔，内心便常常被不安、恐惧、烦恼等负面体验所充斥，行为上会出现退缩、冷漠等情况。

（二）抑郁

抑郁是一种愁闷的心境，表现为情绪反应强度的不足。抑郁在大学生群体中表现较为普遍。例如，有些学生因为无法面对学业中的竞争和学习的压力，或是对于所学的专业不满意，而陷入抑郁的情绪状态，表现为对生活、学习失去兴趣，无法体验到快乐，行为活动水平下降，回避与人交往。严重者，还伴有心境恶劣、失眠，甚至有自杀倾向。

趣味阅读

抑郁也许是一种重要的情绪

没有情绪抑郁能力的人反倒是需要帮助的。之所以有人过劳死，是因为精神（情绪）能量过度消耗。抑郁让人无力，想歇下来，放弃权利、责任，放弃追求或苛求，得过且过。抑郁的人仿佛是个婴儿，需要别人来照料。如果用能量来解释生命，那么生命这根蜡烛点得太亮了，生命力就被过度耗费了。抑郁让生命的烛光变得暗淡，让生命能够承受阴影，缓慢地展开它美丽的翅膀，可能会飞得更远、更高。这也是为什么伟大的、具有非凡创意的、天才的人都具有躁抑症双向情感特征。在兴奋躁动的时候，他们的精神和精力创造这个世界；在创意枯竭的时候，抑郁来帮助他们潜伏起来，不至于生命被无端耗竭。我们常看到那些杰出的人，被媒体关注，被应酬包裹，在愉快的生活中变得平庸和乏味，因为只有潜伏与压抑的情绪才是创造力的温床。相对来说，需要警惕的是快乐的情绪，快乐是一个很耗能的过程，快乐易于造成人的疲倦，甚至危及人类的心脏。有益的情绪法则是不让快乐来得那么快，那么频繁，那么持久，笑能给人增添皱纹，皱纹象征着衰老。保持低度的愉悦感，一种类似平和的心态，这样，没有情绪能力的消耗过度，也不会有抑郁的心境来造访。

不过，当我们变得平和的时候，身心是安全和闲适的，但生命的光辉变得暗淡，想象那种或明或灭的蜡烛，虽然它燃得时间很长，但谁会喜欢呢？年轻的人在生命能量充足的时候，冒点风险也是生命必需的，不然，老的时候会悲叹自己没有真正生活过。世界上真的不存在绝对的好与坏，过劳死的人也许就是拒绝平庸的人。

资料来源：http：//blog. sina. com. cn/s/blog _ 40d2863e0100fo7l. html.

（三）冷漠

冷漠同样是一种情绪反应强度不足的表现，表现为对人对事漠不关心的消极状态。处于冷漠情绪的大学生，在行为上常表现为对生活没有热情和兴趣；对学习漠然置之、无精打采；对周围的同学冷漠无情，甚至对他人的冷暖无动于衷；对集体活动漠不关心、麻木不仁。日本心理学家松原达哉教授形容此情绪状态的学生是无欲望、无关心、无气力的“三无”学生。

（四）愤怒

愤怒是人的基本情绪反应，从程度上可分为不满、气恼、愤怒、暴怒、狂怒等。大学生如果无法控制自己的情绪，动辄发怒，就会对别人和自己造成伤害。

安然成长小插曲　　学会控制自己的不满情绪

安然上次和舍友吵架弄得很不愉快，后来想想全是没控制好自己的不满情绪导致的。通过看书和学习，安然觉得自己应该学着控制下情绪，说不定会改善和舍友的人际关系。于是，当再一次和舍友闹得不愉快的时候，安然主动说了句“对不起”，结果，舍友也不好意思再发脾气，两个人也没有再吵起来……

第二站　未成曲调先有情——表达情绪

高职学生处在情绪敏感向稳定发展的关键时期，能否管理好自己的情绪，关系到他们能否更好地适应社会、发挥自我潜能，更关系到自身的身心健康。

一、认知自己的情绪

表达情绪首先要认知情绪。情绪的认知包含两个方面：

（一）及时察觉自己的情绪

情绪总是伴随我们左右，我们应该及时察觉自己处于何种情绪状态中，尤其是处于情绪低谷的时候，要学会察觉并控制自己的情绪。我们要多给自己一些关注，多一些呵护，时常用“第三只眼睛”来观察自己的情绪状态。只有认清楚了自己的情绪，才能控制好自己的情绪。

（二）正确认知他人的情绪

人的面部表情能反映人的情绪状态，如人在高兴的时候嘴角上扬，悲哀的时候嘴角下垂。语言表情是情绪在语调等方面的体现，身体表情也会表现不同的情绪。心理学家在对以英语为官方语言的国家人们的交往状况进行研究后发现，在日常生活中，55%的信息是靠非语言表情传递的，38%的信息是靠语言表情传递的，只有7%的信息才是靠语言传递的。表情比语言更具生动性、表现力、神秘性和敏感性。特别是在语言信息暧昧不清时，表情往往具有补充作用，人们可以通过表情准确而微妙地表达自己的思想感情，也可以通过表情去辨认对方的态度和内心世界。

二、接纳自己的情绪

情绪表达的一个重要步骤是接纳情绪。情绪本身不受意识的控制，它更像伴随我们的一个无意识的现象，说来就来，说去就去。我们通常习惯于压抑自己的负性及消极情绪。当负性情绪出现的时候，我们会觉得痛苦，然后倾向于否定自己的情绪，这种做法使我们体会到很多压力。情绪乃至应激是人类的本能。当出现危险的刺激的时候，我们就会产生害怕的生理反应及感受，促使我们有更多的能量警觉而逃走，达到保护自己的目的。当我们学会正确认知情绪后，还要进一步学会接纳自己的各种情绪。接纳自己的情绪，首先要承认负性情绪存在的合理性。负性情绪产生的原因可能是不当的，某些负性情绪是不值得肯定或赞同的，但我们首先应该接纳它。我们每个人不可能完全只有积极情绪，接纳负性情绪，才能使我们内心的情绪充分发泄出来，才能冲淡我们的消极情绪，减轻内心的焦虑和不安，最终有利于情绪重建和情感表达，形成积极的情绪。

三、有效地表达情绪

在认知情绪的基础上，要有效地表达情绪。情绪表达一要目标适宜，二要方式适当，三要反应适度，四要不伤害别人。表达情绪没有正确和错误之分，问题的关键在于如何选择表达的具体方式。我们要知道，不管情绪多么强烈，伤害他人或自己的过激行为都是不被允许的，有些行为在某种场合是不合时宜的。一个有坏情绪的人要寻找适合自己的疏通情绪的方式，如倾诉、弹琴等。很多父母让孩子用“写日记”的方式来整理情绪。事实证明这也是一种很好的表达情绪的方式。

（一）向自己表达

自我表达指的是把情绪提升到意识层面，使个体能够感知和意识到自己的情绪变化的起因、性质、特点等。自我表达是情绪表达的关键和基础，只有当对自己的情绪有清晰的察觉的时候，才能把自己的情绪清晰地表达出来。向自己表达情绪，可以试着找一个安静的地方，找一个舒适、安全的椅子，多做几次深呼吸，不去想其他事情，让情绪自然地从心目中流出，体会一下现在是什么情绪，是什么事情让你产生这种情绪，慢慢地说出自己的情绪，不要阻止情绪的表达。

（二）向他人表达

向他人表达就是把情绪向你周围的亲友、同学等表达出来，让他们体会你的情绪。例如：当你的同学送你喜欢的生日礼物的时候，你可以用拥抱、跳跃等表达你的喜悦；当你受到伤害的时候，你可以用抗议等表达你的不满；当你心情郁闷的时候，你可以打电话向父母倾诉；等等。向他人表达也是一种重要的表达方式。倾诉需注意：一是选择值得信赖的人，二是选择可能对自己有帮助的人，三是切忌喋喋不休。倾诉对象主要包括：家人、朋友、网络等。

（三）向客观环境表达

在客观环境中进行表达，如做做自己喜欢的运动、在没人的地方哭泣、在高处呐喊等。运动形式主要包括步行、慢跑、游泳、瑜伽、太极拳、街舞、球类运动和逛街购物等。运动形式与特定情绪相关，例如：缓解焦虑，可选择羽毛球、乒乓球、排球、跳绳等；缓解抑郁，可选择足球、篮球、排球、健美操和集体舞等；缓解恐惧，可选择游泳、溜冰、拳击和体操中的跳马、单双杠等。女同学在不高兴的时候喜欢购物，这也是一种向客观环境表达情绪的方式。

安然成长小插曲　　学会表达情绪

安然在经历了倒霉的一天后，到大学生心理咨询中心请教了老师该如何及时排解情绪。按照老师的指点，安然选择到操场上跑步散心，内心的郁闷便慢慢散去……

(四) 升华表达

升华表达指的是将情绪表达的需要指向更高层次的一种需要，如用文学艺术来表达，将情绪指向某种理想、信念的升华。化悲痛为力量是典型的情绪升华的表达。

课堂练习

情绪表达练习

八人一组，先进行自我介绍，然后每人尽可能多地表演各种情绪，每组选出一个表现最好的同学上台表演。表演种类最多、表现最到位的小组获胜。模仿完成后，可以用手机拍摄，投影到大屏幕，并请同学说出情绪的名称。

第三站　笑一笑，十年少——积极情绪培养

> 把你自己想成春天的一朵花，你的花瓣聚拢，紧紧围绕你的脸。即使你还可以看到外面，也只有一点点光线。你无法欣赏发生在你身边的事情，然而，一旦你感受到阳光的温暖，情况就变了，你开始变得柔软，你的花瓣放松，并开始向外延展，让你的脸露出来，并拿掉了厚实的眼罩。你看见的事物越来越多。你的世界相当明确地扩展着，可能性不断增加。
>
> ——芭芭拉·弗雷德里克森教授
>
> （积极心理学的领军人物，最杰出的积极情绪研究者）

积极情绪，指的是与某种需要得到满足相联系，通常伴随着愉悦的主观体验，并能提高人的积极性的主观能力的正性情绪。积极情绪的种类很多，常见的 10 种积极情绪包括：喜悦、感激、宁静、兴趣、希望、自豪、逗趣、激励、敬佩和爱。积极的情绪对行为起着协调和促进的作用，消极的情绪则对行为起着瓦解和破坏的作用。学会控制情绪，发挥积极的心理暗示作用，生活才会更如意。积极的情绪体验至关重要。

一、积极情绪的作用

(一) 积极情绪有利于身心健康

积极的情绪状态，有利于大学生的学习，也有益于大学生的身心健康。现代医学研究证明，人的生理疾病中，70%同时伴有心理上的病因。尤其是现代社会中高血压、心脏病、癌症等直接威胁人类的重要病症，都与人的情绪状态有着直接的关系。在高职学生中，长期的学习压力，造成一些学生的失眠、紧张、神经性头痛、消化系统疾病等，大都是因为情绪状态没能得到很好的调整。如果长期处于抑郁、焦虑、恐惧等消极情绪中，会降低人的免疫能力，患上各种疾病。保持良好的情绪状态，能够积极地促进大学生的身心健康。

趣味阅读

最真实的微笑是“杜兴式微笑”

笑是生理健康的反应，也是精神愉悦的表现。从心理学角度来讲，积极乐观和身心健康的人会笑得灿烂。儿童平均一天笑500次，成人只笑15次，儿童可以为任何一件小事乐不可支，尽情地去享受童年时代的快乐，其实每个人都可以让自己在笑声中去享受人生。

1967年美国科学家鲍尔·埃克曼前往太平洋中的巴布亚新几内亚考察，因为那里还生活着一支石器时代的土著野蛮人部落——福乐斯人。埃克曼前去的目的是研究人类的共性：找寻微笑的秘密。在4个月的考察中，埃克曼对福乐斯人的微笑、表情等日常活动进行了大量的照片拍摄。

在回国后的研究中，埃克曼认定：生活在原始状态的福乐斯人所展示的表情与现代西方人的表情是一样的。他还提出了新的观点：虽然世界各民族表达微笑的语言不同，但是对感情的表示全世界各族人都一样。人类最基本的冲动方式都是与生俱来的。

埃克曼随后发现人类有19种不同方式的微笑，其中18种微笑不是真实的，例如：当遇见尴尬事情，或听见粗劣的笑话后表示礼貌的微笑；听到为难和担忧的事情，表面露出附和的微笑；还有进行恶作剧时的坏笑；应付问题时露出的无可奈何的微笑；等等。

埃克曼发现只有一种微笑是真实的，那就是：不仅嘴角上扬，而且眯起眼睛，眼圈肌皱起来，眼角出现笑纹，脸颊上翘，脸上绽放着幸福的模样。

其实早在1862年法国神经学家本亚明·杜兴就提出：眼圈肌收缩产生的微笑是最真实的。杜兴将眼圈肌收缩称为“内心甜蜜的情绪活动”，并说：“嘴部的微笑并不一定代表快乐，只有眼睛周围的肌肉收缩和嘴的微笑同时出现才是真正的微笑。”

为了纪念本亚明· 杜兴先生，埃克曼将这种脸部表情称为“杜兴式微笑”。“杜兴式微笑”在心理学领域已成为真笑的代名词。

资料来源：http：//blog. sina. com. cn/s/blog _ 48491ff70102uwwb. html.

（二）积极情绪可以促进学习

对于大学生来讲，积极情绪状态可以使学习的效率倍增，而当自己的情绪处于低迷、忧郁或是烦躁不安时，学习往往也是一团糟。一个人即使多聪明，但如果没有一个好的心态，他的能力也是无法发挥的，而一个良好的心态，正是一个人最大限度地发挥自己的能力的基础和前提。

趣味阅读

埃蒙斯现象

2004年雅典奥运会上，中国射击选手贾占波，凭借对手马修·埃蒙斯最后一环脱靶，“捡”得一枚至为宝贵的金牌。4年后马修·埃蒙斯在北京奥运会上几乎又重演了雅典奥运会那离奇的一幕。2008年8月17日，北京奥运会射击比赛还差一个人的最后一枪就将全部结束。中国选手邱健利用最后一枪逆转乌克兰对手0.1环，1 272.5环的成绩足以保证他获得一枚银牌。没有完成比赛的马修·埃蒙斯只要最后一枪打出6.7环（步枪射击中的业余水平），就能获得金牌。埃蒙斯举枪、瞄准、击发，竟然鬼使神差地打出了4.4环的成绩。在全场观众不知所措的惊叹中，时光一下子倒转4年，回到了2004年8月22日的雅典马可波罗射击场。当时的射击比赛也进行到了最后一枪，2号靶位的埃蒙斯同样最后击发。他只要得到不低于7.1环的成绩就能夺冠，但最后一声枪响后，子弹竟然飞到了3号靶子上。4年后的2008年北京奥运会上，埃蒙斯再一次将金牌拱手“送”给了另一位中国运动员邱健。这个现象被媒体称为埃蒙斯的“奥运魔咒”或者埃蒙斯的“第十枪现象”。

中国医科大学医学心理学与精神医学专家贾丁鑫认为，埃蒙斯现象绝不是一个简单的技术问题，而与选手的心理波动有直接关系。他的判断是：埃蒙斯因为4年前的惨痛一幕，心理创伤无法平复，他非常想在这个同样的项目中再站起来，证明自己，结果在4年后的北京奥运会上再次爆发同样的失误，用心理学专业术语讲，是“成就动机过大”。在贾丁鑫看来，这种“成就动机”如果适度的话，会有益于埃蒙斯发挥，但如果太强烈了，就会带来反作用。根据专家的分析，我们可以得出这样一个结论：埃蒙斯现象是运动员神经心理在极度应激条件下产生的行为异常，是过度紧张和动机过大导致技术变形的结果。

资料来源：http：//www. xzbu. com/1/view-231627. htm.

（三）积极情绪可以提升主观幸福感

积极的情绪有助于增加学习兴趣，提高学习效率，促进潜能开发，并有助于人的自信心的建立，有助于大学生的人际交往，从而丰富个体的心理弹性，提升主观幸福感。

课堂练习

请找出自己的积极情绪有哪些。

二、培养积极情绪

（一）善于控制负性情绪

负性情绪人人都会有，它们其实也没有想象中的可怕，当紧张、焦虑、烦恼等情绪来临的时候，要想办法让自己平静下来，让自己有更多的精力考虑真正所面临的问题，从而尽快解决问题。要学会对自己的负性情绪负责，脾气不好的同学不要给自己“我不能控制自己情绪”的暗示，不要让这种错误的潜意识观念影响自己的不良情绪和行为，任由负性情绪的野马撒缰而去；要认清引起负性情绪的原因，采取有效的办法应对，做一个快乐的自己；在负性情绪发生的时候，如表达愤怒的时候，要把情绪控制在别人可接受的范围之内，在忧虑的时候，要尽量将其保持在不影响自己的正常学习和生活范围内。

趣味阅读

钉子

有一个男孩有着很坏的脾气，于是他的父亲就给了他一袋钉子，并且告诉他，每当他发脾气的时候就钉一根钉子在后院的围篱上。

第一天，这个男孩钉下了37根钉子。慢慢地，每天钉下的钉子的数量减少了。他发现控制自己的脾气要比钉下那些钉子来得容易些。

终于有一天这个男孩再也不会因失去耐性而乱发脾气，他告诉他的父亲这件事，父亲告诉他，现在开始每当他能控制自己脾气的时候，就拔出一根钉子。

一天天地过去了，最后男孩告诉他的父亲，他终于把所有钉子都拔出来了。

父亲握着他的手来到后院说："你做得很好，我的好孩子。但是看看那些围篱上的洞，这些围篱将永远不能恢复成从前。你生气的时候说的话将像这些钉子一样留下疤痕。如果你拿刀子捅别人一刀，不管你说了多少次对不起，那个伤口将永远存在。话语的伤痛就像真实的伤痛一样令人无法承受。"

资料来源：http://www.360doc.com/content/11/0216/13/4917028_93497190.shtml.

（二）有效情商训练

在美国，人们流行一句话："智商决定录用，情商决定提升。"情商之所以能决定一个人的命运，取决于它的四个作用：调节情绪，解决问题时能影响认知效果，为人生提供能力、动力，是智商发挥作用的基础。情商在人生的成功中起着决定性作用，智商只有与情商联袂登台，才能淋漓尽致地发挥作用。在许多卓有成就的成功人士当中，有相当一部分人在学校里被认为智商并不太高，但他们充分地发挥了他们的情商，最后获得了成功。电影《美丽心灵》讲的就是关于情商的故事。

1. 什么是情商

情商（Emotional Quotient，EQ）就是指一个人在情绪方面的管理能力，是指个人对自己情绪的把握和控制、对他人情绪的揣摩和驾驭，以及对人生的乐观程度和面临挫折的承受能力等。情商并非一个很科学的概念，而是人们与智商相比较而杜撰出的一个词汇。这一提法最早出现在20世纪60年代。1995年，美国心理学家戈尔曼在《情感智力》一书中将情商分为认识自己的情绪、管理自己的情绪、激励自己的情绪、认识他人的情绪、处理人际关系五个方面。情商的核心内容可以用四句话来描述：知道别人的情绪，尊重别人的情绪，知道自己的情绪，控制自己的情绪。

心理学家经过长期的研究后得出结论：人生的成就至多只有20%归功于智商，另外80%则受情商因素的影响；婚姻、家庭、社会关系，尤其是职业生涯，凡此种种人生大事的成功与否，均取决于情商的高低。因此，要从此刻做起，特别注意培养"情商"。

高智商，未必能让你名利双收，但高情商，却能让你活得更美好。高情商的人，善于做情绪的主人，能拥有更和谐的内心和更融洽的人际关系。学会尊重、懂得倾听、善于自控、不为未知之事患得患失……高情商体现在每个细节。

趣味阅读

高情商的16个表现

1. 善解人意，主动了解他人

关注他人的表情和肢体语言，以更全面的方式认识别人。善于观察，并乐于发现每个人的独特之处。

2. 懂得管理情绪

更愿意直面自己的情绪，用一些方式来调节和平复它，而不是“掩饰”。让它在最恰当的场合以最合适的程度表达出来，从而不伤害对方。

3. 清楚自己的优劣势

了解自己的优势和劣势，根据自身情况承担工作，充分发挥自己最大的优势，来弥补自身的不足。

4. 能够平静地面对过去

没有多余的时间去后悔，敢于放下过去，着眼当前，只有这样才能进步。

5. 对未来充满信心

不会因为未来难以预料而心神不宁，而充满信心去迎接，因为每一天都是崭新而美好的。

6. 活在当下

情商高的人不会简单地“度过”每一天。相反，他们会积极地体验每一天、每一刻的细腻与微妙。

7. 一个成熟的聆听者

“听到”和“聆听”是两个截然不同的概念。他们会用提问题的形式，重复别人说过的话，确保自己没有遗漏任何信息。

8. 知道自己为什么不高兴

不让消极情绪影响自己。他们会主动寻找不开心的原因，并想办法让自己开心起来。

9. 简化生活

追求一种简朴的生活方式。简单化的生活不仅可以给身体一个放松的环境，还能释放出正能量。

10. 经常赞美别人

他们懂得欣赏别人，对自己的表达更不会吝啬，因为每个人都是一个独特的存在，都有值得赞美的地方。

11. 能自如地和陌生人交流

他们不太在乎陌生人的年龄、性别、地域等，而是带着真心诚意，勇于交流，学习他人的优点。

12. 严守道德标准

无论是在工作还是生活上，情商高的人都会遵循道德标准和原则，用高标准来要求自己。

13. 坚定地追求自己的目标

不论要花费多长的时间，情商高的人都会为成功而不断努力。他们愿意面对问题，解决问题。

14. 在必要的时候敢于说“不”

即使是面对好东西，也要把握适度的原则。一个人不可能做到所有事情，要会优先处理最重要的事。

15. 忘掉结果，享受过程

个人的成长并不是源于成功的那一刻，而是源于奋斗的整个过程。不去想最后的结果究竟如何，而是享受整个过程。

16. 热心助人

助人是不需要什么理由的。哪怕是一个小小的举动，也会温暖人心。

资料来源：http：//sanwen. net/a/xiuvzoo. html.

2. 如何提升情商

（1）做好情绪管理。情商就是指一个人在情绪方面的整体管理能力。因此，首先就是要学习情绪及情绪管理方面的知识，并有意识地去努力实践，这是提升情商最直接的方法。

（2）提升主观幸福感。要学会正面思考，将正面事物夸大，使自己拥有一颗感恩的心，肯定自己的价值所在，不断学习，提升自己的信心与希望。

（3）团队协作与竞争意识。在团队当中发挥自己的聪明才智。

（4）增强心理的稳定性与耐受力。增强自身的挫折商，培养积极情绪。正确地认识自己，实现人生理想。

（三）认知改变情绪

1. 情绪的 ABC 理论

理性情绪疗法（Rational-Emotive Therapy，RET），又称合理情绪疗法，是由美国心理学家阿尔伯特·艾利斯于 20 世纪 50 年代创立的，它是认知疗法的一种，因其采用了行为治疗的一些方法，故又被称为认知行为疗法。

它的基本理论主要是 ABC 理论，在 ABC 理论模式中，A（Activating Events）是指诱发性事件；B（Beliefs）是指个体在遇到诱发性事件之后持有的信念，即他对这一事件的看法、解释和评价；C（Consequences）是指特定情境下，个体的情绪及行为结果。通常人们认为，人的情绪的行为反应是直接由诱发性事件 A 引起的，即 A 引起了 C。

ABC 理论指出，诱发性事件 A 只是引起情绪及行为反应的间接原因，而人们对诱发性事件所持的信念、看法、理解 B 才是引起人的情绪及行为反应的更直接的原因。人们的情绪及行为反应与人们对事物的想法、看法有关。合理的信念会引起人们对事物的适当的、适度的情绪反应；而不合理的信念则相反，会导致不适当的情绪和行为反应。当人们坚持某些不合理的信念，长期处于不良的情绪状态之中时，最终将会导致情绪障碍的产生。

例如：两个同学一起上街，碰到他们的辅导员，但对方没有与他们打招呼，径直走过去了。这两个同学中的一个认为："他可能正在想别的事情，没有注意到我们。即使是看到我们而没理睬，也可能有什么特殊的原因。"而另一个却可能有不同的想法："是不是上次顶撞了老师一句，他就故意不理我了，下一步可能就要故意找我的碴儿了。"两种不同的想法就会导致两种不同的情绪和行为反应：前者可能觉得无所谓，而后者可能忧心忡忡，以至于无法平静下来干好自己的事情。

通过改变不合理信念，建立合理信念，从而产生积极的情绪反应。通过纠正引起不良情绪的非理性信念，来达到建立积极情绪的目的。

2. 不合理信念与合理信念

一般来说，人的不合理信念主要有三个特征：

(1) 绝对化要求。以自己的愿望为出发点，认为某一事物必定会发生或者不会发生，这种特征通常和必须、应该联系在一起。例如："我必须获得成功""别人必须友好地对我"。

(2) 过分概括化。以一种以偏概全的不合理思维方式来看待事情，就好像以一本书的封面来判断它的价值一样。大学生常见的以偏概全如觉得自己一无是处或者毫无价值。

(3) 糟糕至极。认为事物可能的后果非常可怕、糟糕至极，甚至有一种灾难性的预期性的非理性观念。

趣味阅读

不合理信念和与之相应的合理信念

RET 认为情绪困扰和行为不良，甚至神经症都来源于不合理信念。那么，在日常生活中都有哪些不合理的信念？其不合理之处在哪里？它们的共同特征又是什么？情绪ABC 理论的创立者阿尔伯特·艾利斯通过临床观察，总结出日常生活中通常会导致情绪困扰，甚至神经症的 11 种主要的不合理信念，这些不合理信念的特征是绝对化要求、过分概括化或糟糕至极。我们应该学会与不合理信念进行辩驳，并找出相应的合理信念。

1. 一个人应被周围的人喜欢和称赞，尤其是生活中重要的他人。

辩驳——这是不可能实现的。人的一生中，不可能得到所有人的认同，即便是家人、亲密朋友等对自己很重要的人，也不可能永远对自己持一种绝对喜爱和赞许的态度。更何况人不是为了他人的喜欢和称赞而活，人活着是为了自己。持有这样不合理信念的人，就很可能委曲求全来取悦他人，以获得每个人的赞同和欣赏，但结果必定会使自己感到失望、沮丧和受挫，从而很难再建立自信。

合理信念——一个人只要不被周围所有的人否定和排斥，就可以肯定自己是受欢迎的。

2. 一个人必须能力十足，各方面都有成就，这样才有价值。

辩驳——这是不切实际的目标。"金无赤金，人无完人。"世界上根本就不存在一个十全十美的、永远成功的人。一个人可能在某些事上较他人有优势，但在另外一些事上，却可能不如他人。虽然他以前有许多成功的境遇，但他无法保证在每一件事上都能成功。持有这样信念的人，不得不为永远无法实现的目标而徒自悲伤。

合理信念——人的精力是有限的，能在某些方面上有所成就，人生就是有价值的。

3. 那些邪恶可憎的人及坏人，都应该受到责骂与惩罚。

辩驳——"人非圣贤，孰能无过?"这个世界没有绝对的好人，也没有绝对的坏人，不该因他人一时之误就认定他是坏人，以致对他产生极端的排斥和憎恶。就像艾利斯所说："每个人都应该接受自己和他人是有可能犯错误的人类的一员。"

合理信念——人人都有可能犯错误，对那些犯错误的人要宽容以待。

4. 当事情不如意的时候，是很可怕的，也是很悲惨的。

辩驳——"人生不如意事十之八九。"一个人不可能永远成功，生活和事业上的挫折可以说是家常便饭，关键在于你如何对待它。如果一遭受挫折就感到十分害怕，那么只会导致情绪困扰，使事情更加恶化。如果遭受挫折时仔细分析并寻求解决的办法，那么挫折将会是一笔无形的人生财富。

合理信念——受挫是很正常的事情，没有什么可怕的。不喜欢某事，可以试着去改变它；如果无能为力，那就试着接受它。

5. 不幸福、不快乐是外在因素造成的，个人无法控制。

辩驳——外在因素对个人幸福是有一定的影响，但并非如自己想象的那样严重。情绪是人的主观体验，正是人对外在事件的知觉、感受和评价引起了人的情绪体验。不正确的、歪曲的评价导致消极的情绪，正确的、合理的评价引起积极、快乐的情绪。我们改变不了外在事件，但是我们可以改变对待事件的态度。

合理信念——不是外在因素而是对外在事件的评价决定人的主观幸福感，通过改变悲观的评价态度，人是可以控制调节自己的快乐和幸福的。

6. 我们必须非常关心危险、可怕的事情，而且必须时时刻刻忧虑，并注意它可能再次发生。

辩驳——对危险、可怕的事情有一定的心理准备是正确的，但过分的忧虑则是非理性的。这是因为坚持这种信念只会夸大危险发生的可能性，使人不能对其进行客观的评价、正确地面对并有效地处理解决。杞人忧天只会使生活变得沉重而缺乏生气，导致整日忧心忡忡、焦虑不已。与其担忧不如置之不顾，将精力花在当前需要解决的事情上。

合理信念——对危险、可怕的事情要有一定的心理准备，但是不可过分忧虑。

7. 面对困难和责任很不容易，倒不如逃避较省事。

辩驳——逃避能够暂时摆脱不愉快的情绪，但问题终究是悬而未决，反而延误了解决问题的时机。逃避只会使问题更加恶化或连锁性地引发其他问题和困难，从而使问题难上加难，最终会导致更为严重的情绪困扰。

合理信念——逃避只是暂时摆脱了情绪困扰，但不能真正解决问题。只要认真对待，困难和责任并非想象中的那么难。

8. 一个人应该依靠别人，且需要找一个比她强的人来依靠。

辩驳——虽然人在生活中的某些方面需要彼此依靠，但凡事依靠他人，会让被依靠的人产生极大甚至是难以承受的心理压力，反而使良好的人际关系破裂。而过分夸大依靠的必要性很可能让人放弃培养独立自主的能力，失去自主性而导致更大的依赖，产生不安全感。

合理信念——每个人都是一个独立的个体，别人至多只能在某些方面帮助你，但不能代替你生活。安全感的获得还是得依靠自己能独立自主。

9. 过去的经验决定了现在，而且是永远无法改变的。

辩驳——过去的经历已成历史，这的确无法改变，但不能说过去的事就会决定一个人的现在和将来。因为事实虽不可改变，但对事件的看法和感悟可以改变，所以人们仍然可以控制、可以改变自己的现在乃至以后的生活。

合理信念——过去已成历史，但并不决定现在和将来，人通过自身的努力是有能力改变现状的。

10. 我们应该关心他人的问题，也要为他人的问题感到悲伤、难过。

辩驳——关心他人、富有同情心，这是有爱心的表现。但如果过分投入他人的事情，就很可能会忽视自己的问题，引发自己的情绪失去平衡，这样不但没有能力帮助他人解决问题，而且使得自己更糟。

合理信念——对于他人的问题，我们可以表示关心和同情，有能力时不妨伸出援手，但如果帮不上忙也不必过多牵涉或是自责。

11. 人生中的每个问题，都有一个正确而完美的答案，一旦得不到答案就会很痛苦。

辩驳——人生是个复杂多变的过程，人生的问题总是层出不穷的，有些问题有明确的答案，有些不一定有答案，有些即使有也不一定有正确而完美的答案，对任何问题都寻求完美的解决办法是不可能的事。如果坚持要寻求某种完美的答案，只会使自己感到迷惑、失望和沮丧。

合理信念——并不是所有的问题都会有正确而完美的答案，对于那些没有确定答案的问题不必穷究到底，更不必因为得不到完美的答案而痛苦伤心。但求够好，不求最好。

资料来源：http：//3y. uu456. com/bp _ 4tozf5wdkn3z01w0bcm9 _ 1. html.

课堂练习

找出自己的不合理信念，尝试建立合理信念。

(四) 积极的心理暗示

有位心理学家说过，我们把自己想象成什么样子，我们就会真的成为什么样子。美国成功学家拿破仑·希尔说过：思考能够拯救一个人的命运。如果一个人能够以积极的思考征服消极心态，对于这个人来说是善莫大焉。在消极的时候，常常给自己积极的心理暗示，告诉自己天生我材必有用。积极的心理暗示是一种培养积极情绪的非常有用的手段。当产生负性情绪的时候，尝试用积极的自我暗示，来达到摆脱负性情绪的目的。

1. 酸葡萄式积极的心理暗示

“酸葡萄”一词源自寓言《狐狸与葡萄》的故事。狐狸因得不到自己想吃的葡萄，就说葡萄是酸的，根本没法吃。这个寓言比喻，人们对于自己想要但又得不到的东西，就故意用阿Q的精神自嘲一下，从而弱化其意义和价值，以起到平衡心态的作用。例如，在期末考试完毕评定奖学金的时候没有评上，就对自己说：“不是我学习得不够努力，而是这次高手太多，再说评上了也不代表实力一定强啊！”

安然成长小插曲　再次认识高职院校

经过一段时间的学习，安然对于高职院校有了更新的认识：很多本科院校的毕业生毕业都不一定能找到工作，而高职院校的学生因为技能好、情商高，很多人发展得比本科学生强多了，特别是安然现在所在的高职院校，更是一所有着60多年历史的技能型特色名校，更应该好好安下心来学习本领了……

2. 甜柠檬式积极的心理暗示

甜柠檬式的自我安慰是指人们对于自己的某种行为明知不妥，但又不愿意承认，只好找出各种理由来增加行为的合理性，以获得自我安慰，减轻心理压力。就好像花钱买了柠檬，吃到嘴里是酸的，但还得想办法证明自己的行为是正确的，所以只得说，加点糖就甜了。例如：两个同时在沙漠中行走的人都没有水了，一个人安慰自己说正看到满天的繁星和妻子、女儿等自己回家，另外一个人说自己看到了死神在向自己一步步走来，前者走出了沙漠，而后者却死在了沙漠。又如：当摔碎了东西时，人们会说“碎碎（岁岁）平安”；丢了东西，人们会说“破财免灾”“旧的不去，新的不来”；等等。

趣味阅读

八种培养积极情绪的实用方法

方法1：真诚地生活

增加积极情绪，我们需要让自己足够地慢下来，带着一种真诚的态度用心去看、去听和去感受，而不仅仅是用眼睛、耳朵和思维。这种减慢的速度会解开我们由衷的积极情绪。为什么这么说呢？因为不能被感受到的积极情绪——没有在你的心中或你的身体内留下印记——是空洞的，它对你没有好处。这正是积极心理学和一般的成功学的根本差别。

方法2：寻找积极的意义

积极心理学的研究告诉我们，积极情绪的产生，不在于你的口号，而在于你的思维。你的思维反映了你是如何解释目前的情况的，你从它们当中找到了怎样的意义。因此提升你的积极情绪的一个关键途径就是，要在你的日常生活情境中更加频繁地找到积极的意义。当你将不愉快甚至是悲惨的情况以积极的方式重新定义时，你就提高了积极情绪。

方法3：品味生活

品味需要你放慢脚步并有意识地去关注，这就好像花时间去欣赏准备一顿美餐所包含的各个好的方面，从感受新鲜蔬菜和调料的香气到沉醉于调配作料所带来的成就感。然后，当你完全沉浸在与朋友或家人一起分享你的杰作时，你能品味更多。但是请记住，品味不是分析。提高积极情绪要求轻微的心理碰触，把经验作为一个整体来接受，欣赏它带给你的感觉。不要解剖它或是以其他方式把它扯开。

方法4：表达感激，感受善意

当你用语言或行动表达你的感激时，你不仅提高了自己的积极情绪，而且提高了对方的积极情绪。这一过程中，你加强了他们的善意，也巩固了你们彼此之间的关系。当你感受到对方的善意时，你常常会赞赏别人对你是如此的友善，这引起了你的感激之情。善意和积极情绪相辅相成。只要认识到自己的善意举动，就能够启动这种良性循环。发展一种眼光来欣赏你自己的善意只是一种心理转变，你会注意到它更多的方面。你能够通过增加你的善意举动，使你的积极情绪大幅提升。实验表明，有意识地增加你的善意可以提升你的积极情绪。

方法5：梦想你的未来

另一种提高积极情绪的简单方法，是更加频繁地梦想你的未来。为你自己构想最好的将来，并非常详细地将之形象化。相对于进行自省的人，被随机分配来进行这项练习的人在积极情绪上表现得更稳定。虽然目前还不清楚形象化的运转机制是怎样的，但是可以确定的是，它能够让你对于每天的目标和动机如何与你关于未来的梦想相匹配有一个深入的了解，帮助你在日常生活中发现更多的好处。需要注意的是，形象化已经被发现能激活与真正的活动一样的脑区，这就是为什么形象化一直是获奖运动员们的得力工具的原因。心理练习或许能够与身体练习一样有效，至少，这是一个积极且充满活力的方法。形象化可能在你的长期项目中格外有效，像是接受教育、写作一本书或是建立社区人际关系。

方法 6：利用你的优势

每天都有机会做自己最擅长的事情的人——凭借他们的优势行事——更容易欣欣向荣。积极心理学最大的早期贡献之一是制定了一项基于 24 种个性优势将人们进行分类的调查——由马丁·塞利格曼本人带头，从好奇、正直，到善良、公正、谦逊和乐观。无论你是如何了解到自己的优势的——通过一项调查或是通过其他人的视角——你都可以从中提取出很多关于你的高峰的关键信息，然后以一种你能够更加频繁地应用你的优势的方法，来重塑你的工作或日常生活。

方法 7：与他人在一起

调查发现，每个欣欣向荣的人都与其他人有温暖和可信赖的关系，无论是与爱人、亲密的朋友、家人还是同事。并且，与枯萎凋零的人相比，欣欣向荣的人每天花更多的时间与他们亲近的人待在一起，而很少独自待着。这可能部分反映了仅仅与他人在一起——无论你是否了解他们——是增加你的积极情绪的一个非常可靠的方法。有些科学家追踪了人们的日常活动和情绪，其他科学家通过随机地把人们分成独自一人和与其他人在一起的对照组，结果很明显：人们通过与他人在一起获得了更多的积极情绪。

方法 8：享受自然的美好

对于欣欣向荣来说，自然环境可能同社会环境一样重要。因此，提高你的积极情绪的另一种非常简单的办法，就是到外面去。更确切地说，在春光灿烂的好天气里外出。实验证明，在好天气里，在户外花了 20 分钟以上的人，表现出预料中的积极情绪的增长。然而，对于几乎没有花时间在户外的人来说，天气和积极情绪基本无关。我们还了解到，当天气好时在户外至少花了 20 分钟的人，具有更广阔和开放的思维，甚至连他们的工作记忆广度都更大，他们可以实实在在地在脑海中保持更多的想法。这个发现令我们震惊，因为工作记忆广度长期以来一直被看做智力的一个间接指标。如果是这样的话，仅凭外出就可以让你更聪明！因为当你沉浸在大自然中时，大自然的魅力不由自主地吸引你的注意，大自然的广阔让你的注意力不断扩展和丰富。这两点关于体验大自然的性质，很可能带来积极情绪和开放性，并让你在大自然中具有愈合和恢复能力。户外活动可以让你看得更远，并拓展你的思维，让你对更多的事物感觉良好。

资料来源：http：//www.xinli001.com/info/100011607.

生活就是一面镜子，你对它笑，它也对你笑，你用积极的心态面对生活，生活也会用积极的回报给你幸福。以积极的情绪面对一切，常怀感恩之心，感受一切幸福，幸福不是在未来，就是在此刻。

成长训练营

一、快乐大魔盘[①]

（一）活动目的

在学生对情绪有基本认识的前提下，提高学生对负面情绪的处理能力及应对挫折的能力，让学生坦然面对挫折带来的各种负面情绪，帮助学生学会处理各种不良情绪，保持乐观、积极向上的情绪状态。

（二）活动材料

等同于学生数一半的签号，每个号做两个签；一只秒表；快乐大魔盘；一面击鼓传花用的鼓和一朵花。

（三）活动步骤

课前请每位同学抽一个签号。

1. 故事

他是怎么死的

1965 年 9 月 7 日纽约举行了一场台球世界冠军赛。这场争夺赛是在路易斯·福克斯和约翰·迪瑞之间进行，奖金达 4 万美元。这两位都是台球坛上的奇才，观众们在静静地观看着比赛的进展。福克斯得分已遥遥领先，他只要再得几分，这场比赛就将宣告结束。

这时赛厅里的气氛十分紧张。福克斯洋洋自得地准备作最后几杆漂亮的击球。迪瑞沮丧地坐在一个角落里，他的败局已定。突然，在那死一般沉寂的赛厅里出现了一只苍蝇，嗡嗡作响。它绕着球台盘旋了一会，然后叮在了主球上。福克斯微微一笑，轻轻地一挥手，轻嘘一声赶走了苍蝇。他又盯着台球，伏下身子准备击球，可是这只苍蝇第二次来到台盘上方盘旋，而后又落在了主球上。于是观众中发出了一阵紧张的笑声。福克斯又轻嘘一声将苍蝇赶跑了，他的情绪并没有因为这种干扰而波动。但是这只苍蝇第三次回到了台盘上，观众中发出了一阵狂笑。原先冷静的福克斯这次再也不冷静了。他用球杆去捣那只苍蝇，把它赶走。不料球杆擦着主球，主球滚动了一英寸。苍蝇是不见了，可是福克斯由于触及了主球，失去了继续击球的机会。迪瑞充分地利用了这一幸运的机会，打得极漂亮，长时间地连续击球，直至比赛结束。迪瑞夺得了台球世界冠军，并拿走了 4 万美元奖金的大部分。

那天夜里，福克斯离开赛厅时，宛如在奇怪的梦幻中游走。第二天早上，一艘警艇在河上发现了他的尸体，他自杀了。

听完这个故事，小组交流：

（1）在整个故事中，福克斯经历了哪些情绪？

（2）福克斯是为什么而死？

---

① 阳志平、彭华军等：《积极心理学团体活动课操作指南》，2 版，122 页，北京，机械工业出版社，2016。

（3）故事对于你有何启发？

2. 情绪测测测

积极的情绪有益于我们的学习和生活，消极的情绪有损于我们的学习和生活。你了解自己的情绪体验状态吗？请在符合自己的选项上面画“√”。

（1）我感觉到很愉快：

A. 经常　B. 有时　C. 较少　D. 根本没有

（2）我对一切都是乐观向前看：

A. 几乎是　B. 较少　C. 很少　D. 几乎没有

（3）我对原来感兴趣的事现在仍然感兴趣：

A. 肯定　B. 不像从前　C. 有一点　D. 几乎没有

（4）我能看到事物好的一面：

A. 经常　B. 现在不这样了　C. 现在很少　D. 根本没有

（5）我对自己的穿着打扮完全失去兴趣：

A. 不是　B. 不太是这样　C. 几乎是这样　D. 是这样

（6）我感觉情绪在渐渐变好：

A. 几乎是　B. 有时　C. 很少　D. 不是这样

（7）我很少能投入地看一本书或一部电视剧：

A. 总是　B. 经常　C. 很少　D. 几乎没有

对于上面每道题目，若选 A 则得 0 分，若选 B 则得 1 分，若选 C 则得 2 分，若选 D 则得 3 分。7 道题目的分数加总记总分。若总分小于 9 分，则为良好情绪；反之为不良情绪。

3. 一吐为快

你最近有不顺心的事情或者不良情绪吗？是怎么引起的？请找到和你抽取相同签号的同学，向他倾诉你的烦恼，教师计时。

规则：

（1）每组同学固定的时间为 10 分钟，每位同学有 5 分钟倾诉时间。

（2）在每一位同学倾诉的时候，另一位同学只可以倾听，通过一定的语言、动作和表情表示自己对对方情绪状态的理解，不得插入关于自己情绪的话题。

（3）时间一到，立即交换倾诉方，不得拖延。

教师请个别同学分享对方的情绪。

4. 快乐大魔盘

生活需要快乐，而每个人都有一些让自己快乐的秘诀，和同学交流，分享快乐，让自己活得更加丰富多彩。请同学们思考自己在生活中遭遇到不良情绪时的调节方法是什么，分组讨论并将本组的调节方法按照不同的类型写在快乐大魔盘的不同分格里面。

5. 拥有快乐

（1）做游戏。做击鼓传花游戏，音乐停时花落在谁处，则请他起来讲一个笑话、一个故事，或者以其他方式让同学们笑一笑，使大家亲身感受下笑一笑对自己心情的积极作用，让大家感受到快乐。

（2）每位同学讲一句与快乐有关的话送给大家。

二、情绪潘多拉[①]

（一）活动目的

通过改变认知来消除不良情绪。认识不良情绪对生活、学习的危害，懂得消极情绪是可以缓解和转变的；了解事情、看法与情绪感受这三者之间的关系，学会从更积极的角度去看问题，拥有更多的健康情绪。

（二）活动材料

一段川剧变脸视频，一张表情图片，一张心情晴雨表，一个潘多拉魔盒。

（三）活动步骤

1. 导入——变脸

播放关于川剧变脸的视频。向学生出示表情图片，请学生在座位上演示这个表情，并思考这个表情传递了什么情绪。

请学生思考并回答最近什么事情让自己有了这样的情绪，并说出对自己有哪些影响。

请学生思考如何将这张愁眉不展的脸变成一张开心快乐的脸。

变脸：教师将表情翻转成笑脸。

请学生思考最近是什么事情让自己有了这种情绪。

请学生概括出以上两种情绪的区别，教师写在黑板上。

2. 情绪传染圈

（1）围圈而立。请大家把快乐的情绪表现出来，并逐步表达出喜、怒、哀、乐等情绪，作为游戏的热身。

（2）教师先说出一种情绪，自己先一边以动作、表情和声音配合表达，一边向其中一位同学走去，取代其位置，该同学须把这种情绪延续，即以自己的表达方式，一边以动作、表情和声音配合，一边向另一位参与者走去并取代其位置。如此这般把情绪传染出去，每种情绪传播六七个人后，教师说出另一种情绪，须注意不同程度的情绪。

（3）教师事先拟定不同情境（如得到小奖品、见到喜欢的人、考试成绩一塌糊涂……），方法基本同上，但是被传染和取代位置的同学可以把情绪变种，表达自己在该情境下会有的情绪。六七次后，教师换成另一种情境，须留意学生对同一情境表达不同的情绪。

（4）围圈而坐。大家讨论自己在不同情境下通常有的情绪，自己的情绪表演是否恰当，是否有错误的表情，自己的情绪受别人的影响和自己的情绪对别人的影响，平时自己处理情绪的方法等。

---

① 阳志平、彭华军等：《积极心理学团体活动课操作指南》，2版，130页，北京，机械工业出版社，2016。

3. 心情晴雨表

请学生记录一周生活中的心情，填写心情晴雨表中的前四项，见表3—1。

表3—1　心情晴雨表

情绪	行为反应	结果评估	理由	其他反应方式

心情晴雨表记录了我们上一周生活当中的心情气象，就像天气有阴晴风雨雪一样，我们的心情也会一直变化。圈出心情晴雨表的消极情绪，看看一周生活当中拥有的消极情绪有没有超过积极情绪。

回忆一下最近一段时间以来，哪件事情让你最烦恼，用下面的格式写在一张空白的纸条上。

我 我想 我感觉到	事情 想法 情绪感受

写完后投入潘多拉魔盒，转动，抽取几张，请同学们从不同的角度来解读问题，学生填入心情晴雨表的最后一项，学会换个角度考虑问题。

4. 快乐点击

想拥有一份好心情吗？那就跟我们来做一下情绪连线题，见表3—2。

表3—2　情绪连线题

(1) 当你面对他人的批评时 (2) 当你和同学有矛盾时 (3) 当你和家人有误会时 (4) 当有人对你不满时 (5) 当你对他人的表现不满时 (6) 当你做错事情时 (7) 当你对新环境不适应时	(A) 不要伤心，要懂得“矛盾无时不有” (B) 不要难过，要懂得理解父母苦心 (C) 不要委屈，要提醒自己闻过则喜 (D) 不要愤怒，要选择得饶人处且绕人 (E) 不要生气，要自勉走自己的路 (F) 不要焦虑，要相信人终能战胜环境 (G) 不要内疚，要记取“吃一堑，长一智”

成长体验与感悟

积极的情绪不仅可以提升我们的主观幸福感，而且会给我们带来无限的可能性，生活中要善于制造让我们幸福的生活瞬间，放慢脚步，品味美好，积极关注自己和他人，做一个追逐梦想并离幸福越来越近的人。

经过本成长驿站的学习，相信大家对如何调整情绪、做一个积极的自己会有更加深刻的认识和体会，那么就请大家在此分享自己成长的体验和感悟吧：

成长加油站

一、知识拓展

（一）积极心理学与积极情绪①

积极心理学有三个明确的研究领域。一是研究人的积极特征，包括爱和工作的能力、勇气、交往技巧、美感、坚持不懈、宽容、创新、理想、灵性、天赋和智慧等。二是研究积极的团体和社会制度。例如，如何建立民主的社会制度体系、有效健全的家庭功能和自由探索的环境及积极和谐的社会团体，为个体积极特征的培养和发展提供良好的环境和资源，为促进人们的幸福感、使人类实现完美充实的生活创造条件，包括如何培养个体承担社会责任，培养更好的公民特征，如责任感、教养、利他、礼貌、和谐、宽容和工作道德。三是研究积极的情绪和情感。马丁·塞利格曼将研究幸福感和主观良好状态定为积极心理学研究的核心目标。幸福感和主观良好状态包括积极的情感和积极的状态，研究目的是促进人的积极体验，提高幸福感。马丁·塞利格曼在他的《真实的幸福》（*Authentic Happiness*）一书中将积极情绪划分为三类：与过去有关的积极情绪、与现在有关的积极情绪和与将来有关的积极情绪。与过去有关的积极情绪主要包括满意、满足、尽职、骄傲和安详。与现在有关的积极情绪分为两类：即时的快感和长久的欣慰。与将来有关的积极情绪包括乐观、希望、自信、信仰和信任。

（二）情绪处理的“钟摆效应”

情绪本身没有好坏之分。就如世界上的所有事物一样（存在即合理），而应该以对人生的成功、快乐有没有贡献为衡量标准（“我好你好大家好”三赢的基础上），有没有这个效果决定了一种情绪状态是好是坏。传统上我们认为某些情绪不好，如愤怒、悲伤被称为

---

① 刘子弘：《拥有积极情绪，笑看美好人生——积极情绪研究综述》，载《现代企业教育》，2010（16）：184～185。

负面情绪。

有人因为压力大，受不了情绪上的折磨，学会了“感觉麻木”，意思是不再对相同事情有同样的情绪反应或反应程度降低。这是一种保护机制，短期如此，是没有问题的，但如果长期这样，会大有损害的。

原来，当一个人在某一种情绪上降低了反应的强度，在其他的情绪上也会有同样的降低。那些所谓的负面情绪强度降低了，正面情绪也会同样降低，就像“钟摆”一样，摆动起来左右两边幅度总是一样。

例如，某个人对别人的责骂“反应麻木”，不觉得像以前那样愤怒。看了《泰坦尼克号》，他也不会像其他人那样感动，他会说：“哭什么，只不过是电影而已。”同时，对一个笑话他也不会感到好笑：“笑什么，只不过是笑话罢了。”不好的事不会伤害到他，好的事同样也不会使他感到欢欣、喜悦、满意。

这种情况就像“钟摆效应”一样，左边摆得高右边也高，左边低右边也低，如果长期发展，最后就会变成不摆动的钟，停留在正中间一点儿不动。这个时候，任何事情都不会使他难过，也不会使他开心，他对什么事情都没感觉，就仿佛一个能够走动的植物人，日子久了，每天生活枯燥乏味……

（三）心理情绪中的“蝴蝶效应”

洛伦兹发现了微小差异导致的巨大反差，他用一种形象的比喻来表达这个发现：一只小小的蝴蝶在巴西上空振动翅膀，它煽动起来的小小漩涡与其他气流汇合，可能在一个月后的美国得克萨斯州引起一场风暴——这就是混沌学中著名的“蝴蝶效应”。人们在情绪上也有类似的“蝴蝶效应”。曾有一则报道称，甲对乙说了丙的一句坏话，被乙传给了丙，丙愤怒地去找甲算账，二人话不投机，动起手来，结果甲被丙用刀刺伤，诊治无效死亡，丙也因此进了监狱。而乙知道此事以后，也痛悔万分，一句无心的话，就这样导致了两个家庭家破人亡的悲剧。这样的报道已经不是一两个，全国各地几乎都有实例，一个鲁莽的举动令人痛悔一生。可见，防微杜渐、及时调整心态是多么重要。

不注意微小的不良情绪，很可能酿成大祸。西方流传的一首童谣说：拾了一颗铁钉，丢了一只马蹄铁；丢了一只马蹄铁，折了一匹良驹；折了一匹良驹，损了一位将军；损了一位将军，输了一场战争；输了一场战争，亡了一个帝国。一个帝国的灭亡，居然始自一颗小小的铁钉的遗失所引发的一连串效应。正所谓小洞不补，大洞吃苦。每次一点点的变化，最终酿成一场灾难。针鼻大的洞可以进来斗大的风，“千里长堤，毁于蚁穴”，这并不是夸张，而是活生生的现实。我国有“失之毫厘，谬以千里”的古训，这条古训和前面的童谣以及“蝴蝶效应”都告诫我们：要坚持注意初始条件的微小差别，要对这方面的微小差别保持高度的“敏感性”，及时调整心态和情绪，时刻保持健康清醒的心态是十分重要的。

二、图书和电影推荐

1. 图书：《积极情绪的力量》

本书是一本教我们追寻幸福的书，旨在缔造当代积极心理学的最新巅峰。本书通过列出的十几种方法，旨在帮助我们提升有益的积极情绪，降低有害的消极情绪，最终实现欣欣向荣。本书作者为坦普尔顿奖获奖者，并被积极心理学之父马丁·塞利格曼称为积极心理学领域的天才。

2. 图书：《哈佛积极心理学笔记》

当你打开这本书的时候，恭喜你，你被幸福“锁定”了！你正处于人生中的哪个阶段？为什么不断的成功不能带给我们持久的幸福感？为什么相爱的人之间不能经受住时间的考验？……如果你也有这样的疑问，或者正面临这样的困扰，那么幸运的你或许就可以从本书中找到答案。

3. 电影：《美丽心灵》

故事的原型是数学家约翰·纳什。英俊而又古怪的纳什早年就有了惊人的数学发现，开始享有国际声誉。但纳什出众的直觉受到了精神分裂症的困扰，使他向学术上最高层次进军的辉煌历程发生了巨大改变。面对这个曾经击毁了许多人的挑战，纳什在深爱着的妻子艾丽西亚的相助下，毫不畏惧，顽强抗争。经过了几十年的艰难努力，纳什终于战胜了这个不幸，并于1994年获得诺贝尔奖。

三、心理自测

（一）你的情绪稳定吗？①

1. 看到自己最近一次拍摄的照片，你有何想法？
A. 觉得不称心　B. 觉得很好　C. 觉得可以
2. 你是否想到若干年后会有什么使自己极为不安的事？
A. 经常想到　B. 从来没有想过　C. 偶尔想到过
3. 你是否被朋友、同事或同学起过绰号、挖苦过？
A. 这是常有的事　B. 从来没有　C. 偶尔有过
4. 你上床以后，是否经常再起来一次，看看门窗是否关好、炉子是否封好等？
A. 经常如此　B. 从不如此　C. 偶尔如此

① 西武：《哈佛情商课》，北京，新世界出版社，2009。

5. 你对与你关系最密切的人是否满意？

A. 不满意　　B. 非常满意　　C. 基本满意

6. 半夜的时候，你是否经常觉得有什么值得害怕的事？

A. 经常　　B. 从来没有　　C. 极少有这种情况

7. 你是否经常因梦见什么可怕的事而惊醒？

A. 经常　　B. 没有　　C. 极少

8. 你是否曾经有多次做同一个梦的情况？

A. 有　　B. 没有　　C. 记不清楚

9. 有没有一种食物使你吃后呕吐？

A. 有　　B. 没有　　C. 记不清楚

10. 除去看见的世界外，你心里有没有另外的世界？

A. 有　　B. 没有　　C. 记不清楚

11. 你心里是否时常觉得你不是现在的父母所生？

A. 时常　　B. 没有　　C. 偶尔有

12. 你是否曾经觉得有一个人爱你或尊重你？

A. 是　　B. 否　　C. 说不清楚

13. 你是否常常觉得你的家庭对你不好，但是你又确知他们的确对你好？

A. 是　　B. 否　　C. 偶尔

14. 你是否觉得没有人十分了解你？

A. 是　　B. 否　　C. 说不清楚

15. 你在早晨起来的时候最经常的感觉是什么？

A. 忧郁　　B. 快乐　　C. 说不清楚

16. 每到秋天，你经常的感觉是什么？

A. 秋雨霏霏，枯叶遍地

B. 秋高气爽，艳阳高照

C. 不清楚

17. 你在高处的时候，是否觉得站不稳？

A. 是　　B. 否　　C. 有时是这样

18. 你平时是否觉得自己很强健？

A. 是　　B. 否　　C. 不清楚

19. 你是否一回家就立刻把房门关上？

A. 是　　B. 否　　C. 不清楚

20. 你坐在小房间里把门关上后，是否觉得心里不安？

A. 是　　B. 否　　C. 偶尔

21. 当一件事需要你作决定时，你是否觉得很难？

A. 是　　B. 否　　C. 偶尔

22. 你是否常常用抛硬币、翻纸牌、抽签之类的游戏来测凶吉？

A. 是　　B. 否　　C. 偶尔

23. 你是否常常因为碰到东西而跌倒？

A. 是　　B. 否　　C. 偶尔

24. 你是否需要一个多小时才能入睡，或者醒得比你希望的时间早一个小时？

A. 经常这样　B. 从不这样　C. 偶尔这样

25. 你是否曾看到、听到或感觉到别人觉察不到的东西？

A. 经常这样　B. 从不这样　C. 偶尔这样

26. 你是否觉得自己有超乎常人的能力？

A. 是　　B. 否　　C. 不清楚

27. 你是否曾经觉得因有人跟着你走而心里不安？

A. 是　　B. 否　　C. 不清楚

28. 你是否觉得有人在注意你的言行？

A. 是　　B. 否　　C. 不清楚

29. 当你一个人走夜路时，是否觉得前面暗藏着危险？

A. 是　　B. 否　　C. 偶尔

30. 你对别人自杀有什么想法？

A. 可以理解　B. 不可思议　C. 不清楚

计分方法：

以上各题的答案，选 A 得 2 分，选 B 得 0 分，选 C 得 1 分。请将你的得分统计一下，算出总分。

说明：得分越少，说明你的情绪越佳，反之越差。

得分为 0～20 分，说明你的情绪稳定、自信心强，具有较强的美感、道德感和理智感。你有一定的社会活动能力，能理解周围人的心情，顾全大局。你一定是个性情爽朗、受人欢迎的人。

得分为 21～40 分，说明你的情绪基本稳定，但较为深沉，对事情的考虑过于冷静，处事淡漠消极，不善于发挥自己的个性。你的自信心受到压抑，办事热情忽高忽低，易瞻前顾后、踌躇不前。

得分在 41 分以上，说明你的情绪极不稳定，日常烦恼太多，使自己的心情处于紧张和矛盾之中。如果你的得分在 50 分以上，则是一种危险信号，务必请心理医生作进一步诊断。

（二）自我评定焦虑量表（SAS）

表 3—3　　自我评定焦虑量表

注意事项：下面有 20 条文字，请仔细阅读每一条，把意思弄明白，然后根据你最近一星期的实际情况，在右侧相对应的适当数字上画“√”。

	没有或很少时间有	有时有	大部分时间有	绝大多数或全部时间有
1. 我感到比往常更加神经过敏和焦虑。	1	2	3	4
2. 我无缘无故感到担心。	1	2	3	4
3. 我容易心烦意乱或感到恐慌。	1	2	3	4
4. 我感到我的身体好像被分成几块，支离破碎。	1	2	3	4
5. 我感到事事都很顺利，不会有倒霉的事情发生。	4	3	2	1
6. 我的四肢抖动和震颤。	1	2	3	4
7. 我因头痛、颈痛和背痛而烦恼。	1	2	3	4
8. 我感到无力且容易疲劳。	1	2	3	4
9. 我感到很平静，能安静坐下来。	4	3	2	1
10. 我感觉到我的心跳较快。	1	2	3	4
11. 我因阵阵的眩晕而不舒服。	1	2	3	4
12. 我有要昏倒的感觉。	1	2	3	4
13. 我呼吸时进气和出气都不费力。	4	3	2	1
14. 我的手指和脚趾感到麻木和刺痛。	1	2	3	4
15. 我因胃痛和消化不良而苦恼。	1	2	3	4
16. 我必须时常排尿。	1	2	3	4
17. 我的手总是温暖而干燥。	4	3	2	1
18. 我觉得脸发烧、发红。	1	2	3	4
19. 我容易入睡，晚上休息很好。	4	3	2	1
20. 我做噩梦。	1	2	3	4

说明：具体评分标准请任课教师参考专业资料，为学生进行解释。

（三）抑郁自评表（SDS）

表 3—4　　抑郁自评表

注意事项：下面有 20 条文字，请仔细阅读每一条，把意思弄明白，然后根据你最近一星期的实际情况，在右侧相对应的适当数字上画“√”。

	没有或很少时间有	小部分时间有	相当多时间有	绝大部分或全部时间有
1. 我觉得闷闷不乐，情绪低沉。	1	2	3	4
2. 我觉得一天之中早晨最好。	4	3	2	1
3. 我一阵阵哭出来或觉得想哭。	1	2	3	4
4. 我晚上睡眠不好。	1	2	3	4
5. 我吃得跟平常一样多。	4	3	2	1
6. 我与异性密切接触时和以往一样感到愉快。	4	3	2	1
7. 我发觉我的体重在下降。	1	2	3	4
8. 我有便秘的苦恼。	1	2	3	4
9. 我心跳比平时快。	1	2	3	4
10. 我无缘无故地感到疲乏。	1	2	3	4
11. 我的头脑跟平常一样清楚。	4	3	2	1
12. 我觉得常做的事情并没有困难。	4	3	2	1
13. 我觉得不安而平静不下来。	1	2	3	4
14. 我对将来抱有希望。	4	3	2	1
15. 我比平常容易生气、激动。	1	2	3	4
16. 我觉得作出决定是容易的。	4	3	2	1
17. 我觉得自己是个有用的人，有人需要我。	4	3	2	1
18. 我的生活过得很有意思。	4	3	2	1
19. 我认为如果我死了别人会生活得好些。	1	2	3	4
20. 平常感兴趣的事我仍然感兴趣。	4	3	2	1

说明：具体评分标准请任课教师参考专业资料，为学生进行解释。

（四）你知道自己的情商（EQ）有多高吗?①

下面有 20 道题目，请你做出“是”或“否”的选择。

1. 你认为大多数人必须更加努力而不要轻易放弃。
2. 当学习遇到困难的时候，你认为这是对未来的警告。
3. 在你最好的朋友开始说话以前，你就能分辨出他处于何种情绪状态。
4. 当你的情况不妙时，你认为到了你改变的时候了。

---

① 宋宝萍：《大学生积极心理健康教育——理论与实践》，西安，西安电子科技大学出版社，2015。

5. 与你的同学或者朋友发生争吵后，你能在他人面前掩饰你的沮丧。
6. 尽管你知道自己是正确的，你也会转换这一话题，而不是引来一场争论。
7. 当你担忧某件事情的时候，你在夜里几个小时难以入睡。
8. 你经常想知道别人是怎么看你的。
9. 你对自己几乎能使每一个人高兴起来而感到自豪。
10. 你厌烦讨价还价，尽管你知道讨价还价能使你少花不少钱。
11. 你十分相信直率地说话，而且认为这样能使一切事情变得容易。
12. 相比于最好的朋友告诉你一些好消息，你更容易接受一部浪漫影片的感染。
13. 你在作出一个决定后，会担心它是否正确。
14. 你认为你的家人或朋友对你寄予厚望。
15. 你似乎是这样一个人：对于周末去做什么，你总能提出有意思的设想。
16. 假如你有一根魔棒的话，你将挥动它改变你的外貌和个性。
17. 你会把任何事情告诉你最好的朋友，即使是隐私。
18. 你不会担心环境的改变。
19. 你认为一点小小的压力不会伤害任何人。
20. 不管你学习多么尽心尽力，你的老师似乎总是在催促你。

评分规则：

“是”记1分，“否”记0分，各题相加求得总分。

总分在16分以上：你对你的能力很有自信，因此，当处于强烈情感边缘的时候，你不会被击垮。即使在愤怒的时候，你也能进行有效的自我控制，保持彬彬有礼的君子风度。在控制情绪方面，你是非常出色的，与他人相处很融洽。

总分为7～15分：你能意识到自己和他人的情绪，但有时却忽视它们，你不明白这对于你的幸福是多么重要，你对于下一步升学和就业等诸如此类的事情的关心支配着你的生活，然而，无论实现多少物质目标，你仍然感到不满足。

总分在6分以下：你过分注重自己，对别人关心不够，你喜欢打破常规，并且不会通过疏远别人来得到自己想要的东西。你可能在短期内就会取得一定成果，但人们不久就会开始抱怨你。

四、实践作业

请以小组为单位，模拟恋爱中的男女可能出现的喜怒哀乐，制作并演出一部心理剧。

（一）作业要求

（1）剧本完整流畅，表演自然到位。

（2）要结合本站所学的知识，充分体现出情绪的丰富多彩。

（二）作业评分标准

1. 剧本内容

内容反映当事人的情绪、情感等大众化、生活化问题，并有合理的解决问题的方法。内容流畅，有情节感，富有戏剧性。剧本是否有自己的创新，原创作品予以适当加分。(40 分)

2. 表演风格

有鲜明的人物形象，表演到位、自然、逼真，能充分投入角色扮演中，并体现一种成熟的舞台表演能力。表演形式新颖、不拘一格，呈现多元化的特点。(10 分)

3. 舞台效果

剧情曲折、引人入胜，富有强烈的感染力，能引起观众的共鸣，产生台上、台下互动的效果。剧本风格（情节、语言等）和舞台设计（着装、配乐、独白、道具等）具有形象创新性。(10 分)

4. 思想意义

能将心理冲突和情绪等问题呈现在舞台上，从而宣泄消极情绪，消除内心压力和自卑感，增强当事人适应环境和克服危机的能力。要能给大学生启迪、鼓舞，促进心理健康成长。(20 分)

5. 表演技巧

形象逼真，配合默契，应变灵活，言行能很好地展现心理活动。(10 分)

6. 团队合作

小组全体成员参与，分工明确，配合默契。(10 分)

成长驿站四 谢谢你，让我遇到更好的自己
——恋爱心理

恋爱是一所学校，教我们重新做人。

——莫里哀

爱情不是花荫下的甜言，不是桃花源中的蜜语，不是轻绵的眼泪，更不是死硬的强迫，爱情是建立在共同语言基础上的。

——莎士比亚

成长故事

恋爱变奏曲

进入大学之前，父母一直嘱咐安然，大学就三年时间，一定要把学习搞好。如今就业压力大，好多本科生、硕士生甚至博士生毕业后都找不到工作，北京大学的毕业生都去摆摊卖猪肉，不好好学习，将来会没什么出路。

安然一直将父母的嘱托记在心里，大学这几年的计划也安排得满满当当。第一年，努力把基础打好；第二年，专业课等也要学好；第三年，去实习也要好好表现。总之，这三年不能混日子、得过且过。安然的计划就这样按部就班地进行着，每一天的规划都是宿舍、食堂、教室三点一线，上课时也是早早地第一个到教室。周末，大家都在宿舍睡觉，或者去周边游玩。安然和他们不同，去学校的图书馆借书看，各类书籍都广泛涉猎。这样充实而简单的日子一天又一天地持续。

又到了一个周末，安然照例来到图书馆，在一排排书架上浏览自己喜欢的书籍。突然，一个漂亮的女孩从他旁边晃过，他一看，猛然想起，是他的高中班同学蔚蓝，高中时两人就是很好的朋友，没想到在这个地方能遇到，而且她现在也在这所学校就读，就在他隔壁班。

“原来她还是这么爱学习啊，她和别人可真不一样。”安然脑海里总是浮现她的影子，学习的时候注意力也没那么集中了，心里充满了困惑……

成长困惑

你有没有过类似的经历？如果你是安然，下一步该怎么办？

____

____

成长导航

第一站　问世间情为何物——认识爱情

趣味阅读

杯子和水的爱情故事

杯子：我寂寞，我需要水，给我点水吧。

主人：好吧，拥有了你想要的水，你就不寂寞了吗？

杯子：应该是吧。

主人把开水倒进了杯子里。水很热，杯子感到自己快被融化了，杯子想，这就是爱情的力量吧。水变温了，杯子感觉很舒服，杯子想，这就是生活的感觉吧。

水变凉了，杯子害怕了，怕什么他也不知道，杯子想，这就是失去的滋味吧。

水凉透了，杯子绝望了，也许这就是缘分的杰作吧。

杯子：主人，快把水倒出去，我不需要了。

主人不在。杯子感觉自己压抑死了，可恶的水，冰凉的，放在心里，感觉好难受。杯子奋力一晃，水终于走出了杯子的心里，杯子好开心，突然，杯子掉在了地上。杯子碎了。临死前，他看见了，他心里的每一个地方都有水的痕迹，他才知道，他爱水，可是，他再也无法完整地把水放在心里了。杯子哭了。他的眼泪和水融在了一起，奢望着能用最后的力量再去爱水一次。

主人捡着杯子的碎片，一片割破了他的手指，指尖有血。

杯子笑了。爱情啊，到底是什么？难道只有经历了痛苦才知道珍惜吗？

杯子笑了。爱情啊，到底是什么？难道要到一切都无法挽回才说放弃吗？

杯子笑了。爱情啊，到底是什么……

资料来源：http：//news. xinhuanet. com/school/2006-06/13/content _ 4689534. htm.

爱情是人类永恒的话题，是每个大学生最关心的话题之一，大学生的爱情如同夏日绽放的玫瑰，美丽却又有些小刺，想要去找寻，却又望而却步。爱情，作为人生旅途最绚烂的华章，引人着迷，令人向往，无数文人骚客为她吟词歌唱，百转千回，无数少男少女为她燃烧青春。《诗经》有云：“窈窕淑女，君子好逑。”随着身心发育的成熟和男女交往的日益深入，高职学生对爱情的渴望和追求也越发强烈。爱情是一个永远的神话，散发着迷人的魅力，令人向往。那么，到底什么是爱情呢？

一、爱情的内涵

罗素说，爱情就是生活。究竟什么是爱情呢？学者们这么定义：所谓爱情，就是一对男女之间，基于一定的社会关系和共同的生活理想，在心目中形成的对对方真挚的倾慕，并渴望对方成为终身伴侣的最强烈的情感。爱情是两个心灵相互向往、吸引，并在精神上达到升华的过程，是一种高尚的精神生活。

趣味阅读

从心理学角度看爱情

1.“我一直相信，真正的爱情可以在对方身上唤起某种有生命力的东西，而双方都会因此而充满快乐。”

“不成熟的、幼稚的爱是：‘我爱你，因为我需要你。’而成熟的爱是：‘我需要你，因为我爱你。’”——埃里希·弗洛姆，著有《爱的艺术》

2.“人们爱上的是与他们相似的人，或是他们曾经是的那种人，或是他们想要成为的人。”——西格蒙德·弗洛伊德，精神分析学派创始人

3.“要完全与另一个人发生关联，人必须先跟自己发生关联。如果我们不能拥抱我们自身的孤独，我们就只是利用他人作为对抗孤立的一面挡箭牌而已。只有当人可以活得像只老鹰，不需要任何观众，才能将爱慕转向另一个人。只有在那个时候，一个人才能够去关心另一个存在的生长。”——欧文·亚隆，存在主义心理治疗大师

4. “爱你而不用抓住你，欣赏你而不需批判你，和你齐参与而不强求你，离开你亦无须言歉疚，帮助你而没有半点看低你，那么我俩的相处就是真诚的，并且能彼此滋养。”——维吉尼亚·萨提亚，家庭治疗专家

5. “爱，是为了促进自我和他人的心智成熟，而具有的一种自我完善的意愿。”——M. 斯科特·派克，著有《少有人走的路》

6. “只有具有牢固的自我同一性的青年人，才敢于冒与他人发生亲密关系的风险。因为与他人发生爱的关系，就是把自己的同一性与他人的同一性融合为一体。这里有自我牺牲或损失，只有这样才能在恋爱中建立真正亲密无间的关系，从而获得亲密感，否则将产生孤独感。”——爱利克·埃里克森，发展心理学家和精神分析学家

7. “爱情让人成瘾：爱若甜蜜，人们沉溺其中；爱若苦涩，人们深陷其中，难以自拔。爱情拥有成瘾的所有特征，你专注于 TA，执念于 TA，渴望得到 TA，并扭曲现实，愿不顾一切以赢得 TA 的爱。”——海伦·费希尔，人类学家和爱情专家

8. “我爱你，因为在你眼中，我真正找到了自己在这个世界上存在的感觉，我们之间存在一种共享的生命感。在爱你当中，我遇到了自己。”——纳撒尼尔·布兰登，著有《罗曼蒂克心理学》

9. “爱的可贵经验就在于，从某一瞬间的偶然出发，去尝试一种永恒。”——阿兰·巴迪欧，哲学家

10. “一段感情的成功与否，不是看是否还牵手，而是由感情品质而定。很多时候，牵手不代表成功，分手不代表失败。关键是看在这段感情中你是否完成了两件重要的恋爱心理任务：是否更了解自己的需求，是否已学会疼爱别人。”——张怡筠，情商研究专家

资料来源：《心理学爱情笔记》，京师心理大学堂微信号（bnupsychology）。

二、爱情的理论

（一）爱情的三因素理论

罗伯特·斯腾伯格从学术的角度，提出了爱情的三因素理论。他认为，人类的爱情虽然复杂多变，但其基本构成不外乎动机、情绪和认知三种。

1. 动机成分

动机是产生爱情行为的驱动力。人类爱情行为动机是极其复杂的，其中性动机，包括异性身体、容貌特征的彼此吸引，是爱情行为的重要原因之一。

2. 情绪成分

情绪是爱情满足人的身心需要所产生的态度体验，如酸甜苦辣的爱情滋味、喜怒哀乐的爱情情绪。

3. 认知成分

认知是爱情的理性认识，对情绪和动机有着控制作用。

有人形象地把爱情动机视为电流，把情绪视为火花，而把认知看作开关，它可以调节爱情之火的热烈程度。以爱情的三种成分为元素，罗伯特·斯腾伯格进一步把动机、情绪

和认知各自在两性间发生的爱情关系，分为激情、亲密、承诺，即以动机为主的两性关系是充满激情的，以情绪为主的两性关系是亲密的，以认知为主的两性关系是承诺的。其中，激情是指爱情关系趋于浪漫、身体吸引和性爱完美的驱动力或一种状态；亲密是指在恋爱关系中亲近、融合，结成亲密私人关系的感觉；承诺是指当事人对关系维持的一种认知，决定去爱一个人和对恋爱关系担负责任。这三种爱情成分的不同组合构成了不同的爱情类型。斯腾伯格用三角形来表示三种成分的相互关系。

罗伯特·斯腾伯格爱情三角形理论

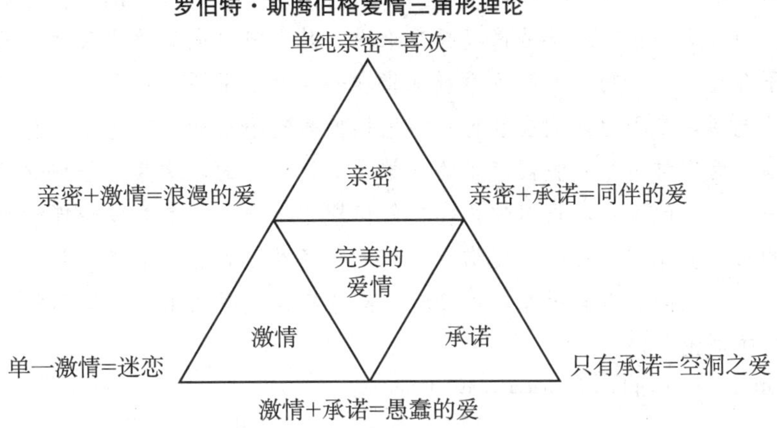

亲密、激情、承诺单独作用的结果分别是喜欢、迷恋、空洞；亲密和激情相结合而无承诺时，产生的是浪漫爱情；亲密和承诺相结合而无激情时，产生的是伴侣式爱情；承诺和激情相结合而无亲密时，产生的是愚昧的爱情。当三种成分相结合时，形成圆满的爱情。

趣味阅读

“爱情桥”的秘密

在我们的现实生活中存在许多“爱情桥”，它们或因为一个唯美的传说而披上了一层粉色的薄纱，或者因为一部电影变成了情侣们留恋的圣地，见证无数段浪漫爱情故事。

在诸多的爱情名胜中，加拿大的卡皮兰诺吊桥却有着独一无二的地位。卡皮兰诺吊桥隐身于知名的卡皮兰诺大峡谷中，横跨在奔流不息的卡皮兰诺河之上，如同一条雨虹飞进了郁郁葱葱的原始森林之中。站在桥上，低头俯视可见清澈透明的溪水缓缓流过，雪白的浪花翻滚不停，耳边是山风的轻哮和飞鸟的鸣叫，优美的景色一览无余。卡皮兰诺吊桥又被称为“夫妻桥”，是110年前由著名的英国探险家乔治·格兰特·麦凯恩和他的妻子在毫无机械设备可用的情况下单凭人工搭建而成的。夫妻俩足足历时一年的时间才完成这一伟业。和世界上其他的高空大桥不同，卡皮兰诺吊桥虽然飞渡于200米的高空中，但是很少有人选择在此结束自己的生命，相反却经常上演一出出罗曼蒂克的爱情喜剧。所以有人把美国的金门大桥称为“世界上最美的索命桥”，将卡皮兰诺吊桥称为“世界上最长的爱情桥”。当地的居民将这一神奇的现象归结为创始人麦凯恩夫妇冥冥中的爱情祝福。可惜心理学家们又杀了出来，他们要揭开爱情之桥背后的秘密。

1974年，著名情绪心理学家阿瑟·阿伦在卡皮兰诺吊桥上开始了“吊桥实验”。根据实验的安排设计，一位漂亮的女性研究员假扮一位商业调查员站在了摇摇晃晃的吊桥之上。每当有18岁至35岁的单身男性经过时，女调查员就主动上前搭讪，希望这些过桥的男性能够帮助自己完成一项商业调查。在答完几个简单的问题后，女调查员就会主动给这位男性留下自己的电话，随后友好地分手。随后，同样的实验也在一座横跨某条小溪但只有5米高的无名木桥上上演，还是这位女调查员向过往的单身男性进行问卷调查并留下电话。数日后，这些单身男性的电话开始打进来。研究人员对电话的数据进行了详细分析，发现在打来回访电话的单身男性中，卡皮兰诺吊桥上的男士所占的比例要远远超过无名木桥上的男士。为什么会出现这样的情况呢？难道又是麦凯恩夫妇的在天之灵显圣了？心理学家们自然不会这么想。阿瑟·阿伦敏锐地指出卡皮兰诺吊桥上的男士之所以会积极地拨打女调查员的电话，是因为他们在经过左右摇摆的悬空吊桥时，产生了一种胆战心惊、焦虑紧张的情绪，而这种情绪和我们恋爱的感觉是一模一样的，这些男士把这两种不同的加速心跳混为一谈。由此可见，虽然爱情会在任何地方出现，但是在危险性和刺激性更强的环境下爱情的火花会摩擦得更亮、更绚烂。恋爱和场景之间有着密切的关系，一个好的场景可以唤起两个人之间的心有灵犀，如200米高的摇摇晃晃的卡皮兰诺吊桥。这就是著名的“恋爱的吊桥理论”。

资料来源：http：//www.jp14.com/lianai/35497.html.

（二）约翰李的爱情彩虹

加拿大社会学家约翰李将男女之间的爱情分成六种形态：情欲之爱（eros）、游戏之爱（ludus）、友谊之爱（storge）、依附之爱（mania）、现实之爱（pragama）及利他之爱（agape）。

（1）情欲之爱，也叫激情式爱情。建立在理想化的外在美上，是罗曼蒂克、激情的爱情。其特点是一见钟情式，以貌取人、缺少心灵沟通、热烈而专一，靠激情维持。

（2）游戏之爱，也叫游戏式爱情。视爱情为一场让异性青睐的游戏，并不会将真实的情感投入，常更换对象，且重视的是过程而非结果；不承担爱的责任，寻求刺激与新鲜感。

（3）友谊之爱，也叫友谊式爱情。是指青梅竹马般的感情，是一种细水长流、稳定的爱情。这种爱情以友谊为基础，在长久了解的基础上滋长着，能够协调一致解决分歧，是宁静、融洽、温馨和共同成长的爱情。

（4）依附之爱，也叫占有式爱情。对于情感的需求非常大，依附、占有、妒忌、猜疑、狂热，在恋爱中情绪不稳定。这种爱控制对方情感的欲望强烈，将两人牢牢地捆在爱情这条绳索上。

（5）现实之爱，也叫逻辑式爱情。是指会考虑对方的现实条件，以期让自己的所得增加且减少付出的成本的爱情。对于这类爱情，理性高于情感，持有受市场调节的现实主义态度。

（6）利他之爱，也叫忘我式爱情。带着一种牺牲、奉献的态度，追求爱情且不求对方回报。自我牺牲型爱情是无怨无悔的，是纯洁高尚的。

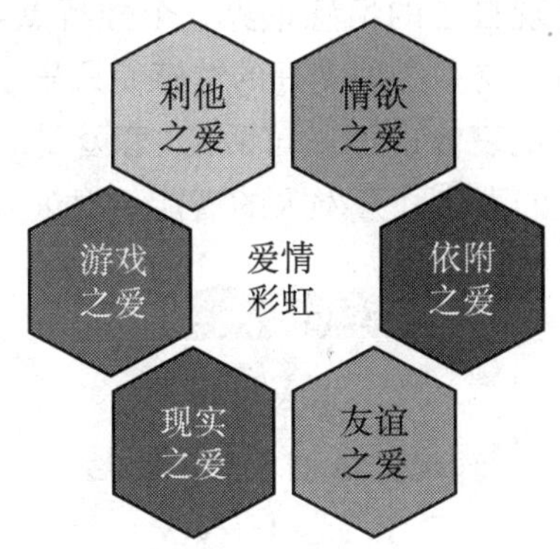

（三）爱情的依恋理论

爱情的依恋理论将爱情与童年的依恋联系在一起进行研究。婴儿时期与人建立的依恋关系，会使个体形成一个持久且稳定的人格特质，这项特质在个体与异性建立亲密关系时会自然流露出来。

1. 爱情依恋风格理论

该理论将成人的爱情关系视为一种依恋的过程，分三种类型：

（1）安全依恋：与伴侣的关系良好、稳定，能彼此信任、互相支持。绝大多数人的爱情属于安全依恋。

（2）逃避依恋：害怕且逃避与伴侣的亲密。法国电影《天使爱美丽》中的艾米丽就属于这类。

（3）焦虑／矛盾依恋：时常具有情绪不稳、极端反应的现象，极易嫉妒且希望跟伴侣的关系是互惠的。电视连续剧《过把瘾》的男、女主人翁就属于这类。

该理论研究发现，三种不同的爱情依恋风格在成人中所占比例分别为：安全依恋约占56%，逃避依恋约占25%，而焦虑／矛盾依恋约占19%，与婴儿依恋类型的调查比例相当接近。

2. 爱情依附风格理论

该理论以爱情依恋风格理论的概念为基础，以正向或负向的自我意象和正向或负向的他人意象两个不同的向度来分析，得到四种类型的爱情依附风格：

（1）安全依附：由正向的自我意象和正向的他人意象所造成。

（2）焦虑依附：由负向的自我意象和正向的他人意象所造成。

（3）排除依附：由正向的自我意象和负向的他人意象所造成。

（4）逃避依附：由负向的自我意象和负向的他人意象所造成。

三、爱情的心理意义

（一）爱情可以促进成长

通过恋爱，大学生可以更好地认识自己。恋人对一个人来讲是一个重要人物，重要人物对自己的看法无疑是了解自我的重要途径，并有着巨大的影响力。对于个人来讲，大学生在恋爱关系中，也会不断发现自己的情感世界、个性特点，发现自己为人处世的方式，发现自己的以往经历对自我的影响。这种美好的情感使人乐于承担责任，可以在恋爱中不断促进个人的成长。文学家莫里哀曾说过一句话："恋爱是一所学校，教我们重新做人！"爱可以改变人的趣味，升华人的人格，开发人的潜能，促进人的新生。

趣味阅读

小幸运

作词：徐世珍、吴辉福

作曲：JerryC

演唱：田馥甄

我听见雨滴落在青青草地
我听见远方下课钟声响起
可是我没有听见你的声音
认真呼唤我姓名

爱上你的时候还不懂感情
离别了才觉得刻骨铭心
为什么没有发现遇见了你
是生命最好的事情

也许当时忙着微笑和哭泣
忙着追逐天空中的流星
人理所当然的忘记
是谁风里雨里一直默默守护在原地
原来你是我最想留住的幸运
原来我们和爱情曾经靠得那么近
那为我对抗世界的决定
那陪我淋的雨
一幕幕都是你一尘不染的真心
与你相遇好幸运
可我已失去为你泪流满面的权利
但愿在我看不到的天际
你张开了双翼
遇见你的注定
她会有多幸运

青春是段跌跌撞撞的旅行
拥有着后知后觉的美丽
来不及感谢是你给我勇气
让我能做回我自己

也许当时忙着微笑和哭泣
忙着追逐天空中的流星
人理所当然的忘记
是谁风里雨里一直默默守护在原地
原来你是我最想留住的幸运
原来我们和爱情曾经靠得那么近
那为我对抗世界的决定
那陪我淋的雨
一幕幕都是你 一尘不染的真心
与你相遇 好幸运
可我已失去为你泪流满面的权利
但愿在我看不到的天际
你张开了双翼
遇见你的注定
她会有多幸运

资料来源：http：//bd. kuwo. cn/yinyue/7204931？from=baidu.

（二）爱情可以建立亲密关系

爱情是发生在两个人之间，一个人与另一个人建立起的一种亲密关系。这种亲密关系能否稳固、发展、走向成熟，其实也是大学生自我成长的一个重要标志，也是良好心理素质的体现。学习建立、发展亲密关系，是在学习如何去爱另一个人；是在学习如何和一个人长期相处，学会包容、体贴、关心、尊重，接纳失望、痛苦、不满等；是在学习保持恰当的关系距离，不会因为怕失去爱而过度依赖，或过于疏远，享受安全感、亲密感；是在学习体会在恋爱中满足自身及相互的心理需要。

心理学家根据恋爱中对爱情的追求，进一步把爱情分为健康的和不健康的两大类。

健康的爱情表现在：

（1）不痴情过分，不咄咄逼人，不显示自己的爱情占有欲，能够充分尊重对方；

（2）将爱情给予对方比向对方索取爱情更使自己欢欣，并以对方的幸福为自己的满足；

（3）是彼此独立的个性的结合。

不健康的爱情表现在：

（1）过高地评价对方，将对方的人格理想化；

（2）过于痴情，一味地要求对方表露爱的情怀，这种爱情常有病态的夸张；

（3）缺乏体贴、怜爱之心，只表现自己强烈的占有欲；

（4）偏重于外表的追求。

健康的恋爱行为表现在：

（1）恋爱言谈要文雅，讲究语言美。交谈中要诚恳、坦率、自然，不能出言不逊，污言秽语，举止粗鲁，使对方的自尊心受损。

（2）恋爱行为要大方。要注意行为举止的检点，不要过早地做出过分亲昵的动作，使对方反感，影响感情的正常发展。

(3) 亲昵动作要高雅，避免粗俗化。高雅的亲昵动作发挥爱情的愉悦感和心理效应，而粗俗的亲昵动作往往会引起情感分离的消极心理效果，有损于爱情的纯洁与尊严，有损于大学生的形象，同时对旁人也是一种不良的心理刺激。

(4) 恋爱过程中要平等相待，相敬如宾。不要拿自身的优点与对方的不足进行比较，以此炫耀、抬高自己，戏弄、贬低对方。

(5) 善于控制感情，理智行事。恋爱中引起的性冲动，一方面要注意克制和调节，另一方面要注意转移和升华，参加各种文娱活动，多谈谈学习，把恋爱行为限制在社会规范内，不致越轨，要使爱情沿着健康的道路发展。

(三) 爱情可以激发生命潜能

一个成功的爱情，可以明确人生的价值和意义，可以使得个人有更大的创造力和生命潜能。一个处于爱情中的人，往往会变得更有活力，更加处于积极的情感体验和状态当中，每天都充满激情，从而更能激发个体的生命潜能，促进个人最大价值的实现。

小测试

你有恋爱的资格吗

恋爱本来无所谓资格的问题，可是如果一个尚未成熟的人开始恋爱，则对其一生的发展可能产生不利的影响。那么，人要成熟到什么程度，才能美满、幸福地恋爱呢？想想下面几个问题：

你在心理上能够完全离开父母而独立吗？

你有真正意义上的朋友吗？

对你的恋人，你能给 TA 什么？

如果恋爱受到挫折，你能做到不无理地憎恨对方、伤害自己吗？

第二站　人生若只如初见——恋爱心理

一、大学生恋爱的发展阶段

从懵懂到务实，从青涩到成熟，大学生的恋爱心理不是一成不变的，一般可以分为三个阶段。

第一阶段：懵懂期。这个阶段主要存在于高职中的大一。此时的男女同学以外貌、第一印象等起主要作用，对方的打扮、气质等不经意间让自己怦然心动，自己仿佛一下子被击中了，内心擦出爱的火花。所谓的一见钟情，往往存在于这一阶段中。第一印象不错，经过双方进一步的接触、了解、交往，好感会演变成爱情。

第二阶段：交往期。这个阶段主要存在于高职中的大二。经过对大学生活的适应，以及人际交往能力的提升，男女双方逐渐从好感演变为心有灵犀。双方会有强烈的依恋关系，进而演变成爱恋。

第三阶段：成熟期。这个阶段主要存在于高职中的高年级。随着成长和成熟，男女双方逐渐学会了全面地看问题，更加务实，更加理性，进而思考恋爱中双方的发展，为将来全面成为恋人打下基础。

二、大学生恋爱的特点

（一）自主性强

大学生在恋爱问题上，个性突出，重感情、易冲动，不受传统习俗的局限，在确定恋爱关系前，甚至在确定恋爱关系后，一般都不征求双方父母的意见。

（二）恋爱动机简单

许多大学生在恋爱中没有考虑到将来的结婚，不是清楚地、自觉地意识到应选择一个终身伴侣，他们恋爱，只是因为需要爱和被爱。

（三）自控力与耐挫力较弱

大学生一旦陷入热恋之中，往往不善于控制自己的情感，任感情随意放纵，缺乏理智的驾驭能力，对恋爱对象过分依赖，稍有波折就痛苦万分。一旦恋爱受挫，即会情绪失控，无法自拔，对学习造成严重影响。

（四）不成熟性与不稳定性

当前大学生的恋爱呈现低年级化，人数呈上升趋势。一年级就开始谈恋爱的已不是个别现象，有的学生甚至一进校就谈恋爱。由于这些低年级学生社会阅历浅，思想单纯，很多学生对于自己的人生目标和需要还没有一个很清楚的概念，造成在对待恋爱问题上简单、幼稚和不成熟。在择偶标准上，很多学生往往重外表、轻内在。在恋爱方式上，很多学生往往重形式、轻内容。在恋爱行为中，很多学生往往重过程、轻结果，重享乐、轻责任。这种恋爱问题上的不成熟性，加之他们在就学期间经济上尚未独立，恋爱过程中感情和思想易变，缺乏妥善处理恋爱中情感纠葛的能力，极易造成恋爱的周期性中断，或对恋爱对象的选择漂泊不定，恋爱的成功率很低。

（五）注重恋爱过程，轻视恋爱结果

恋爱向来被看作是为了寻觅生活伴侣，是婚姻的前奏。注重恋爱过程，有利于双方相互了解、加深认识，也有利于培养感情、增加心理相容度，同时也反映出大学生不愿落入世俗，着意追求爱的真谛。但是，只注重恋爱过程，强调爱的“现在进行时”，把恋爱与婚姻相分离，不考虑爱的“将来完成时”，未免失之偏颇。现在大学生中流传着一句顺口溜：“不求天长地久，只求曾经拥有。”一些大学生把恋爱当作一种感情体验，及时行乐，借以寻求刺激，满足精神享受。一些大学生是为了充实课余生活，解除寂寞，填补空虚，把恋爱当作一种消遣。只重恋爱过程，轻视恋爱结果，实质上是只强调爱的权利，而否认了爱的责任。

三、大学生恋爱的类型

大学生的恋爱方式各不相同，标准多种多样，动机丰富多彩。一般来说，可以将大学生恋爱分为下面几种类型：

（一）比翼双飞型

恋爱双方有成熟的人格和恋爱动机，能够以理性引导爱情，相互理解，相互支持，能正确处理和平衡恋爱与学习、性爱与情爱、感情与爱情的关系。双方有着共同的事业心和进取心，把爱情看作人生追求的一部分，善于把爱情化为学习的动力，把学习化为爱情长久的助推器，共同进步和成长。

（二）时尚攀比型

有些同学看别的同学、朋友谈起了恋爱，感觉自己掉队了，如果不谈，就显得自己太落伍了，为了不让自己太没面子，匆匆谈起恋爱。这类恋爱动机不纯，目的不明确，往往跟着感觉走，是一种不健康的恋爱心理。

（三）追求浪漫型

这类学生情感丰富，罗曼蒂克的爱情对他们有强烈的吸引力，对爱情浪漫色彩的追逐和窥探心理日益强烈，更喜欢花前月下的感觉，他们在接受爱情的时候，对爱情的缠绵有较深的体验，沉浸于二人世界。

（四）现实理智型

这类爱情相互依赖及仰慕的程度没那么高，他们有着明确的生活目标，尤其是高年级学生，恋爱时往往考虑双方的家庭条件及发展前途。这类恋爱是理智的、现实的，确定恋爱关系引起的争议也比较少。

（五）消遣娱乐型

这种类型的恋爱当事人往往精神上不太充实，同性朋友少，时常感到孤独和寂寞，为了弥补精神上的空虚，急于与异性交朋友，恋爱成了一种消遣娱乐、打发时间的工具。

（六）感官满足型

这种恋爱的主要目的是获得身体、感官上的满足，渴望与对方牵手、拥抱、耳鬓厮磨、朝夕相处，恨不能天天黏到一块。这种恋爱脱离了高级的恋爱观，是一种低层次的恋爱，长此以往，必将伤害彼此身心。

四、大学生恋爱的常见困扰

（一）是友谊还是爱情

1. 友谊与爱情的联系

如下图所示，按交往双方彼此吸引的过程，人际关系发展可以分为 A、B、C、D、E

五个阶段，从互不相识，到建立友谊，到最后发展到第五阶段的亲密关系。在人际交往中，每个人和其他人的关系会停留在不同的阶段，异性间的交往也同样如此。在第四阶段就是一般的异性间的友谊，但是如果到了第五阶段，彼此间的自我暴露会越来越多，分享的情感东西也会越来越深，如果是同性，就成为知己也就是知心朋友，如果是异性，在感情上又增加了性的需求、奉献与满足的心理，就成为爱情。

人际关系发展示意图

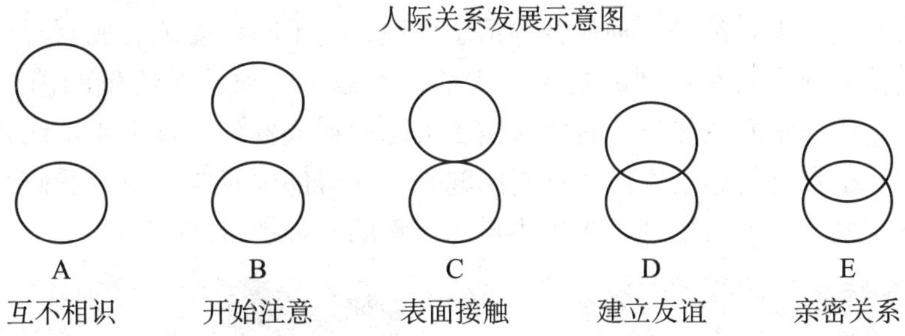

从上面的人际关系发展图我们看到，友谊是爱情的基础，爱情常常从友谊而来。而友谊和爱情之间又没有截然的界限，所以有时很难辨别异性间是友谊还是爱情。

2. *友谊与爱情的区别*

一般来讲，爱情的产生也有一个发展的阶段，先是好感，然后是喜欢，最后是爱情。好感和喜欢多停留在友谊的阶段，而爱情就是到了亲密关系的层次。

现实生活中确实有不少大学生把一般的友谊误解为爱情，常有同学讲："那个男同学为什么总是帮我们送报纸、送信?""为什么在一些活动中那个女生总是对我特别地关心?"大学生在异性相处中，一个眼神、一个动作，常被赋予很特别的意义，友谊和爱情的确有时很难严格划分。日本一名青年心理学家曾对异性间的友谊和爱情的异同做过区分，他认为在五个方面有不同：

（1）支柱不同：友谊的支柱是理解，爱情的支柱是感情。

（2）地位不同：友谊的地位是平等，爱情的地位是一体化。

（3）体系不同：友谊的系统是开放的，爱情的系统是关闭的。

（4）基础不同：友谊的基础是信赖，爱情则纠缠着不安和期待。

（5）心境不同：友谊充满"充足感"，爱情则充满"欠缺感"。

（二）暗恋与爱情错觉

暗恋与爱情错觉是大学生恋爱方面常见的心理挫折。

暗恋指的是两性关系中，一方倾心于另一方，却得不到对方回应的单方面的爱情。例如，有一个男同学在一次活动中认识了一个女孩，爱上了对方，却不知道她的名字、班级等，每天都只能在打水的路上等着她的出现，一年来都是如此，非常痛苦，不知如何是好。

爱情错觉是错误地以为某个异性爱上自己，往往受对方言谈举止和自身的各种主观体验的影响。产生爱情错觉的人，大多数是因为自己爱上对方，于是总想着对方能爱上自己，在这种心理支配下，常常把对方的言谈举止纳入自己主观需要的轨道上来了解，对他人的感情产生误判，也就是常说的自作多情。例如，有许多男同学把性格开朗、面容姣好的女生的一言一行都当作爱自己的表现而想入非非，有的男女同学把好感和友谊当成爱情。

（三）失恋

爱情的道路并非总是一马平川，很多人都经历过失恋。恋爱是一对男女为寻求和建立爱情而相互了解和选择的过程，一旦双方或者某一方出于这样或那样的原因，不愿再保持彼此的恋爱关系，就将意味着双方恋爱的终止。恋爱的一方失去另一方的爱情，就是通常所说的失恋。

对任何人来说，失恋都是一种痛苦的情感体验，会不同程度地造成剧烈、深刻的心理创伤，有时会使人处于极其强烈的自卑、忧郁、焦虑、悲愤甚至绝望的消极情绪状态之中，甚至失去生活的信心或勇气。有的人由于失恋而形成各种心理障碍，或者从此怀疑和不信任任何人，把自己的感情之门永远封闭起来，变得郁郁寡欢，或者看破红尘、自暴自弃，自此消沉下去。失恋可以说是人生中最为严重的心理挫折之一。

安然成长小插曲　**安然的烦恼**

自从上次和蔚蓝在图书馆邂逅，两个人经常一同到图书馆学习，在生活上相互帮助，不管遇到什么困难，安然总是在第一时间提供支持。在上次的心理剧烈争斗后，安然觉得自己和蔚蓝的关系已经超过了之前的同学和好朋友的关系，发现自己不光是对她好感加倍，而且可能爱上她了。安然又有了新的苦恼，自己生性腼腆，真不知道如何表达对她的这份感情。

第三站　拨弄爱的琴弦——爱与被爱能力的培养

高职学生所处的年龄阶段（18 至 25 岁）正好是成人早期，在新精神分析学派的代表人物埃里克森看来，这一阶段的主要任务是获得亲密感而避免孤独感。亲密感是人与人之间的亲密关系，包括友谊和爱情，爱情对于处于成年早期的高职学生来说，是不可逃避的一个重要命题。要拨弄爱的琴弦，培养爱与被爱的能力至关重要。

爱的能力是指和他人建立亲密关系的能力，它对人的一生发展有着重要的意义。具备了爱的能力会引导一个人去真正地爱他人，也真正地爱自己，能真正体验到爱给人带来的快乐和幸福。恋爱的过程也是培养爱与被爱的能力的过程。

在心理学家弗洛姆看来，“爱是人的一种主动的能力，一个突破把人和其他同伴分离之围墙的能力，一种使人和他人相联合的能力；爱使人克服了孤独和分离的感觉，但他允许他成为他自己，允许他保持他的完整性”。

爱与被爱的能力实际上是一种综合的素质，表现为在爱的过程中许多方面的能力。

一、学会感受爱

（一）学会爱自己和他人

有一段话说：“如果你爱自己，你就会像爱自己那样爱其他的每个人。只要你对其他人的爱不及对自己的爱，你就不会真正地爱你自己，但是如果你同样地爱所有的人，包括爱你自己，你就会爱他们像爱一个人，这个人既是上帝又是人类，这样的人就是一个爱自己，同样也爱其他所有人的伟大而正义的人。”爱是一种责任，这种责任的前提是要学会爱自己，对自己要有正确的认知，要学会珍惜感情并对自己的行为负责。在爱自己的同时，也要学会爱他人，尊重你爱的人，帮助对方积极发展自我，相互激励，共同创造美好的未来。

（二）学会鉴别爱

大学生由于社会经历和生活经验的缘故，加上青春期的躁动，对友情、爱情等往往不能清晰地辨别，容易受到心境和冲动影响，导致误判。学会辨识爱，是迎接爱的第一步。首先，好感不是爱情。好感是一种知觉性的，因而是比较浅表的感情。尽管爱情有时也是知觉的，例如一见钟情，但它如闪电般直击心灵。好感可能发展为爱情，但也不一定会发展成爱情。其次，感情冲动不是爱情。感情的冲动常常是暂时的、脆弱的，往往使人头脑发昏、忘乎所以，甚至做出不久便后悔的愚蠢举动。

（三）学会迎接爱

当有一份爱情向你走来时，要能及时、准确地看到她。如果你也想得到这份真挚的爱情，就要及时回应和迎接这份爱。假如你缺乏这种迎接爱的能力，或许你会错过人生当中最绚烂的爱情之花。在爱情的发展过程中，双方要有意识地培养自己的人格魅力，要不断地丰富自己，增强相互的吸引力，用独立的自我来勇敢地迎接爱的到来。

（四）学会表达爱

当你爱上一个人时，能否用恰当的方式和语言向对方表达出来呢？表达爱需要勇气，需要信心。表达爱是在表明爱一个人也是幸福，即使可能得不到回报。让对方知道被一个人爱着，这是一种很崇高的境界。一个人心中有了爱，在理智分析之后，敢于表达，善于表达，是一种爱的能力。

链接阅读

郑微没有真正经历过爱情，她不知道别人的爱情是怎么样的，她只有凭着自己的直觉，

倾尽所能地去靠近她爱的那个男孩，虽然她的方式让人看上去那么啼笑皆非。然而他的冷淡就是一道南墙，她撞了好多次，头破了，就戴上盔甲，这不，墙基动摇了，她也疼得忘记了。

认识的人都把她跟陈孝正的事视为经典，黎维娟说她简直就是丢女孩子的脸，放着好好的人不爱，找个啃不下来的自讨苦吃。何绿芽和卓美连惊讶都还来不及，朱小北干脆将她奉为偶像，只有阮阮问她：累吗？她笑着点头，再摇头。郑微攻略的第四步，不就是任他恼我、气我、躲我、烦我，我自缠他、追他、黏他、不放过他吗？求仁得仁，又有什么苦？何况，少年人的爱恋，也许爱情方式是错的，然而爱情的直觉永远是对的。

课堂思考

郑微向陈孝正表达她的爱的过程，你对此有什么想法和思考？

在恋爱过程中，男女双方的相互施爱是爱情发展的推动力。爱情的表达方式多种多样，既有忠贞不渝的海誓山盟，也有花前月下的浪漫情怀，还有敏于行而讷于言的默默关心……无论采用何种方式，都要遵循以下原则：一是要真诚善良，是发自内心的真实情感，而不是做给谁看；二是了解并满足对方需求，不同个性、不同成长经历的人，对爱的需求也不同，表达爱的前提是首先要深入细致地了解对方，站在对方的角度，以对方能接受的方式去表达，而不能自以为是；三是言谈举止文明大方，得体有度。

二、学会拒绝

有爱的能力的人不是对爱来者不拒，或者将认为不是自己的爱就简单地拒之千里。当然也有不少大学生当别人向自己示爱时有些优柔寡断，又怕伤害对方，又怕对方误会。拒绝时要注意以下几点：

（一）尊重他人

拒绝爱，首先表现为对他人的尊重，要感谢对方对自己的欣赏和感情。

（二）要态度明确，表达清楚

要态度明确地向对方说清楚和对方只能是什么样的关系，同学或者一般朋友，抑或什么都不是。

（三）行动与语言要一致

可能有些同学怕对方受伤害，虽然语言上拒绝了对方，但是行动上还是与对方有较亲密的接触，如单独去看电影、吃饭等，使对方容易产生误解，认为还有机会，还纠缠在与自己的情感中。

课堂练习

请模拟一个情景，学会拒绝爱。

三、坦然面对失恋

失恋可以说是人生中一个很大的挫折，考验的是人的耐受挫折的能力。失恋使人产生痛苦的感觉是很自然的事，每个人都会有，只是程度有差别。失去爱会使人感到一种重要关系的丧失、一种身份的丧失，需要一定的时间去面对和适应。但同时，失恋也可以促进人自我反思，促进成长。

（一）失恋只是一种选择的结果

一个人没选择自己不等于自我就全面地失败、一无是处。每个人在爱的关系中，心理需要不同，看重的关键点也不同。每个人都有可爱的一面，只是每个人欣赏的角度不同。

（二）在失恋中学习成长

把失恋作为一种人生的财富。失恋给人带来的强烈的内心冲击是其他事件所不能代替的，这个过程中所体会到的情感、挣扎与痛苦，实为一笔人生财富，使人有了更多的人生体验，人会在失恋中变得更加成熟。

哲学家培根说过，一切真正伟大的人物，没有一个因爱情而发狂，因为伟大的事业抑制了这种软弱的情感。古往今来，许多伟人在爱情遭受挫折以后，并没有被失恋的痛苦所压倒，而是化痛苦为动力，终于在事业上取得了非凡的成就。歌德失恋后没有陷入深深的痛苦之中，而是把自己破灭的爱情作为创作的素材，写成了《少年维特之烦恼》一书，以此成为他事业成功的起点。年轻的居里夫人因失恋而有过向尘世告别的念头，但她很快就从失恋的痛苦中崛起，投身于科学事业之中，她在四年的大学生活里，把全部的精力都用在学习上，最后以优异的成绩获得两个学衔——物理学硕士和数学硕士。罗曼·罗兰也曾饱尝被心上人抛弃的痛苦，情场受挫后，他置一切于度外，集中精力奋发创作，经过十年构思、十年写作，完成了轰动世界文坛的名著——《约翰·克利斯朵夫》。

（三）失恋给人再恋爱的机会

一次失恋不等于整个爱情生命的结束，人还会再恋爱，再体验美好的爱情，只要用心去体验、去建设、去学习、去感受。爱情不是人生的全部，失恋不等于失去一切，为失恋轻生，没有价值，是对家庭、父母、亲友和社会不负责任的愚蠢行为。失恋不等于失去人生的价值和意义，不能因此而意志消沉，要自我调节，化痛苦为动力。

课堂练习

失恋也有积极的意义，请列举失恋后的十大好处，如："因为我失恋了，所以我获得了……"

趣味阅读

苏格拉底与失恋者的对话

苏（苏格拉底）：孩子，你为什么悲伤？

失（失恋者）：我失恋了。

苏：哦，这很正常。如果失恋了没有悲伤，恋爱大概就没有什么味道。可是，年轻人，我怎么发现你对失恋的投入甚至比对恋爱的投入还要倾心呢？

失：到手的葡萄给丢了，这份遗憾，这份失落，您非个中人，怎知其中的酸楚啊？

苏：丢了就是丢了，何不继续向前走去，鲜美的葡萄还有很多。

失：我要等待，等到海枯石烂，直到她回心转意向我走来。

苏：但这一天也许永远不会到来。你最后会眼睁睁地看着她和另一个人走了去的。

失：那我就用自杀来表示我的诚心。

苏：但如果这样，你不但失去了你的恋人，同时还失去了你自己，你会蒙受双倍的损失。

失：踩上她一脚如何？我得不到的，别人也别想得到。

苏：可这只能使你离她更远，而你本来是想与她更接近的。

失：您说我该怎么办？我可真的很爱她。

苏：真的很爱？

失：是的。

苏：那你当然希望你所爱的人幸福？

失：那是自然。

苏：如果她认为离开你是一种幸福呢？

失：不会的！那怎么可能？她曾经跟我说，只有跟我在一起的时候她才感到幸福！

苏：那是曾经，是过去，可她现在并不这么认为。

失：这就是说，她一直在骗我？

苏：不，她一直对你很忠诚。当她爱你的时候，她和你在一起，现在她不爱你，她就离去了，世界上再没有比这更大的忠诚。如果她不再爱你，却还装得对你很有情谊，甚至跟你结婚、生子，那才是真正的欺骗呢。

失：可我为她所投入的感情不是白白浪费了吗？谁来补偿我？

苏：不，你的感情从来没有浪费，根本不存在补偿的问题，因为在你付出感情的同时，她也对你付出了感情，在你给她快乐的时候，她也给了你快乐。

失：可是，她现在不爱我了，我却还苦苦地爱着她，这多不公平啊！

苏：的确不公平，我是说你对所爱的那个人不公平。本来，爱她是你的权利，但爱不爱你则是她的权利，而你却想在自己行使权利的时候剥夺别人行使权利的自由。这是何等的不公平！

失：可是您看得明明白白，现在痛苦的是我而不是她，是我在为她痛苦。

苏：为她而痛苦？她的日子可能过得很好，不如说是你为自己而痛苦吧。明明是为自己，却还打着别人的旗号。年轻人，德行可不能丢哟。

失：依您的说法，这一切倒成了我的错？

苏：是的，从一开始你就犯了错。如果你能给她带来幸福，她是不会从你的生活中离开的，要知道，没有人会逃避幸福。

失：可她连机会都不给我，您说可恶不可恶？

苏：当然可恶。好在你现在已经摆脱了这个可恶的人，你应该感到高兴，孩子。

失：高兴？怎么可能呢，不管怎么说，我是被人给抛弃了，这总是叫人感到自卑的。

苏：不，年轻人的身上只能有自豪，不可自卑。要记住，被抛弃的并不是就是不好的。

失：此话怎讲？

苏：有一次，我看中一套高贵的衣服，可谓爱不释手。卖衣者问我要不要，你猜我怎么说，我说："质地太差，不要！"其实，我口袋里没有钱。年轻人，也许你就是那件被遗弃的衣服。

失：您真会安慰人，可惜您还是不能把我从失恋的痛苦中引出。

苏：是的，我很遗憾自己没有这个能力。但是我可以向你推荐一位有能力的朋友。

失：谁？

苏：时间。时间是人最伟大的导师。我见过无数被失恋折磨得死去活来的人，是时间帮助他们抚平了心灵的创伤，并重新为他们选择了梦中情人，最后他们都享受到了本该属于自己的那份人间之乐。

失：但愿我也有这一天，可我的第一步该从哪里做起呢？

苏：去感谢那个抛弃你的人，为她祝福。

失：为什么？

苏：因为她给了你一份忠诚，给了你寻找幸福的新的机会。

资料来源：http：//www. docin. com/p-298888. html.

四、学会经营与维护爱

保持爱情长久的能力，需要多种能力的综合。爱需要两个人真正地关心对方，走进对方的内心世界，以对方的快乐为自己的快乐。要保持爱情的常新，需要智慧、耐力、持之以恒及付出心血，同时又有自己的个性，有自己的追求与发展。学习新的东西，善于交流，欣赏对方，是爱的重要源泉。

有爱的能力的人，是独立的人，有自己独立的价值观，有自己的生活空间。有爱的能力的人也不排斥对方，又是尊重他人、关心他人的人，他会尊重对方的选择，尊重对方的个人隐私，尊重对方的发展。

保持爱情的长久，也同时要学习处理恋爱与学业、与其他人际交往的关系等，将爱情作为发展的动力。爱需要学习和培养，每个人都有爱的能力。

首先，爱需要宽容。爱是对对方最深刻的理解和宽容，爱的本质是给予，是相互的给予，而不是把对方改造成完人。在恋爱的过程中，不要试图改变对方，要学着接纳对方，可能你正是爱的她与众不同的一点，若她改变了，变成另外一个你，对你也就失去了吸引力和爱的魅力。在爱情的发展过程中，双方要保持自己独特的个性，不能让自己消融在对方的影子里，但同时又要保持与对方相处和谐，两情相悦，要学会接纳对方，学会接纳自己爱的人，要相信互补为美。电影《我的野蛮女友》就展示了一个不一样的恋人。

其次，爱需要博大。在恋爱过程中，可能每一个人都希望成为恋人心中的唯一，成为恋人的主宰。殊不知，人的感情世界除了爱情，还要有亲情和友情，因此，不要问类似"我和你妈妈同时掉到水里，你先救谁"的问题，这是不能放在一起比的感情。如果你的恋人为了你而忽视他的父母，这种爱也不会长久，只有当爱情、友情、亲情交互相通，成为大爱，这种爱情才会持久。

最后，爱需要磨合。恋爱的过程，即是一个不断磨合的过程，双方由于价值观、个性等差异不可避免地会出现不协调和不一致。《男人来自火星 女人来自金星》一书里，充分展示了这些不同。因此，要学会积极地沟通，用建设性的方法来沟通。一旦发生争吵，要掌握几个原则和艺术：一是不要留积怨，二是不要算旧账，三是不要让双方的家人、朋友卷入其中，四是不要动手。要积极地化吵架为一种沟通的有效方式，不要伤害彼此感情，影响恋爱关系。

趣味阅读

刘墉：写给儿子的恋爱须知

儿子：

现在就把这个文件下达给你是否早了，我很犹豫，可是又怕迟了，因为你已经18岁。

也许我是多事，可是不干涉你一下终究不甘心。尤其你的恋爱素质不够好：你脑子不笨，人颇讨喜，善交际，会说话，不固执。你又正好赶上了这个男女交往障碍不多的年代，我真担心你年少轻狂早早地就败了胃口。不是我危言耸听，这一"恋爱须知"的宗旨，就是给你设障碍。这对至情至深的人来说是多余的，对于你，我却要试当一次愚蠢的教育家，希望能对你有所规范。

一、每一个令你真正动心的女孩，必有一点其他女孩不再会使你感觉到的极美之处，这一极美之处会在一个阶段里不由分说地主宰你，令你全身心地感动。所以它应该是你终身的神祇，即便分手也不可以亵渎它，否则就是亵渎了你自己的感情。如果你仅仅是对某个女孩感兴趣，却没有那种原子裂变似的反应，你不可去招惹人家。你可以等待，等待时间和机遇为你揭示这种兴趣的源头，爱与发现是紧紧相连的。

二、恋爱中无经验可言，无技巧可言。通向不同对象的路径一定不同，你须潜心体验、小心分辨，才能找到那条特殊的路径。经验与技巧则会使你变得粗糙，它们只会越来越小心分辨才能找到那条特殊的路，它们只会越来越快地带你走至那世俗过程的尽头，而你的所求是那极美之处，是更为精致与奢侈的爱的享受。

三、经验和技巧还会使你有游戏感。游戏偶一为之，只要不自欺欺人，并确认双方都懂得游戏规则当然不是不可以。但是你须当心，感情游戏的花样是很有限的，一旦重复，自己无趣，且成为他人的笑柄，那真是偷鸡不成蚀把米了。更何况感情失贞的次数多了，喜怒哀乐不能保鲜，终究也都会走了味。

四、不要以为男人能追上女人、女人能迷住男人是什么了不起的事，这是这个世界上最容易成就的业绩，因为男女之间相互被吸引是人的本能。恋爱的成功只对自己有意义，对他人没有意义。把女孩当资本来炫耀，或当作趋附时尚的填充，都是一种商业行为。

五、敬重有年轮的感情，敬重有了沧桑、有了倦意、看似松弛而平淡的亲情。你慢慢会懂得它们的好处，并且慢慢会明白它们的厉害。如果你的爱，伤及女孩与她周围亲人的关系，你不可接受，更不可要求她的牺牲。新鲜感情所取得的胜利从来都是暂时的——因为新的里面本来就没有多少“时”。

六、有能力爱的人也不需要抢夺他人已经占领的地盘，争夺的也无非是你所爱之人身上那些世俗性的好处，你让掉就是。

七、语言在真情的压迫下是没有表现能力的。甜言蜜语说得越顺嘴，越有才气，就越不可信任，但是人们往往迷恋语言带来的快感。你要慎用语言，有“涩”的感觉才是最高境界。

资料来源：http：//mt. sohu. com/20150723/n417367901. shtml.

对于大学生而言，为了使自己的爱情之花长盛不衰，必须学会懂得经营爱情，及时更新爱情，塑造完美爱情。当我们播下爱情的种子，并精心培育这颗种子的时候，只有学会建立正确的恋爱观，给爱情以充分的空间，一点点地维护它长大，才能收获爱情甜蜜的果实，找到属于自己的真挚爱情。

安然成长小插曲　**安然的思考**

本来，安然已经鼓足了勇气，准备向蔚蓝表白，无论结果如何，他都能接受。蔚蓝告诉他，自己最近在看电视剧《爱情公寓》，好喜欢里面的主人公——子乔、美嘉、小贤、一菲。电影《山楂树之恋》也很好看，老三和静秋的爱情好酸涩和纯真。安然也常在想，蔚蓝这是在向他暗示什么吗？

学完本站内容后，安然陷入深深的思考：一方面，安然还是想着积极主动，想要寻找他和蔚蓝甜蜜的爱情，两人的关系可以更进一步，可以执子之手、与子偕老，共同开拓两人的甜蜜生活；另一方面，安然也觉得恋爱这个事情还是要有一定的基础才行，自己现在各方面条件还不成熟，爱也需要理性对待才可以，还是要好好学习为上，等有了条件，才能谈一次经得起永恒检验的恋爱，才能将爱情进行到底……

成长训练营

一、故事结局设想①

（一）活动目的

帮助学生了解恋爱中的影响因素，例如：个人因素，如个性、爱好、异性交往能力等；外在因素，如学习成绩、经济条件、家庭背景、学历等。正确认识这些因素，将有助于学生更好地处理恋爱中的问题。

（二）活动时间

30 分钟左右

---

①　蔺桂瑞、杨正英：《大学生心理健康与人生发展——成长，从关爱心灵开始》，208 页，北京，高等教育出版社，2010。

（三）活动过程

1. 暖身与分组

将学生分为5至10个小组。

2. 教师引入

每个人对恋爱和生活都有自己的看法，教师先讲述下面一个故事作为引子（故事引子），然后学生可以根据自己的想法来对故事的发展和结局进行设想。

3. 编写故事

给每位学生发放纸和笔，让学生将想到的故事结局写下来。

4. 小组分享

写完之后，在小组内分享自己的故事结局，并说明为什么会有这样的结局。

5. 组内讨论

引导学生在组内讨论导致这个结局的关键因素是什么。将小组内想到的结局进行分类，并写出相应的因素。

6. 大组统整

每个组选一个人来分享小组讨论的结果。

故事引子：

安然从西部小城考入这所高职院校，刚开始觉得事事都很新鲜，但经过一段时间后，感到周围好多同学懂得东西自己都不懂，跟别人有点格格不入，于是感到孤单、寂寞，他慢慢地不爱说话了。这时候正好遇到了中学同班同学蔚蓝，安然觉得蔚蓝活泼、可爱，对她有好感，蔚蓝觉得安然深沉、内敛，于是两人渐渐地谈起了恋爱……

注意事项：

在学生讨论中，教师要保持中立，鼓励学生发表真实的想法。

二、爱的舞蹈

（一）活动目的

拉近彼此距离，体验建立信任的过程，感受默契的重要性。

（二）活动材料

音乐、眼套。

（三）活动步骤

同学间两两自由组合，男女搭配。第一次，男同学戴上眼罩，女同学用自己的手拉着同伴的手，跟着音乐节奏，引领闭眼的同学跳舞，可以转圈、前进、交换脚步等，看看彼此配合的默契度。第二次，女同学戴上眼罩，男同学引领，再看看彼此配合的默契度。

思考：双方是否信任对方？能否跟上音乐节奏？这个过程中两人是否有心理变化？最

后大家围成大圆圈，相互对在场的其他人说“我爱你，谢谢你”。

三、爱要如何说出口

（一）活动目的

了解爱的表达方式。

（二）活动准备

了解常用的爱的表达方式。

（三）活动步骤

男女两两一组，分别扮演 A、B 角色，两人的关系为 A 喜欢 B，想一想 A 该如何向 B 表达自己的爱，B 又希望对方如何表达，两人相互交流并说出，看表达方式是否一致，想一想哪种情况更恰当，更容易取得成功。

成长体验与感悟

爱是一个人的必修课，正确、积极的爱情可以使人成长，可以使得一个人为了自己所爱的人让自己变得更优秀，这样才能够担当起爱情的责任。在漫漫人生之路上，拥有健康的爱情观对于我们的成长至关重要。

经过本成长驿站的学习，相信大家对如何经营自己的爱情会有更加深刻的认识和体会，那么就请大家在此分享自己成长的体验和感悟吧：

成长加油站

一、知识拓展

（一）爱情生化课堂

让你感受恋爱幸福的爱情荷尔蒙

引导语：你是否经常听说“爱情升温”呢？想知道是什么让恋人之间产生这如梦如幻的爱的感觉吗？爱情激素学说告诉你答案。

1. “来电”激素——苯基乙胺（PEA）

你们是一见钟情还是日久生情呢？无论是哪一种，让你们对彼此产生爱慕感觉的“丘比特之箭”就是 PEA。苯基乙胺是脑内产生的具有抗抑郁作用的激素之一，使人感觉精力充沛、信心满满，同时也会让人变得“一根筋”。这就是为什么恋爱中的男女根本不会听从别人的建议，坚持认为对方就是自己的终身伴侣。食物中含 PEA 较高的当属巧克力，情人节的一大盒巧克力能让人感到甜蜜至极。

2. “心跳”激素——去甲肾上腺素（NE）

恋爱的时候有没有脸红、心跳？尤其是美好的初恋，连碰一碰手指都会觉得过电一般，这就是 NE 的功劳。NE 在人体中是十分重要的肾上腺髓质激素，有很强大的收缩血管的作用，所以会有血压升高、心率加快的情况出现，这也就是我们所说的“怦然心动”的感觉。

3. “幸福”激素——多巴胺

多巴胺是中枢神经递质，它能够把幸福感、满足感、安全感传递到身体的每一个角落。从作用来看，多巴胺不仅有扩张血管、加强心肌收缩力的作用，还是去甲肾上腺素的前体，也就是说去甲肾上腺素的合成离不开多巴胺做原料。有研究发现，热恋中的男女即便只是看到对方的照片，大脑中也会产生更多的多巴胺，让其幸福感飙升。

4. “持久快乐”激素——内啡肽

浓烈、热情的热恋期一过，我们会期待一种更安逸、更温暖、更平实长久的爱情体验，也就是进入了感情的稳定期，这时候是什么让我们感受到延绵持久的爱情温度的呢？它就是内啡肽。内啡肽的效果很像吗啡，在让人有镇静感的同时感受到愉悦感（千万不要因此尝试毒品，后果是很严重的），这种温馨的感觉同样会让人上瘾，以至于产生结婚的念头。也有研究者猜测，婚姻能否幸福持久，主要是看内啡肽分泌得是否足够多，足够久。

5. “忠诚”激素——脑垂体后叶加压素

动物实验发现，注射了脑垂体后叶加压素的雄性大鼠对交配过的雌性的兴趣远高于对其他雌性大鼠的兴趣。如果这样的生化效应映照在情侣身上，我们对情侣的忠诚也就不难解释了。脑垂体后叶加压素同样能让我们体验到爱的感觉，甚至让另一半的某些特质成为吸引我们的绝对因素，这也是“情人眼里出西施”的原因。

遗憾的是，任何一种激素都不能持续地维持在很高的水平，也许有一天我们会感到烦腻，但如果善于经营爱情，让对彼此的依赖成为一种习惯，爱也就能更持久、更温馨。主流社会的浮躁很大程度上让我们曲解了爱的含义，请相信，真正的爱永远是最朴实、最纯净的；请相信，只有真爱才能让我们感受到真正的幸福。

资料来源：http：//wenku. baidu. com/view/8ae083087cd184254b3535fb. html? from＝search＃＃＃.

（二）影响爱情的心理学定律

1. 马赫带现象

马赫带现象是一种视觉现象，是指人们在明暗变化的边界，常常在亮区看到一条更亮的光带，而在暗区看到一条更暗的线条。马赫带现象不是因为刺激能量的分布，而是神经网络对视觉信息进行加工的结果。同样，当人们量化爱情的时候，也会不自觉地对爱情信息进行主观上的加工。

在有对比的情况下，优点可能会被无限放大，缺点也能被无限放大；而在没有对比的情况下，优点可能会被忽视，缺点也可能会被忽视。对爱情、对一个人的考察因此而偏差很大。

马赫带现象对爱情的指导意义：于进攻方——找一个“对比点”，充分展示自己的优点，同时避免关于自己缺点的任何对比；于防守方——客观地评价一个人、一件事，不要盲目地进行对比。

2. 鸡尾酒会效应

所谓鸡尾酒会效应，就是指大脑对外界刺激的一种筛选功能：跟自己有关的，会迅速反应；跟自己无关的，不会让其进入大脑。就好像是在鸡尾酒会上，在很嘈杂的环境中，别人谈什么自己都不会去在意，但当别人喊自己的时候，自己会马上做出反应。

鸡尾酒会效应对爱情的指导意义：事不关己，高高挂起，但一旦跟自己有关，马上就敏感起来，这对客观地分析爱情是不利的。爱情中，应客观分析过程，对事关自己的东西不要过分敏感进而做出错误判断。

3. 梭哈定律

梭哈是纸牌游戏的一种。所谓梭哈，就是根据手中现有的牌和未知的牌来决定下注额，是跟还是加，是放弃还是清底，考验的不仅仅是一个人的判断力，更是一个人的心理素质，斗的是魄力，更是胆识。

梭哈定律对爱情的指导意义：其实恋爱就如玩牌，有已知的一些东西，有未知的一些东西，在底牌未掀开之前，我们有权决定是跟还是加，是放弃还是清底。在一切未知的时候，不要因为胆怯而放弃，应该综合考虑，成败皆有可能。

4. 水桶定律

水桶定律是一条经济学的定律。一只水桶能装多少水，这完全取决于它最短的那块木板。这是任何一个组织可能面临的一个共同问题，即构成组织的各个部分往往是优劣不齐的，而劣势部分往往决定整个组织的水平。

水桶定律对爱情的指导意义：恋爱时，一个人的缺点往往是影响爱情成败的关键，劣势部分往往决定全局，因此要妥善隐藏自己的缺点，这是爱情中一个永远不可能变的技巧。当然，对于被追的一方而言，要善于发现对方的缺点，不要只看表面现象。

5. 三角公理

在几何学中，三角形是最稳定的图形，那么在爱情中，三角关系是不是最稳定的关系呢？所谓三角公理，并不是说三角关系是最稳定的关系。三角公理的意义是说，从一个长期稳定的三角关系中走出来的爱情是极不稳定的，是暗藏隐患的。

三角公理对爱情的指导意义：不要介入三角关系，更不要幻想深陷三角关系中能走出来的爱情最完美。

6. 马太效应

《圣经·新约·马太福音》中有这样一个故事：一个国王远行前，交给 3 个仆人每人一锭银子，吩咐道：“你们去做生意，等我回来时，再来见我。”国王回来时，第一个仆人报告说：“主人，你交给我的一锭银子，我已赚了 10 锭。”于是，国王奖励他 10 座城邑。第二个仆人报告说：“主人，你交给我的一锭银子，我已赚了 5 锭。”于是，国王奖励他 5 座城邑。第三个仆人报告说：“主人，你交给我的 1 锭银子，我一直包在手帕里，怕丢失，一直没有拿出来。”于是，国王命令将第三个仆人的1锭银子赏给第一个仆人，说：“凡是少的，就连他所有的，也要夺过来。凡是多的，还要给他，叫他多多益善。”这就是马太效应，反映了当今社会中存在的一个普遍现象，即赢家通吃。

马太效应对爱情的指导意义：美女通常心态好、性格好，而丑女多半心理不平衡，就是因为没有走出马太效应的禁锢。不管先天条件如何，平和的心态是最重要的，积累自己的优势才能取得成功，而不是一味地怨天尤人。

7. 罗密欧与朱丽叶定律

罗密欧与朱丽叶定律是指当爱情面临外界的考验时，外界的阻挠反而会加深两人的感情。

罗密欧与朱丽叶定律对爱情的指导意义：如果两个人要加深感情，就要多经历一些挫折，平平淡淡绝对难抵七年之痒。如果父母要干预儿女的感情，不要逆势阻挠，那样反而会加深两人的感情，应当顺势引导，实施迂回策略。

8. 麦穗原理

有一天，柏拉图问老师苏格拉底：“什么是爱情?”老师就让他先到麦田里去，摘一棵全麦田里最大、最金黄的麦穗来，其间只能摘一次，并且只可向前走，不能回头。柏拉图于是按照老师说的去做了。结果他两手空空地走出了田地。老师问他为什么没有摘到，他说：“因为只能摘一次，又不能走回头路，其间即使见到最大、最金黄的，因为不知道前面是否有更好的，所以没有摘；走到前面时，又发觉总是不及之前见到的好，原来最大、最金黄的麦穗早已错过了，于是我什么也没摘。”老师说：“这就是爱情。因为对爱情的要求过于完美，在行走的过程中，对未来不可预知，对过去不能回首，所以始终也难以完美。”这就是麦穗原理。

麦穗原理对爱情的指导意义：对爱情有完美的憧憬是很好的，但在现实生活当中，要客观地分析现实，把自己头脑中的想象具体到现实中来。也就是说：要清楚什么是自己想要的，没有达成目标时，不要苟且，不要降低条件。

二、图书和电影推荐

(一) 图书推荐

1.《男人来自火星 女人来自金星2：恋爱篇》

无论男人还是女人，对恋爱都充满困惑。林林总总的问题反映出两个事实：其一，人们都想让自己的情感生活充满柔情蜜意；其二，男女之间存在着一道鸿沟，他们不断相互猜测却无法真正了解对方。他们倾尽全力想要得到那种梦寐以求的恋爱关系，却时常会感到束手无策。人们只有认识了男女对待恋爱的方式存在差异后，才能明白一切疑问与猜测都是正常现象，没什么大不了的；相反，如果不了解两性间的差异，那么误会在所难免，纠纷仍将继续。

2.《每天懂一点恋爱心理学》

懂得心理学，强力提升恋爱运！这是给想谈恋爱、正在谈恋爱，甚至失恋的人看的心理学。本书和您分享的内容有：恋爱的多发时机和多发地、男性和女性在不经意间会喜欢上的异性类型、拉近彼此距离的约会技巧和约会秘籍、让恋爱升华的恋爱原理、保持夫妻和恋人关系稳定的心理学、出轨的心理原因以及戳穿谎言的方法……为您全程揭秘男女之间奇妙的关系以及复杂有趣的心理，教您更好地谈恋爱，让恋爱之路更顺畅。

（二）电影推荐

1.《那些年，我们一起追的女孩》

青春没有失败，那些年的追忆，如今想来都是诗情画意。九把刀原著、编剧并导演的《那些年，我们一起追的女孩》，是一部跨年的话题电影，身为网络写手的九把刀借电影打造时光机，完成了他写给青春、写给已为人妇的沈佳宜的一封情书。影片映照出我们每个人熟悉的自己的影像，进而迸发出观众对青春的集体感怀。

2.《我的少女时代》

如果说，《那些年，我们一起追的女孩》是一部男性视角的少年把妹故事，那么《我的少女时代》就是典型的女性视角暗恋故事。也许并不是所有女孩都曾是被众多男生追求的沈佳宜，但一定有无数女孩在少女时代曾经历过暗恋一个人的患得患失。青春的故事，总不会朝着自以为是的方向发展，而青春的变数也是这段记忆里最惊心动魄也最有趣难忘的段落。林真心和徐太宇这对青春故事里的平凡暗恋者也能像很多人一样，最终迎来属于自己的幸福与青春里最甜蜜的回忆。

3.《泰坦尼克号》

多年以后，人们回忆第一次看《泰坦尼克号》的时候，脑子里能想起来的，只有爱情。多年以后，爱情这个选项在社会里似乎已经变得越来越遥不可及，人们获得一次机会，重温《泰坦尼克号》，重温爱情。

4.《山楂树之恋》

20 世纪 70 年代初，响应毛主席号召，知识青年上山下乡。老师带着教育革命实践小组来到西坪村采风编教材。高中生静秋被安排在老村长家，村长媳妇介绍情况时，提到了一个名叫老三的小伙子。他是地质勘探队成员，平日作业，很少回家。静秋对老三很好奇，终于两人相见，以山楂树为话题，袒露心扉，互有好感……

三、心理自测

（一）鲁宾爱情量表

请针对自己的实际情况对下列陈述做出判断，符合记1分，不符合记0分。

1. 他（她）情绪低落的时候，我觉得很重要的职责就是使他（她）快乐起来。
2. 在所有的事件上我都可以信赖他（她）。
3. 我觉得要忽略他（她）的过失是一件很容易的事。
4. 我愿意为他（她）做所有的事情。
5. 对他（她），有一点占有欲。
6. 若不能跟他（她）在一起，我觉得非常不幸。
7. 假使我很孤寂，首先想到的就是要去找他（她）。
8. 他（她）幸福与否是我很关心的事。
9. 不管他（她）做什么，我都愿意宽恕。
10. 我觉得他（她）得到幸福是我的责任。
11. 当和他（她）在一起时，我发现我什么事都不做，只是用眼睛看着他（她）。
12. 若我也能让他（她）百分之百地信赖，我觉得十分快乐。
13. 没有他（她），我觉得难以生活下去。
14. 当和他（她）在一起时，我发觉好像两人都有相同的心情。
15. 我认为他（她）非常好。
16. 我愿意推荐他（她）去做受人尊敬的事。
17. 以我看来，他（她）特别成熟。
18. 我对他（她）有高度的信心。
19. 我觉得什么人和他（她）相处，大部分都有很好的印象。
20. 我觉得他（她）跟我很相似。
21. 我愿意在班上或团体中，做什么事都投他（她）一票。
22. 我觉得他（她）是许多人中，容易让别人尊敬的一个。
23. 我认为他（她）是十二万分聪明的。
24. 我觉得他（她）在我所有认识的人中，是非常讨人喜欢的。
25. 他（她）是我很想学的那种人。
26. 我觉得他（她）非常容易赢得别人的好感。

比较前 13 项与后 13 项的分数，如果你的“是”的选项集中在前 13 项，那么爱情的成分居多；如果你的“是”的选项集中在后 13 项，那么喜欢的成分居多。

（二）爱情态度量表

爱情态度量表（见表 4—1）主要是帮助你了解你对爱情所持的态度。题目中的“他/她”，是指目前与你密切交往的男/女朋友（请以你目前的恋人为回答依据；若目前没有恋人，请就以上任对象作答；若没有谈过恋爱，也请你想象一下再作答）。请针对每一题项所叙述的情形，选出你认为最能反映你实际状况的数字。

表 4—1　　爱情态度量表

条目内容	完全不符合	不符合	没意见	符合	完全符合
1. 我和他/她属于一见钟情型。	1	2	3	4	5
2. 我很难明确地说我和他/她是何时从友情变成爱情的。	1	2	3	4	5
3. 对他/她做承诺之前，我会考虑他/她将来可能变成的样子。	1	2	3	4	5
4. 我总是试着帮他/她渡过难关。	1	2	3	4	5
5. 和他/她的关系不太对劲时，我的身体就会不舒服。	1	2	3	4	5
6. 我试着不给他/她明确的承诺。	1	2	3	4	5
7. 在选择他/她之前，我会先试着仔细规划我的人生。	1	2	3	4	5
8. 我宁愿自己痛苦，也不愿意让他/她受苦。	1	2	3	4	5
9. 失恋时，我会十分沮丧，甚至会有自杀的念头。	1	2	3	4	5
10. 我相信他/她不知道我的一些事，也不会受到伤害。	1	2	3	4	5
11. 我和他/她很来电。	1	2	3	4	5
12. 我需要先经过一阵子的关心和照顾，才有可能产生爱情。	1	2	3	4	5
13. 我和他/她最好有相似的背景。	1	2	3	4	5
14. 有时候，我得防范他/她发现我还有其他情人。	1	2	3	4	5
15. 我和他/她的亲密行为是很热情且很令我满意的。	1	2	3	4	5
16. 我有时会因为想到自己正在谈恋爱而兴奋地睡不着觉。	1	2	3	4	5
17. 我可以很容易、很快地忘掉过往的恋情。	1	2	3	4	5
18. 他/她如何看待我的家人是我选择他/她的主要考量。	1	2	3	4	5
19. 我希望和曾经相爱的他/她是永远的朋友。	1	2	3	4	5
20. 当他/她不注意我时，我会全身不舒服。	1	2	3	4	5
21. 我和他/她的爱情关系是最理想的，因为是由长久的友谊发展而成的。	1	2	3	4	5
22. 我觉得我和他/她是天生一对。	1	2	3	4	5
23. 自从和他/她谈恋爱后，我很难专心在其他任何事情上。	1	2	3	4	5
24. 他/她将来会不会是一个好父亲/母亲是我选择他/她的一个重要因素。	1	2	3	4	5
25. 除非我先让他/她快乐，否则我不会感到快乐。	1	2	3	4	5
26. 如果他/她知道我和其他人做了某些事，他/她会不高兴。	1	2	3	4	5
27. 我和他/她的感情、亲密行为进展得很快。	1	2	3	4	5
28. 我和他/她的友情随着时间推移逐渐转变为爱情。	1	2	3	4	5
29. 当他/她太依赖我时，我会想和他/她疏远一些。	1	2	3	4	5
30. 我通常愿意牺牲自己的愿望，达成他/她的愿望。	1	2	3	4	5

31. 我和他/她的爱情是一种深刻的友情，而不是一种很神秘的情感。	1	2	3	4	5
32. 他/她可以任意使用我的东西。	1	2	3	4	5
33. 我和他/她非常了解彼此。	1	2	3	4	5
34. 当我怀疑他/她和其他人在一起时，我就无法放松。	1	2	3	4	5
35. 他/她如何看待我的职业会是我选择他/她的一个考量。	1	2	3	4	5
36. 他/她的外貌符合我的理想标准。	1	2	3	4	5
37. 我享受和他/她及一些不同的情人玩爱情游戏。	1	2	3	4	5
38. 当他/她对我发脾气时，我仍然全心全意、无条件地爱他/她。	1	2	3	4	5
39. 在和他/她深入交往之前，我会试着了解他/她是否有良好的遗传基因。	1	2	3	4	5
40. 为了他/她，我愿意忍受任何事情。	1	2	3	4	5
41. 如果他/她忽略我一阵子，我会做出一些傻事来吸引他/她的注意力。	1	2	3	4	5
42. 我和他/她的爱情关系是最令人满意的，因为是由良好的友情发展而成的。	1	2	3	4	5

爱情类型	题目	说明
浪漫型	1、7、13、19、25、31、37	最注重的是对方的外表和身体的接触；只要是好看的，就容易跟对方坠入情网。
游戏型	2、8、14、20、26、32、38	视爱情为游戏，爱情的关系短暂，经常更换对象，承诺在这种类型的人身上几乎看不到。
同伴型	3、9、15、21、27、33、39	感情发展细水长流，平静而祥和，通常刚开始时都只是好朋友的关系，后来才慢慢从相知、友谊发展成爱情。
现实型	4、10、16、22、28、34、40	这种类型的人选择对象以理性条件的考虑为主，诸如教育背景、经济能力、社会地位、共同兴趣等。
占有型	5、11、17、23、29、35、41	这种人的占有欲和嫉妒心强烈，关系也犹如风暴，起伏不定，对方一点爱意的表示就会让他狂喜，一点点的降温或关系出现点小问题就痛苦不已。
奉献型	6、12、18、24、30、36、42	与占有型相反，这种类型的人为爱人完全付出自己，关心对方而不求回报。这种人极有耐心，不要求对方，甚至不嫉妒。

资料来源：http：//wenku. baidu. com/view/7ea6e6a5dd3383c4bb4cd2d5. html.

四、实践作业

请以“我的理想恋人”为主题，给未来心爱的他（她），写一封情书，恰当地表达自己的爱，培养爱的能力。

（一）作业要求

（1）写出自己的真情实感，不准抄袭或者有雷同。

（2）要结合本站所学的知识，充分体现出表达爱的能力。

（3）不少于 1 500 字。

（二）评分标准

一类（80 分以上）：字迹工整美观，达到规定字数。语句通顺流畅，层次分明，有一定的逻辑性和思想内涵，能用完整的句子表达出自己未来理想恋人的样子，能运用恋爱心理学的知识，正确地表达自己的观点。

二类（60 分以上）：字迹较为工整美观，基本达到规定字数。语句通顺，有一定层次，能用完整的句子表达出自己未来理想恋人的样子，运用恋爱心理学知识较少。

三类（60 分以下）：未按照规定要求完成任务。

成长驿站五　阳光总在风雨后
——挫折心理

故天将降大任于斯人也，必先苦其心志，劳其筋骨，饿其体肤，空乏其身，行拂乱其所为，所以动心忍性，曾益其所不能。

——《孟子·告子下》

成长故事

失败的竞选

最近，安然的运气比较“背”：班级竞选班委，一票之差未进入候选名单；参加学生会，好不容易进了社会实践部，可似乎也没有什么能“实践外出”的机会；上周末去商业街和朋友过生日，席间光顾着聊天说笑，临走时才发现钱包被小偷偷走了……

想到这一切，安然双手抱着头，学着小品《卖拐》里范伟的语气：“我究竟是肿么了?!”

后来，安然在《人文经典诵读》课本里找到了答案：“故天将降大任于斯人也，必先苦其心志，劳其筋骨，饿其体肤，空乏其身，行拂乱其所为，所以动心忍性，曾益其所不能。”每当读到这些文字，安然心里就充满了无限斗志，再仔细回味一下近期这些“悲催”的事，似乎都有了另外一种体会：

一次竞选班委不成功并不意味着永远没有机会，即便不做班委，也不会影响自己为同学、为班级多做贡献的初衷；进了学生会，要打开格局，不要仅局限在自己部门的那些事情里，要多与其他部门沟通、互助，“有活动要上，没有活动创造条件也要上”；钱包被偷，那是要提醒自己平日里安全意识的弦要时刻紧绷，不止在外面，在宿舍、班级里都要有安全意识，同时还要提醒同学们也要看管好个人财物。

想到这些，安然哼着小曲“就让往事随风都随风都随风心随你动，昨天花谢花开不是梦不是梦不是梦”，开始了新一天的生活……

成长困惑

1. 亲爱的同学们，最近你是否也觉得自己做什么都不顺心，“喝口凉水都塞牙”，好像这个世界都在与你做对，而你却无所适从?

____

____

2. 请写下你对“挫折”的理解。

____

____

成长导航

第一站　认识挫折——挫折概述

一、挫折的含义

在日常生活用语中，“挫折”一词是指失败、阻碍、失意的意思。心理学中的挫折是指个体有目的的行为受到阻碍而产生的紧张状态与情绪反应。

挫折的概念一般包括三个方面的要素。一是挫折情境，即人们在有目的的活动中，遇到的使需要不能获得满足的内外障碍或干扰的情境状态或条件。构成挫折情境的可能是人或物，也可能是各种自然、社会环境。二是挫折认知，即对挫折情境的知觉、认识和评价。挫折认知既可以是对实际遭遇到的挫折情境的认知，也可以是对想象中可能出现的挫折情境的认知。三是挫折反应，即个体在挫折情境下所产生的情绪和行为反应，如愤怒、紧张、焦虑、躲避或攻击等负面心理感受，也就是挫折感。其中，挫折认知是核心因素，挫折反应的性质及程度主要取决于挫折认知。

一般来说，挫折情境越严重，挫折反应就会越强烈；反之，挫折反应就会较为轻微。但是，只有当挫折情境被主体所感知时，才会在个体心理上产生挫折反应。如果出现了挫折情境而个体没有意识到，或者虽然意识到了但并不认为很严重，那么也不会产生挫折反应，或者只产生轻微的挫折反应。因此，挫折反应的性质、程度主要取决于个体对挫折情境的认知。

趣味阅读

品尝黑暗

在法国巴黎有一家名叫“黑暗滋味”的餐馆。这家餐馆与其他普通的餐馆没有太大的区别，唯一令人称奇的是这家餐馆在营业时，里面没有用来照明的灯，而且该店雇用的侍者，大都是一些经过特殊培训的盲人。

当顾客走进餐馆时，里面伸手不见五指，这时候，那些热情的盲人侍者，就会轻松地把你带到适当的位置，捧起那凸字版的菜单，慢慢地念给客人听，请他们点菜。在这个四处充满黑暗的环境里用餐，客人不用顾忌自己的吃相是否文明，因为彼此谁都看不清谁。

在这家“黑暗滋味”餐馆里，曾经发生过许多有趣的事情。据说有一对感情濒临破裂的夫妇，在离婚之前，决定一起吃最后一顿饭。他们为了避免尴尬，便选择了这家“黑暗滋味”。

可是，就在用餐的时候，妻子不慎被打碎的酒瓶划破了手指。丈夫一边安慰着她，一边疼惜地掏出手帕，摸黑为即将与他分手的妻子包扎伤指。当他俩一起走出餐馆的时候，她发现他的一个手指也渗着血。原来，刚才他急于给她包扎伤指，自己的手指触在了那些碎玻璃碴上。不知为什么，她竟紧紧地抱住丈夫……

有一些记者慕名来采访这家餐馆的老板，问他：“为什么要开这么一家独特的餐馆呢?”老板意味深长地说：“只有品尝过黑暗，才会真正感觉到阳光的珍贵。”

也许，在生活之中，我们应该适时地找一个“黑暗”的环境，把自己浮躁的心灵置于其中，品尝一下寂寞和孤独所带来的感受，让心灵渐渐归附到真诚和宽容里面。这样，当我们再次走出“黑暗”的时候，才会加倍珍惜手中的拥有。

资料来源：http：//wenda. so. com/q/1370709357066803.

二、挫折的基本类型

（一）按障碍的来源划分

1. 外部挫折

这是由于外部障碍而使目的无法实现所引起的挫折，主要有以下三种：

（1）缺乏性挫折。即由于外部条件不充分，致使目的无法实现、需要无法满足而形成的挫折。例如：由于长时期在家庭、学校得不到父母、老师的认可和喜爱，有的学生感到自己是一个无足轻重、被遗忘的人；有的学生由于学习成绩一直不好，因此得不到老师和同学的赞扬，致使自尊的需要难以满足。

（2）损失性挫折。是指一直得到满足的需要，由于外部条件的突然变化而不能再满足所引起的挫折。例如：随着二胎政策的放开，家庭中第一个孩子一直以来享受到的完全属于他一个人的关爱，被家中另一个小生命分享，甚至是剥夺，由此产生的心理失衡、焦虑等挫折体验，就属此类。

（3）干预性挫折。是指由于受到来自外界的积极的或消极的干扰阻止，而不能达到满足需要的目标所引起的挫折。例如：有的学生因违反课堂纪律而受到老师的制止，就是受到外部的积极干预；一个学生正在学习，由于另一个学生的捣乱，其无法继续专心学习，就是受到外部的消极干预。

2. 内部挫折

很多挫折是受自身内部条件的限制，使某种目的得不到实现、需要得不到满足而形成的。内部挫折可细分为三种：

（1）缺陷性挫折。是指由于生理上的缺陷或其他个体内部条件的缺陷而不能满足需要所引起的挫折。如某学生一心想参军，但是有重度扁平足，不能如愿。

（2）抑制性挫折。是指自己从心底里抑制需要的满足而引起的挫折。如一个学生坐长途汽车看到有老年人上车无座，他因担心自己站着辛苦而没有给老人让座，事后又很后悔，觉得不应该这样做。

（3）损伤性挫折。是指由于身体突然受到损伤而引起的挫折。如由于意外事故导致身体残疾，原来很多轻而易举能做的事情变得很困难，从而产生的无助和挫败感。

（二）按障碍的内容划分①

（1）学习性挫折。例如：学习成绩不稳或下降，达不到既定目标，不能考上理想学校，无机会展示自己的兴趣爱好，求知欲望得不到满足。

（2）交往性挫折。是指由于个性特点造成在人际交往上的障碍，或是由于自身修养差，注重个人利益，自以为是，对自己存在的不足不能正确认识，致使其在群体中很不受欢迎。

（3）志趣性挫折。例如：个人的兴趣爱好得不到家长和老师的支持，却受到过多的限制和责备等。

（4）自尊性挫折。例如：得不到老师和同学的信任，常受到轻视和忍受委屈；自我感

---

① 徐宏俊、顾定红：《高职生心理健康体验式教程》，191页，北京，中国人民大学出版社，2015。

觉多方面的表现都很好，却没能评上“优秀学生”，没有竞选上班干部或社团干部；父母和教师管得严、压得紧，没有自由等。

(5) 情境性挫折。即特定的时空限制所造成的挫折，如孤身在外求学，因为条件的限制，不能经常回家与家人团聚所产生的孤寂感。

三、受挫后的反应

当个体遭遇挫折和失败时，都会有一种摆脱困境、减轻不安、稳定情绪、重新达到心理平衡的倾向，这种倾向称为心理自我防御机制。但由于大学生的世界观、心理承受能力、自我调适能力、生活态度及个性特征的不同，大学生的心理防御机制也有差异，主要有以下几种。

(一) 攻击①

攻击是一种破坏性行为反应，是指人在遭受挫折后，在情绪和行动上产生一种对有关人或物的攻击性抵触反应，以消除来自挫折的痛苦。攻击性行为的对象可能是构成挫折的人或物，也可能是其他替代物，还有可能是受挫者自身。攻击性行为的表现形式一般可分为直接攻击和转向攻击。直接攻击是指一个人受到挫折以后，把愤怒的情绪直接发泄到使之受挫的人或物上，通过动作、表情、声音、文字等形式表现出来。如大学里发生的打架斗殴、损害公物等现象。这主要发生在自控力较差、鲁莽的大学生身上。转向攻击是指受到挫折以后，受挫者感到引起挫折的真正对象不能直接攻击或不便攻击，或者挫折的来源无法确定时，将愤怒的情绪发泄到其他人或物上的一种变相攻击方式。例如：有些学生在比赛时没有获得期望中的名次，便乱砸乱摔东西；当受到老师批评时，把怒气发泄到他人或物品上。

一般情况下，当人们遇到挫折时，最原始的反应便是攻击。当攻击不能解决问题，甚至可能带来更坏的结果或遭受到更大的挫折时，人们又常常以间接的攻击方式或者以冷漠、退化、幻想、逃避等方式来对待。

(二) 逃避

逃避是指当一个人遭遇挫折后，不能面对现实，正视挫折，而是以一种“自欺欺人”的态度消极对待挫折、躲开挫折的一种反应方式。例如，有的同学竞选班委没有成功，便不再参与任何班级活动。逃避是一种暂时性的安慰举措，可以降低因挫折产生的紧张感，但不会从根本上解决问题。“你在或不在，问题都在那里，不离不弃。”

因此，遇到挫折就选择逃避，长期下去将会大大降低人们的适应能力和自信心，甚至可能导致适应不良。

① 赵瑞芳、陈树：《大学生心理健康：和谐港湾》，108页，北京，北京航空航天大学出版社，2012。

趣味阅读

鸵鸟心态

遇到危险时，鸵鸟会把头埋入草堆里，以为自己眼睛看不见就是安全。心理学家将这种消极的心态称为“鸵鸟心态”。“鸵鸟心态”是一种逃避现实的心理，也是一种不敢面对问题的懦弱行为。心理学通过研究发现，现代人面对压力大多会采取回避态度，明知问题即将发生也不去想对策，结果只会使问题更趋复杂、更难处理。就像鸵鸟被逼得走投无路时，就把头钻进沙子里。与“鸵鸟心态”类似的说法有“掩耳盗铃”和“视而不见”。

资料来源：http：//baike. so. com/doc/5391514-5628245. html.

成语故事

讳疾忌医

春秋时，蔡国有个著名的民间医生，叫秦越人。他周游列国，热心为百姓看病，大家都很敬重他。有一次，他来到一个国家，见一家死了人，尸首已放了好几天，便问明病人临死前的症状，断定这是假死，还能救活。他先给病人扎了针，然后灌下药，稍候片刻，死人居然活过来了。全城的人都十分惊讶，称他是神医扁鹊，有起死回生之术。扁鹊的名声从此传遍列国，他的真名反被人们忘却。

蔡国国君蔡桓公听说自己的国中居然出了如此赫赫有名的人物，很想见见，便命人布告四方。

扁鹊见到布告，忙回国，晋见桓公。他款步入厅，来到桓公面前站了片刻，对桓公说：“主公有病，病在皮肤，若不及时医治，恐怕要严重起来。”桓公一听，便有些不悦，摇头说道：“我身体很好，没有病。”

扁鹊走后，桓公对左右冷笑道：“做医生的，都想赚钱，只会给没病的人看病，这才容易显示自己医术高明。”

过了十天，扁鹊提着药篮去见桓公，桓公正坐在御园中玩赏。扁鹊来到桓公面前，看着他的脸色，忧郁地说：“主公有病，病在血脉，若不抓紧医治，将会更加严重。”桓公心里十分不乐，扭转头，竟是不理。扁鹊只好退了出来。

过了十天，扁鹊又去见桓公，心情沉重地说：“主公有病，病在肠胃，再不医治，将更加严重!”桓公听后，勃然作色。扁鹊十分惋惜，喟然长叹，摇头而去。

又过了十天，扁鹊第四次来见桓公，一见桓公，二话不说，急撤身而出。桓公见扁鹊这次来得蹊跷，派人去问，扁鹊痛心地说：“病在皮肤，可用药水热敷，病到血脉，可用针灸治疗，病入肠胃，可用汤药；现在病入骨髓，没有办法了。”说罢，扁鹊整理行装，连夜向秦国逃去。

过了五天，讳疾忌医的桓公浑身疼痛，果然病倒了。他忙派人去找扁鹊，但是已经晚了，桓公就这样死去了。

资料来源：http：//www.dfg.cn/gb/dygsh/bdgs/yhycl-2.htm.

（三）逆反

当个体遭遇挫折后，不仅一意孤行，而且根据自己的理解和情绪，对正确的方面盲目地持反抗、抵制与排斥的态度，这种行为便是逆反。用通俗的语言来说，就是“你要我朝东，我偏朝西”。如某大学生因为上课睡觉而受到教师的批评，觉得面子上过不去，便采取逃课或不理睬教师的教学等方式来表达自己的不满。

（四）幽默

幽默反映了一个人看待挫折成败的一种超然心态和智慧。这是一种非常积极的心理自卫机制。当我们遇到尴尬处境时，可以用幽默来化解心理困境，给别人以欢乐，给自己以心理平衡。美国总统林肯的脸较长，不好看。一次，林肯和斯蒂芬·道格拉斯辩论，道格拉斯讥讽他是两面派。林肯答道：“要是我有另一副面孔的话，我还会戴这副难看的面孔吗?”

（五）补偿

一个人在心理上、生理上和学习上总有不如意的时候，这些完全可以通过其他途径来补偿。这就是人们常说的“失之东隅，收之桑榆”。例如，如果没当上班干部，没有机会表现自己的能力，就努力使自己的成绩名列前茅。又如，恋爱失败了，便积极参加文体活动，用活动来补偿失恋的痛苦。

安然成长小插曲　**失之东隅，收之桑榆**

安然失恋后，一度无精打采，像丢了魂儿一般，茶不思饭不想。宿舍舍友实在看不下去安然这般颓废，便连拖带拉地叫着他参加了一个3D打印社团。当成品从机器中一点点成型的时候，安然被这一神奇的工艺吸引了，顿时有了精神。课下，安然搜集了很多关于3D打印的信息，在社团里混得风生水起，很得老师中意。在当年的“工业产品造型设计与快速成型”大赛中，安然所在的团队获得了全省一等奖。

（六）升华

升华是指将那些因受种种因素制约而无法实现的目标或不能为社会所接受的目标加以改变，用另一种比较崇高的、具有创造性和建设性的目标代替，借以弥补因受挫而丧失的自尊与自信，减轻痛苦。这是一种最为理想的心理防御机制。歌德失恋后创作了《少年维特之烦恼》、司马迁身陷囹圄而作《史记》、屈原被放逐而赋《离骚》，这些精神一直为后人所称颂。

趣味阅读

米伽尔的糖果实验

要想知道一个孩子的未来，用一颗糖果就能预测。这就是美国著名的“糖果实验”。这个著名的实验是早在1960年，美国心理学家瓦特·米伽尔针对幼儿园的孩子们做的。后来，这个小小的实验之所以备受教育界重视，是因为它不仅可以预知孩子的未来，而且成为情商研究的基石。

米伽尔给一些3～4岁的孩子每人发一颗非常好吃的软糖，同时告诉他们可以吃糖，如果马上吃，只能吃一颗，如果等20分钟，则能吃两颗。有些孩子急不可耐，马上把糖吃掉了。另一些却能等待对他们来说是无尽期的20分钟。为了使自己耐住性子，他们闭上眼睛不看糖，或头枕双臂、自言自语、唱歌，有的甚至睡着了，最终他们终于吃到了两颗糖。

当年马上吃糖果的人成年后缺乏自信，与人不好相处；而等到奖励的人则有主见且学业出众、事业成功。能够等待的孩子远比迫不及待的孩子有出息，因为他们更有克制力和忍耐力。

通过对糖果实验后期的追踪研究，科学家发现，十几年后，两种孩子在情绪与社会性方面的差异非常显著。

克制型的孩子，显得社会适应力较强，较为自信，人际关系较好，也较能面对挫折。在压力面前，他们不易崩溃、退却、紧张或乱了方寸，能够积极迎接挑战，不轻言放弃。在追求目标时，他们也能和小时候一样压抑立即得到满足的冲动。

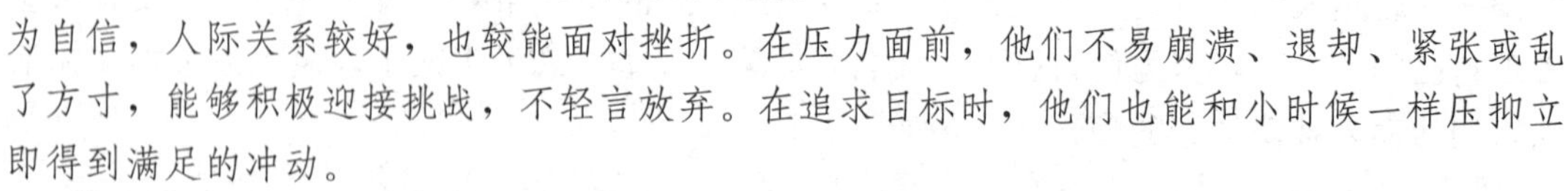

冲动型的孩子，约有1/3缺乏这种特质，反倒表现出一些负面的特征。例如：怯于与人接触，固执而优柔寡断，容易因挫折而丧失斗志，认为自己是坏孩子，遇到压力容易退缩或惊慌失措，容易怀疑别人以及对别人感到不满，容易嫉妒或羡慕别人，因易怒而常与人争斗，而且和小时候一样，不易压制即时得到满足的冲动。

这些孩子中学毕业时又接受了一次评估，结果表明，4岁时能够耐心等待的人在校表现更为优异。根据孩子父母的评估，这些孩子学习能力较好，无论是语言表达、逻辑推理、专注、制定并实践计划、学习动机都比较好。更让人意外的是，这些孩子的入学考试成绩普遍较高，等待最久的三成孩子，平均成绩语文610分、数学652分；而最迫不及待取走糖果的三成孩子，平均成绩语文 524 分、数学 528 分。两组孩子总分差距多达 210 分。

糖果实验只是反映了人在童年时期的一个小小行为，但随着人的成长，这种小小的行为却慢慢演变为人在方方面面的情感和社会能力之一部分。人在一生中，许多大大小小的成就都取决于抑制冲动的能力。

资料来源：http：//my. pcbaby. com. cn/d/1485155. html.

第二站 愈挫愈勇——耐挫能力的应对与培养

人生不可能一帆风顺，不论在生活中还是学习上总会遇到这样或那样的困难与挫折。这是成长的机遇，也是对自我的挑战。大学生必须学会一些应对挫折的方法，积极地进行自我调适，把挫折转化为成长的动力。

一、正确认识挫折

（一）挫折是普遍存在的

在现实生活中，谁都不希望遭遇失败，饱受挫折，但我们每个人还是不可避免地遇到这样或那样的挫折，品味这样或那样的失败，并从中接受这样或那样的教训。这是客观现象，并不会因为我们的主观意愿而发生改变。

陈毅元帅的《示儿诗》中有这样一段文字："应知天地宽，何处无风云？应知山水远，到处有不平。"这就告诉我们一个现实：不管你愿不愿意，挫折无处不在，无时不有。我们所处的世界，就是一个充满矛盾的世界，生活中遇到一些挫折、得到一些教训是难免的。

（二）挫折是迈向成功的踏脚石

挫折是一笔可贵的财富，没有人会不劳而获，在通往成功的道路上，你不仅要付出汗水，更要勇敢地面对挫折与失败。从挫折中汲取教训，这是迈向成功的踏脚石。

趣味阅读

绝境中的毛驴

一天，农夫的毛驴不小心掉进一口枯井里。农夫绞尽脑汁想救出毛驴，但几个小时过去了，毛驴还在井里痛苦地哀嚎。最后，农夫决定放弃，他认为毛驴已经老了，与其大费周章地把它救出来，还不如用土把井填起来，解除它的痛苦。于是，农夫和邻居们人手一把铲子，将泥土铲进枯井中。当毛驴意识到自己的处境时，刚开始叫得很凄惨，但很快便安静了下来。农夫好奇地探头往井底看，出现在眼前的景象令他大吃一惊：当铲进井里的泥土落在毛驴身上时，毛驴将泥土抖落在一旁，然后站到铲进的土堆上面！

就这样，毛驴便得意地上升到井口，在众人惊讶的表情中飞快地跑开了。

生活中所遭遇的种种困难和挫折就如同倾倒在我们身上的“泥沙”。然而，它们也是走向成功的一块块垫脚石。以乐观、沉着的态度面对困境，助力往往潜藏其中。只要我们锲而不舍地将“泥沙”抖落，并勇敢地站上去，即使是掉落在最深的枯井中，也能安然脱困。

资料来源：http：//blog. sina. com. cn/s/blog _ 499fd07f010003oy. html.

（三）挫折是可以克服和战胜的

挫折是不可预知的，但是，挫折却不是不可战胜的。古今中外，无数杰出的人先后以他们自身的人生经验诠释着人类意志的力量。

趣味阅读

百折不挠的诺贝尔

1864年9月3日，寂静的斯德哥尔摩市郊，突然爆发出一声震耳欲聋的巨响，滚滚的浓烟霎时冲上天空，一股股火焰直往上蹿。仅仅几分钟时间，一场惨祸发生了。当惊恐的人们赶到现场时，只见原来屹立在这里的一座工厂只剩下残垣断壁，火场旁边，站着一位30多岁的年轻人，突如其来的惨祸和过分的刺激，已使他面无血色，浑身不住地颤抖着……这个大难不死的青年，就是后来闻名于世的阿尔弗莱德·诺贝尔。诺贝尔眼睁睁地看着自己所创建的硝化甘油炸药实验工厂化为了灰烬。人们从瓦砾中找出了五具尸体，四人是他的亲密助手，而另一人是他在大学读书的弟弟，五具烧得焦烂的尸体，令人惨不忍睹。诺贝尔的母亲得知小儿子惨死的噩耗，悲痛欲绝；年迈的父亲因大受刺激而引起脑溢血，从此半身瘫痪。然而，诺贝尔在失败面前却没有动摇。

事情发生后，警察局立即封锁了爆炸现场，并严禁诺贝尔重建自己的工厂。人们像躲避瘟神一样地避开他，再也没有人愿意出租土地让他进行如此危险的实验。但是，困境并没有使诺贝尔退缩，几天以后，人们发现在远离市区的马拉仑湖上，出现了一只巨大的平底驳船，驳船上并没有装什么货物，而是装满了各种设备，一个年轻人正全神贯注地进行实验。毋庸置疑，他就是在爆炸中死里逃生、被当地居民赶走了的诺贝尔。

无畏的勇气往往令死神也望而却步。在令人心惊胆战的实验里，诺贝尔依然持之以恒地行动，他从没放弃过自己的梦想。

苍天不负有心人，他终于发明了雷管。雷管的发明是爆炸学上的一项重大突破，随着当时许多欧洲国家工业化进程的加快，开矿山、修铁路、凿隧道、挖运河等都需要炸药。于是，人们又开始亲近诺贝尔了。他把实验室从船上搬迁到斯德哥尔摩附近的温尔维特，正式建立了第一座硝化甘油工厂。接着，他又在德国的汉堡等地建立了炸药公司。一时间，诺贝尔的炸药成了抢手货，诺贝尔的财富与日俱增。

然而，初试成功的诺贝尔，好像总是与灾难相伴，不幸的消息接连不断地传来：在旧金山，运载炸药的火车因震荡发生爆炸，火车被炸得七零八落；德国一家著名工厂因搬运硝化甘油时发生碰撞而爆炸，整个工厂和附近的民房变成了一片废墟；在巴拿马，一艘满载着硝化甘油的轮船，在大西洋的航行途中，因颠簸引起爆炸，整艘轮船葬身大海……

一连串骇人听闻的消息再次使人们对诺贝尔望而生畏，甚至把他当成瘟神和灾星。随着消息的广泛传播，他被全世界的人所诅咒。

诺贝尔又一次被人们抛弃了，不，应该说是全世界的人都把自己应该承担的那份灾难给了他一个人。面对接踵而至的灾难和困境，诺贝尔没有一蹶不振，他身上所具有的毅力和恒心，使他对已选定的目标义无反顾，永不退缩。在奋斗的路上，他已经习惯了与死神朝夕相伴。

大无畏的勇气和矢志不渝的恒心最终激发了他心中的潜能，他最终征服了炸药，吓退了死神。诺贝尔赢得了巨大的成功，他一生共获专利发明权 355 项。他用自己的巨额财富创立的诺贝尔奖，被国际学术界视为一种崇高的荣誉。

要最终战胜困难，取得胜利，少不了胆量，也少不了勇气，胆量和勇气都是用来克服自己内心的恐惧。那些成功的人们，如果当初都在一个个人生的挑战面前，因恐惧失败而退却，而放弃尝试的机会，则绝无所谓成功的降临，他们也将平凡。没有勇敢的尝试，就无从得知事物的深刻内涵，而勇敢去做了，即使失败，也由于对实际的痛苦亲身经历，而获得宝贵的体验，从而在命运的挣扎中，愈发坚强，愈发有力，愈接近成功。

资料来源：http：//www.360doc.com/content/16/0912/10/2036792_590209387.shtml.

二、加强修养，养成良好的人生习惯

面对挫折不仅要有正确的认识，还要加强个人修养，培养自己谦虚、勇敢、乐观、坚强、自信的性格，在日常生活中逐渐培养自己良好的习惯。通过这些日常的行为去逐渐改善个性，增强应对挫折的能力。

趣味阅读

美国心理卫生协会的 11 条心理健康要诀

1. 不对自己过分苛求：有些人做事要求十全十美，对自己的要求近乎吹毛求疵，往往因为小小的瑕疵而自责，结果受害者是自己。为了避免挫折感，应该把目标和要求定在自己能力范围之内，懂得欣赏自己已有的成就，自然会心情舒畅了。

2. 对他人期望不要过高：很多人把希望寄托在他人身上，若对方达不到自己的要求，便会大失所望。其实每个人都有他的思想、优点和缺点，何必要求别人迎合自己的要求呢？

3. 疏导自己的愤怒情绪：当我们勃然大怒时，会做出很多错事或失态的事。与其事后后悔，不如事前加以克制。把愤怒转移至另一方面，如打球和唱歌之上，练就一种阿 Q 精神。

4. 偶然亦要屈服：一个做大事的人处事要从大处看，只有一些无见识的人才会看重小处，因此只要大前提不受影响，在小处有时亦无需过分坚持，以减少自己的烦恼。

5. 暂时逃避：在生活受到挫折时，便应该暂时将烦恼放下，去做你喜欢做的事，如运动、睡眠或看书等。等到心情平衡时，再重新面对自己的难题。

6. 找人倾诉烦恼：把所有的抑郁埋藏在心底，只会令自己郁郁寡欢。如果把内心的烦恼向你的知心好友或师长倾诉，心情会顿感舒畅。

7. 为别人做点事：助人为快乐之本，帮助别人不仅使自己忘却烦恼，而且可以确定自己的存在价值，更可以获得珍贵的友谊，何乐而不为呢？

8. 在一段时间内只做一件事：美国心理辅导专家乔奇博士发现，构成忧思、精神崩溃等疾病的主要原因是患者面对很多急需处理的事情，精神压力太大而引起精神上的疾病。要减少自己的精神负担，不应同时进行一件以上的事情，以免弄得心力俱疲。

9. 不要处处与人竞争：有些人心理不平衡，完全是因为他们太爱竞争，使自己经常处于紧张状态。其实人之相处，应该以和为贵。

10. 对人表示善意：有些人经常被人排斥是因为别人对他们有戒心。如果在适当的时候表现自己的善意，多交朋友、少树敌人，心境自然会变得平静。

11. 娱乐：这是消除心理压力的最好方法。娱乐方式不太重要，最重要的是令心情舒畅。

资料来源：http：//www. 92to. com/jiankang/2016/04-22/3721711. html.

三、提高挫折耐受力

挫折耐受力是指个体适应挫折、抵抗和应付挫折的能力，是个体在遇到挫折情境，经受打击和压力时，摆脱和排除困境而使自己避免心理与行为失常的一种耐受能力。耐受力的形成和人成长的环境有很大的关系。现代物质生活的舒适安逸、家长的过度保护以及学校疏于这方面的教育，造成了青少年耐受力较差，经不起挫折，吃不了苦头，受不了委屈。美国儿童心理卫生专家认为："有十分幸福童年的人，常有不幸的成年。"这是因为很少遭受挫折的孩子长大后会因为不适应激烈竞争和复杂多变的社会而深感痛苦。大学生提高挫折耐受力，有利于更好地应对各种挫折。

（一）调整认知，改变不合理观念

心理学研究表明，引起强烈挫折感的因素与其说是挫折、冲突，不如说是受挫者对所受挫折的看法以及所采取的态度。对于生活中的磨炼和挫折，有人认为是不幸，有人则把它看做发展的机会。

有这么一则小故事：从前有位老太太，大女儿嫁给了开染布店的，二女儿嫁给了开伞铺的，这本是好事，可她却整天愁眉不展。天气晴朗的时候，她担心二女儿家的伞卖不出去；天阴下雨时，她又担心大女儿家的布晒不干。邻居知道后就劝老太太，说："您老人家真有福气，晴天时可以晒布，是您大女儿发财的机会，下雨天可以卖伞，是您二女儿发财的机会。"经邻居这么一说，老太太又恢复了以往的快乐。这就说明了一个道理：一个人看问题的视角不同，心境不同，对事物的认知结果就可能完全不一样。

（二）积极参加社会实践，加深挫折体验

实践活动是磨炼和提升个人挫折耐受力的最好途径和方法。大学生要积极主动地投入到社会实践活动中去，如勤工俭学、做义工、兼职等，在社会实践活动中经受考验，从中体会生活的艰辛、人生的艰难，使自己变得更加成熟和坚强，逐渐提高挫折耐受力。

安然成长小故事　**坚持的意义**

安然来自农民家庭，父母都是地地道道的农民，家庭情况并不富裕。懂事的安然来到大学以后，经常利用假期、周末时间去商业街兼职。他干过饭店的送菜生、手机卖场的销售员、超市商品的促销员等很多兼职，挣着一个小时不到10元的报酬，还要忍受顾客的呵斥、老板的苛责。很多同学没干多久就放弃了，美其名曰："爷不伺候了！"也

有人劝安然放弃：“一个周末下来最多50块钱，还受那些闲气白眼的，你图啥?”安然总是笑而不答。

当面对顾客的故意责难时，安然不是不生气，但他把这当作对他耐心的一种磨炼，同时也更加深刻地体会到什么叫“尊重”。

当面对老板的苛责时，安然不是没有抱怨，但他把这当作对他责任心和做事周全的锻炼，同时也更加深刻地体会到什么叫“主动”。

放寒假了，安然用自己兼职的钱为父亲买了一件冲锋衣棉服，为母亲买了一台血压计。看着父母欣喜的表情，眼中饱含的热泪，安然心里知道：这，就是他坚持的意义。

（三）调整抱负水平

抱负水平是指在一个人从事某种活动之前，对自己所要达到的目标的期望值。在实现目标的过程中，挫折时刻伴随。如果目标定得过高，“屡战屡败”，这样挫折过于频繁，自信心就会受到极大的打击，挫折耐受力也会下降。因此，大学生在制定自己的目标时，一定要把握客观、可行的原则，结合自身实际，一步一步将大目标分解成小目标，使挫折耐受力得到不断的提高。

趣味阅读

拴住大象的铁链

前不久，去印度旅行时，在街上看到一个奇怪的现象：一只壮如小山般的大象被一条细小的铁链拴在一根摇摇欲坠的柱子上，大象不仅没有逃跑，还规规矩矩地站在那儿，温顺地看着过往的人群。它完全有能力挣断铁链的束缚，或将柱子连根拔起，可是它丝毫没有那样的想法。

当时大象的身旁围着许多游客，大家议论纷纷，众说纷纭，有人说：“大象是世界上最愚蠢的动物，有着上千斤重的躯体，还有一根灵活而有力量的鼻子，它竟然不知道利用？你说这不是愚蠢是什么?”也有人说：“大象生来就善良，喜欢被人拴着，况且它也离不开主人的饲养。”难道大象真的愚蠢到连逃跑都不知道或天生就喜欢被人拴着吗？答案当然是否定的，不光是人类，自然界的任何动物都向往自由，都喜欢无拘无束的生活。

大象之所以没有选择反抗和逃跑，是因为长期的习惯害了它们。在大象很小的时候，驯兽师就在它们的身上套了一根链子，并拴在牢固的水泥柱上。起初，小象受不了这种束缚，发出一声声怒吼，希望人们能为它解开铁链。可是这种希望很快就破灭了，没有人关注它，也没有人愿意帮助它。于是，它只能依靠自身的力量拼命地挣扎，不断地扯动铁链，幻想着能迸断铁链或拉倒柱子。然而，它的力量太小了，直到弄得鲜血直流、遍体鳞伤，也没能挣脱铁链的束缚。接下来的一段时间，小象仍然没有放弃，等到身体的伤口复原后，它又接着与铁链作斗争，当然结果与前次一样，它还是没能挣脱铁链的束缚。

就这样过了大半年，经过无数次的尝试，小象绝望地发现，无论自己怎么努力，一切皆是徒劳，自己根本奈何不了那条坚硬的铁链，与其作无谓的斗争，倒不如接受现实。于是，小象放弃了努力，学会了忍受，也渐渐习惯了身上的铁链。直到它长成大象，也没有再想过挣扎和逃跑。而事实上，这时它已强大得只要稍微一用力，链子就会断掉，遗憾的是它没再作这样的尝试。最后，它的一生彻底被自己的习惯困住了。

这种看似愚蠢而可笑的行为，其实在我们人的身上也时有发生，只是我们身在其中，没有发觉罢了。每个人在年轻的时候都曾有一个或多个美好的梦想，可是真正成功的人却少之又少，究其原因，大多是为自己的习惯所困囿。

从印度大象的身上，我们可以得到这样的启示：当我们陷入困境时，不要轻易地选择放弃，失败和挫折只是暂时的，我们之所以不能成功，不是因为我们无能，只是因为我们还不够强大，当有一天我们的努力达到一定程度时，就会轻而易举地挣脱身上的铁链，自然地走向成功。

资料来源：http：//blog. sina. com. cn/s/blog _ 4cadd4130101235p. html.

四、及时寻求心理支持

遇到挫折时请求帮助，这在有些人来看，似乎是件很丢脸的事。实际上，大胆地请求帮助，或者求助心理专业人士的帮助，也是意志坚强的表现。与人分忧是助人为乐的一种形式，生活中绝大多数人都有一颗助人之心。因此，遇到挫折和难以自我解决的问题之时，要学会倾诉和寻求帮助，这并不是软弱无能的表现。俗话说“当局者迷，旁观者清”。亲人、同学、好友、师长对挫折原因的分析，往往更客观，更能够对症下药，带着当事者找到走出困境、迈向成功大门的途径。正如人们常说：“一个痛苦两人分担，痛苦就减轻了一半。”当一个人感到有可以信赖的人在关心、爱护和尊重自己时，就会减轻挫折反应的强度，增强挫折的承受力。

趣味阅读

挫折商

挫折商的英文简称是 AQ（Adversity Quotient），是美国职业培训大师保罗·斯托茨提出的概念。之前，人们已熟悉智商（IQ）和情商（EQ）两个概念，它们成了衡量人的素质的重要工具。1997 年，斯托茨在《挫折商：变挫折为机会》一书中首次提出了挫折商。简而言之，挫折商就是一个人化解并超越挫折的能力。2000 年，斯托茨又出版了《工作中的挫折商》一书，从此以后，AQ 成了职场培训中的重要概念。

按照斯托茨的理论，可以从四个方面考察一个人的 AQ：控制（control）、归因（ownership）、延伸（reach）和耐力（endurance）。由此，斯托茨又将 AQ 的得分称为 CORE。

衡量 AQ 的指标一：控制

所谓控制，即你在多大程度上能控制局势。斯托茨认为，我们的控制能力来自我们的控制感——“我感觉到我在控制局势”。高 AQ 者的控制感高，低 AQ 者的控制感低。即便面临重大的挫折，高控制感的人仍然相信自己能控制局势。当别人都以为“大势已去”的时候，高控制感的人总能透过种种消极因素看到积极的、自己可以做主的地方，而决不言放弃。但控制感低的人在掌握着很多资源的时候，就很容易觉得“大势已去”了。

北京大学有一名教授，当学生们和他打招呼的时候，他会高抬起头，不做任何回应，而“高傲”地擦肩而过。知道了他这个习惯后，绝大多数学生都不再主动和这位老师打招呼。

然而，一个女学生就不这么做。一开始，她打招呼后，教授一样会抬抬头，“高傲”地擦肩而过。但这位女学生并不放弃，个子矮小的她会转过身来，小跑几步，站在这位教授的前面高喊一声：“×老师，你好!”这样打了几次招呼后，以后只要一看到这位女学生，这名教授就会主动打招呼：“××，你好!”

这是一种控制感的较量。一般的学生认为，是教授在控制局面，因此，当教授不理自己时，这种小小的挫折感击倒了绝大多数学生。但这名女学生不同，她相信自己和教授一样可以控制局面，她认为，教授“古怪”的行为背后一定有一个可以理解的特殊原因。暂时，她不知道这个原因是什么，但她深信，没有人真的天生就是这么古怪、不讲情理的，只要自己坚持，她就可以控制这个局面，而事实也证明了这一点。

斯托茨认为，这种控制感主要来自潜意识，与自己的个人经验关系不是特别大。

衡量 AQ 的指标二：归因

挫折发生了，我们要分析挫折产生的原因，这就是归因。

低 AQ 的人倾向于消极归因。要么，他们是外部归因，将挫折归因为他人、环境等外部因素，而认为自己没有一点责任；要么，他们是消极自我归因，认为自己应为挫折负责，但同时认为局势已不可扭转，而很容易产生被伤害感和无助感。相反，高 AQ 的人首先会主动承担责任，无论什么情况下都倾向于认为自己应该为挫折负责。同时，他们会进行积极归因，即相信自己一定能改善局面。

斯托茨概括说，高 AQ 的人会有这样的积极负责感：“我认为我应该为改善这一局面而负责。”

挫折事件必然有外部原因和内部原因，但进行外部归因经常于事无补，因为我们最能左右的是我们自己，我们最能改变的也是我们自己。进行自我归因的人虽然可能会给自己施加太多的压力，但这种压力会帮助他寻找自己的弱点，然后进行改善。而外部归因的人，在挫折发生后会对自己说一句“这不是我的错”，然后就放弃了自我改善的努力。

例如，27 岁的阿梅感觉到自己快撑不下去了。3 年前，她立志要成为一名优秀的销售经理。但从那时到今天，还没有哪一个公司雇用她做销售经理超过 1 年。多数时候，她刚到试用期就被公司解聘。现在，她几乎彻底对自己失去了信心。阿梅之所以陷入现在这种局面，和她的归因方式密切相关。第一次被公司解雇就给她造成了重大的心理打击。虽然内心深处知道，自己作为一名销售经理还有所欠缺，但她不敢去做这种自我归因，她的解决方式是逃避。既然被这个公司解雇了，她就去另一个公司应聘销售经理。被另一个公司解聘后，她再去第三个公司应聘销售经理。她一直没有放弃自己的“销售经理梦”，但是，她却从来没有认真地对这些屡屡发生的挫折事件做一次自我归因。

每一次挫折事件都是一次机遇，因为它暴露了自己的缺点和弱点。进行自我归因的人会借此完善自己，这样一来，挫折就成了人生的一种财富。

但是，进行外部归因的人就没有这种机会。对他们来说，每一次挫折就只是挫折，挫折事件发生越多，他们内心中积攒的挫折感就越多。像阿梅，如果她在第一次被解聘后就立即进行自我归因，要么完善自己继续做“销售经理梦”，要么放弃这种梦而改做更适合自己的工作，就不会接二连三地遭受打击了。

衡量 AQ 的指标三：延伸

延伸，即会不会自动将一个挫折的恶果延伸到其他方面。高 AQ 的人，很少泛化，他们将挫折的恶果控制在特定范围。他们知道，一个挫折事件只是一个挫折事件。相反，低 AQ 的人，遭遇到一个挫折事件，很容易会产生“天塌下来了”的感觉，从而觉得一切都糟透了。这样一来，挫折事件就像瘟疫一样蔓延到他的生活和工作的方方面面，让他因为一个挫折而否定自己的一切。

很多人会将工作中的挫折带回家。在公司里，他们受了同事或领导的气，回到家后，他们将郁积在心中的怒火发泄到伴侣或孩子身上，结果把家里也搞得一团糟，工作中的挫折感于是也延伸到了家中。他们不去思考为什么会这样子，而是空自感叹，怎么什么都一团糟。

有延伸习惯的人还会因为一方面挫折而全盘否定自己。前面提到的阿梅，她每次被解聘后，都会产生极大的失败感。她会觉得无颜面对父老，她也会在面对异性时缺乏自信。但实际上，她是又漂亮又有魅力的女孩，喜欢她的异性很多。但仅仅因为工作的不顺利，她全盘否定了自己，这是一种极端的“延伸”。

相反，做生意损失 500 万元的华先生，仍然一如既往地豪爽地笑，仍然一如既往地享受生活，仍然深信自己是个有魅力的男人、负责的好丈夫、善解人意的好朋友。也就是说，他将损失 500 万元这件事情的消极影响严格控制在了工作领域，完全没有让它延伸到生活中去。

张海迪的一番话是低延伸的典型——“人就像一部机器，残疾人就像部分零件损坏了一样，不能因此就把整部机器毁掉，那些能用的部分还是大有价值的”。

延伸的习惯在中学生中非常常见。很多中学生会因一两次考试失败而怀疑自己的学习能力。之所以如此，就是因为他们将一两次考试失败的挫折感无限延伸了。

斯托茨认为，这种泛化习惯是低 AQ 的根本源头。对于低 AQ 的人，他们不仅无法超越挫折，还会让挫折变得像瘟疫一样，延伸到生活的其他方面，最终搞得一塌糊涂。而对于高 AQ 的人来说，他们不仅能超越挫折，还会将挫折感严格控制在特定的挫折事件上，不让它对自己的其他方面产生任何影响。

衡量 AQ 的指标四：耐力

耐力是指逆境会持续多久，逆境的起因会持续多久。斯托茨认为，高度的耐力是高 AQ 人的最明显特征，他们会“把逆境以及逆境造成的原因看成是暂时的……这种态度将使你的精力更加旺盛，更善于保持乐观主义精神，加强采取行动的可能”。

斯托茨认为，耐力是衡量 AQ 的最重要尺度，他测评 AQ 的公式是：CORE＝C＋O＋R＋2E。这无疑表明了他对忍耐能力的重视。

不过，斯托茨所说的耐力并不是盲目地忍受。有些人之所以将忍受当作自己的人生哲学，只是因为惧怕得罪别人。这种忍耐力并不是斯托茨所提倡的。斯托茨所指的耐力是富有智慧的忍耐，是一种基于洞察力的忍耐。高 AQ 者之所以有较高的耐力，只是因为即便面临再大的困难，高 AQ 者也总能看到积极因素，他们深信自己能渡过难关，能掌控局势，目前的忍耐只是黎明前的黑暗。他们的耐力是基于希望和乐观主义的。例如，爱迪生为发明电池经历了 17 000 次失败，他这种惊人的耐力与他对电池的理解是密切相关的。相反，低 AQ 的人即便在非常有利的时候，也会看到消极的地方，并由此产生过分的担忧，最终产生“怎么做都没有用”的想法，于是会很容易放弃。

资料来源：http：//blog. sina. com. cn/s/blog _ 547645590100819l. html.

成长训练营

一、热身活动：句子接龙：“成长是＿＿＿＿＿＿＿”

（一）活动目的

了解学生对成长的理解，引出课堂主题。

（二）活动时间

5～10 分钟

（三）活动流程

（1）大家围坐一团（或在班级里按一定顺序），轮流以“成长是”开头，用一句话表明对成长的理解。

（2）在学生分享过程中，教师不做评价，记录学生对于成长的理解，待全部学生回答完毕后，教师做总结发言，引出该堂课的主题。

二、成长的历程：“蛋和鸡”

（一）活动目的

使学生在游戏过程中体验到挫折和成长，对于即将面临的学习、生活做好适应准备。

（二）活动时间

20 分钟

（三）活动流程

（1）介绍游戏规则，用肢体语言代表小鸡成长的四个阶段，分别是“鸡蛋—刚出壳的小鸡—单腿鸡—鸡”（蹲着的是鸡蛋，半蹲并双手搭成塔尖状的是小鸡，单腿直立的是半成年鸡或叫单腿鸡，双腿直立的是成年鸡。为了使大家产生更直观的认识，可以请出四名同学示范）。

（2）所有同学抱膝蹲下围成一圈，做“鸡蛋”状，用剪子包袱锤两两对决，胜利的成长一级，失败的后退一级（例如：小鸡赢了就长成了半成年鸡，输了就退回到鸡蛋；鸡蛋输了还是鸡蛋）。

长成成年鸡后退到边上观看别人的成长。在成长的过程中，每个人根据其他人肢体语言表现的成长状态，寻找和自己同一阶段的同学进行剪子包袱锤两两对决，胜利的成长，失败的后退。

（3）等场上变成“鸡”的同学达到一定比例之后喊停，请一直在鸡蛋的状态和变成单腿鸡以后又退回鸡蛋状态的，以及最终变成鸡的三类同学代表谈谈体会。

（4）分享体会（参考）：成长过程不是一帆风顺的，有挫折也有反复，只要肯坚持和努力，都会有收获并不断成长。

（5）合影：第一排蹲着（鸡蛋）；第二排半蹲，双手搭成塔尖状（小鸡）；第三排搭肩单腿直立（单腿鸡）；第四排站立（成年鸡）。

成长过程中，我们除了依靠自己的坚持和努力，还离不开朋友、团队的支持。接下来的活动是依靠团体力量完成的，叫“齐眉棍”。

三、齐眉棍

（一）活动目的

（1）通过体验活动，培养学生不畏挫折、勇于面对困难的品质。

（2）通过体验活动，提高学生在各种困境中处理问题、协调团队关系的能力。

（二）活动准备

（1）每组发放 3 米左右 PPC 塑料管一根。

（2）每组配备助教一名。

（3）背景音乐推荐：(1)《绿袖子》；(2)《金色的青春》；(3)《生命不言败》。

（三）活动场地

开阔的场地一块。

（四）活动时间

30 分钟左右

（五）活动流程

1. 指导教师课程导语

古语有云“举案齐眉，相敬如宾”，讲的是夫妻间的一种相互尊重、相互敬重的和谐状态。在我们生活中，与同学相处也要注意相互尊重。“齐眉棍”这个活动要求队员们共同用手指将一根棍子放到地上，手离开棍子即失败，这是一个考察团队是否同心协力的体验。看似简单的一个动作，在实际操作中可能会出现很多失误。大家认真体会在这场活动中各自的情绪变化，重新反思“尊重”的含义。

2. 体验活动规则

（1）参与者只能用右手食指接触棍子。

（2）不得把手指弯曲勾住长棍，也不得将手指压在棍子的上方。

（3）组员之间手指不得相碰，更不可相互勾结。

（4）整个活动期间只能说“降”和“停”两个字。

（5）在整个活动体验过程中，只有在助理宣布“3 分钟协调时间”内小组可以交流和讨论，其余时间组员不得讲话。

若小组成员中任何人违反以上任何一条规则，则该组必须重新开始活动。

3. 活动要求

（1）每组成员分成两队，在长棍两侧面对面地站好。

（2）在活动开始后，组员按照要求右手虎口向上食指前伸托住长棍，调整至小组中最矮队员的眉毛的高度，然后同时水平下降至地面。所有队员的手指在下降过程中不得离开棍子，最先完成的小组获得胜利。

4. 指导教师发布指令

助教带领各自小组到达指定场地，开始活动。30 分钟时间到，各小组成员席地而坐。

成长体验与感悟

1. 记录：你对成长的理解。

成长是____

____

2. 在“齐眉棍”体验活动中，你最大的心理压力是什么？你又是如何应对的？

____

____

3. 当你面对一次次失败，又遭到队友的抱怨和责备时，你内心的感受是什么样的？

____

____

4. 通过本堂课的体验活动，你获得了哪些成长？

____

____

成长加油站

一、生活中的心理学效应：踢猫效应

某公司董事长为了重整公司一切事务，许诺自己将早到晚回。事出突然，有一次，他看报看得太入迷以致忘了时间，为了不迟到，他在公路上超速驾驶，结果被警察开了罚单，最后还是误了时间。这位董事长愤怒至极，回到办公室时，为了转移别人的注意，他将销售经理叫到办公室训斥了一番。销售经理挨训之后，气急败坏地走出董事长办公室，将秘书叫到自己的办公室并对他挑剔了一番。秘书无缘无故地被人挑剔，自然是一肚子气，就故意找接线员的碴儿。接线员无可奈何、垂头丧气地回到家，对着自己的儿子大发雷霆。儿子莫名其妙地被父亲痛斥之后，也很恼火，便将自己家里的猫狠狠地踢了一脚。

这是心理学上著名的“踢猫效应”描绘的一种典型的坏情绪的传染。“踢猫效应”，即人的不满情绪和糟糕心情，一般会沿着等级和强弱组成的社会关系链条依次传递，由金字塔尖一直扩散到最底层，无处发泄的最弱小的那一个元素则成为最终的受害者。

在现实生活里，很容易发现，许多人在受到批评之后，不是冷静下来想想自己为什么会受到批评，而是心里面很不舒服，总想找人发泄心中的怨气。其实这是一种没有接受批评、没有正确地认识自己的错误的一种表现。受到批评而心情不好，这可以理解，但批评之后产生“踢猫效应”，这不仅于事无补，反而容易激发更大的矛盾。

二、图书、影音作品推荐

（一）图书推荐

1.《拆掉思维里的墙》

启发 1 000 000 位读者更新心智模式，帮助 10 000 000 人成长为自己的样子！

新一代人生设计大师、成长教父——古典，帮你升级“人生操作系统”！

2.《感谢折磨你的人》（精编版）

折磨是一种人生财富。挫折使人成长，磨难使人坚强。那些折磨你的人，是你不断进步的动力。坚持住，折磨之后就是成功。

（二）影音作品推荐

1.《面对巨人》

该片讲述了一位教练如何重拾信心与勇气，并用信仰击败恐惧的故事。在泰勒的六年教练生涯中，他从未在赛季中获胜。当球队中最优秀的队员 Shiloh 决定转学后，他们连在新赛季中获胜的希望都随之而去了。在赛季一开始便输了三场比赛之后，泰勒发现那些爸爸们决定解雇他，随之而来的一系列压力令他完全失去了希望……

他将如何重拾勇气与信心，用信仰击败恐惧呢？

2.《国王的演讲》

影片讲述了英国女王伊丽莎白二世的父亲乔治六世国王的故事。1936 年英王乔治五世逝世，王位留给了患严重口吃的艾伯特王子。艾伯特后来在语言治疗师莱纳尔罗格的治疗下，克服障碍，在第二次世界大战前发表了鼓舞人心的演讲。

在 2011 年第 83 届奥斯卡提名名单上，《国王的演讲》获得了 12 项提名，并最终拿到最佳影片、最佳导演、最佳男主角、最佳原创剧本四项大奖。

3.《叫我第1名》

根据真人真事改编，叙述一名患有妥瑞氏症的男孩，因为这种严重的痉挛疾病，导致他无法控制地扭动脖子和发出奇怪的声音。这种怪异的行为，让他从小不被周围的人理解，在学校里老师经常批评他，同学们更是对他冷嘲热讽，就连父亲也对他失望至极。但是他始终乐观向上，默默努力，最终成为一位出色的老师，同时也找到了属于自己的爱情。

三、心理自测

承受挫折力自测问卷

指导语：每个人在生活中都会不同程度地遭遇挫折，但人们在受挫后恢复的能力却各不相同。有些人弹性十足，有些人受挫后一蹶不振，而大多数人则介于两者之间。下列问题则可以测验出你应付困境的能力。在回答这些问题时，请你用“同意”或“不同意”作答。回答越坦白，越能检测出你的受挫弹性。同意画“√”，不同意画“×”。

1. 胜利就是一切。（ ）
2. 我基本上是个幸运儿。（ ）
3. 白天工作不顺利，会影响我整晚的心情。（ ）
4. 一个连续两年都名列最后的球队，应该退出比赛。（ ）
5. 我喜欢雨天，因为雨后常是阳光普照。（ ）
6. 如果某人擅自动用我的东西，我会气上一段时间。（ ）
7. 汽车经过时溅了我一身泥水，我生气一会儿便算了。（ ）
8. 只要我继续努力，我便会得到应有的报偿。（ ）
9. 如果有感冒流行，我常是第一个被感染的人。（ ）
10. 如果不是因为几次霉运，我一定比现在更有成就。（ ）
11. 失败并不可耻。（ ）
12. 我是有自信心的人。（ ）
13. 落在最后，常叫人提不起竞争心。（ ）
14. 我喜欢冒险。（ ）
15. 假期过后，我需要一天才能恢复常态。（ ）
16. 遭遇到的每一次否定都使我更进一步接近肯定。（ ）
17. 我想我一定受不了被解雇的羞辱。（ ）
18. 如果我向我所爱的人求婚被拒绝，我一定会精神崩溃。（ ）
19. 我总不能忘记过去的错误。（ ）
20. 我的生活中，常有些令人沮丧气馁的日子。（ ）
21. 负债累累的光景叫我寒心。（ ）
22. 我觉得要建立新的人际关系相当容易。（ ）

23. 如果周末不愉快，星期一便很难集中精力学习和工作。（　　）
24. 在我的生命中，我已有过失败的教训。（　　）
25. 我对侮辱很在意。（　　）
26. 如果聘任任务失败，我会愿意再次尝试。（　　）
27. 遗失了钥匙会叫我整个星期不安。（　　）
28. 我已达到能够不介意大多数事情的地步。（　　）
29. 想到可能无法完成某项重要事情，我不寒而栗。（　　）
30. 我很少为昨天发生的事情烦心。（　　）
31. 我不易心灰意冷。（　　）
32. 必须有50%以上的把握，我才敢冒险把时间投资在某件事上。（　　）
33. 命运对我不公平。（　　）
34. 我对他人的恨维持很久。（　　）
35. 聪明的人知道什么时候该放弃。（　　）
36. 偶尔做个失败者，我也能坦然接受。（　　）
37. 新闻报道中的大灾难，使我无法专心工作。（　　）
38. 任何一件事情遭到否决，我都会寻求报复的机会。（　　）

计分方法：

上述问题列入“不同意”的为：1、3、4、6、9、10、15、17、18、19、20、21、23、24、25、27、28、29、32、33、34、35、36、37，其余题为“同意”。依上列答案，相符者为1分，不相符者为0分。

解释：

如果你只得到10分或者更少，那么你就是那种易被逆境、失望或挫折所左右的人，你易于把逆境看得太重，一旦跌倒，要很久才能站起来。

总分在11～25分之间者，遇到某些灾祸或逆境的时候，往往需要相当长的时间才能振作起来。不过这类人却能找到很多的技巧和策略来获取个人的利益。

如果你的总分高于25分，则表明你应付逆境的弹性极佳。不理想的境遇对你虽然会造成伤害，但不会持久。这类人在情感上通常相对成熟，对生活也充满热爱，他们不承认有失败，纵或一时失败，仍坚信有东山再起的一天。

四、课堂作业：挫折体验活动总结

（一）作业要求

用信纸写一篇挫折体验活动的总结，不少于500字。

（二）作业评分标准

（1）字体工整，卷面干净，无错别字。（20分）

（2）列举活动名称无误，体验真实深刻并有所拓展延伸，无抄袭。（60分）

（3）能够对课堂活动提出合理的建议。（20 分）

（三）参考提纲

（1）通过本节课的体验活动，让你印象最深刻的活动是哪一个？你有哪些感悟？

（2）在遇到困难、遭遇挫败的时候，你能否静下心来找到解决问题的方法？

（3）当小组成员出现意见分歧时，你的角色是旁观者还是积极调停者？如果你是当事人，又是如何处理分歧的？

成长驿站六　我的学习我做主——学习心理

子曰："知之者不如好之者，好之者不如乐之者"。

——《论语·雍也》

学然后知不足，教然后知困。知不足，然后能自反也；知困，然后能自强也。

——《礼记·学记》

未来的文盲不再是目不识丁的人，而是那些没有学会怎样学习的人。

——美国著名未来学家阿尔文·托夫勒

成长故事

及格万岁

转眼间，安然的大学生活过去一个多学期了。一直以来，安然认为学习还是很重要的，保持着高中的学习惯性，第一学期还获得了二等奖学金。可是安然渐渐发现，似乎在大学里学习并没有想象中的那么重要，离开了父母的约束、没有了升学的压力，周围的同学们更是大多奉行“及格万岁”主义。好友小魏昨天还跟他说：“安然，这都大学了，还像高中一样学习你不累啊？大学就是来享受的，这三年你不玩以后你毕业了就更没有玩的机会了，在大学只要你不挂科就行了，何必还要每天都这么努力地学习呢？真的是搞不懂你！”老师们似乎也并没有很看重学习成绩，相反那些学习一般可是玩得挺好的学生却很受欢迎。一想到这些，安然就心烦意乱，学习也学不进去了。关于大学学习，安然是越来越捉摸不透了。

成长困惑

1. 你是怎么看待大学学习的？

____

____

2. 请描述下自己目前的学习状态。

____

____

成长导航

第一站　学而时习之，不亦说乎——认识学习

大学，是信息的海洋，是知识的殿堂，是栋梁的摇篮，是良师的故乡，是成才的沃土，是精神的家园，是青春的舞台，是年轻的天堂，是人生的起点和转折点，每一名学生都应有过一系列关于大学生活的美好想象。当我们带着新奇和喜悦，带着父母的期望，带着亲友的祝福，进入自己理想的大学时，应该明白：学习应该是大学生活的主题；应该思考：我在大学学什么，离开大学我会什么。

学习，是人类认识自然和社会，不断完善和发展自己的必由之路，贯穿每一个人的一生。无论是牙牙学语、蹒跚学步还是掌握各门学科知识、擅长一项技能，人的每一个进步与成长都是学习的结晶。尤其在当今社会，要想使自己的人生过得更有意义，最关键的解决之道就是学习。对于大学生而言，学习更是我们的第一要务，是获得广博知识、掌握过

硬本领、提高自身素质的重要途径。

一、学习的含义

我国古代就有对学习的各种阐述。例如，子曰："学而时习之，不亦说乎？"陆游认为："纸上得来终觉浅，绝知此事要躬行。"《中庸》把学习分成五个步骤：学、问、思、辨、行。

"学习"有广义和狭义之分。我国著名心理学家潘菽对学习下的定义是："人的学习是在社会生活实践中，以语言为中介，自觉地、积极主动地掌握社会和个体的经验的过程。"由此看来，人的行走、言语、知识、技能、习惯、兴趣、态度和道德品质等都是学习的结果。而狭义的学习特指学生的学习，指在各类学校的特定环境中，按照教育目标的要求，在教师的指导下，有目的、有计划、有组织地进行的一种特殊的认知活动。因此，在学校教育情景中，同学们掌握知识、技能、能力，学会学习、学会思考和形成一定的思想情感、道德品质以及个性变化等的过程都是学习。

知识链接

潘菽（1897.7.13—1988.3.26），早年称潘淑，原名有年，字水叔，江苏宜兴人，心理学家、中国现代心理学的奠基人之一。1920年毕业于北京大学哲学系，1926年获芝加哥大学博士学位，1927年晋升为教授，1955年选聘为中国科学院院士。

资料来源：http：//www.baike.com/wiki/潘菽.

二、学习的分类

学习现象是十分复杂的，对学习进行分类可以有效地提高学习效率。根据学习内容的不同，学习可以分为知识的学习、技能的学习和社会规范的学习。

（一）知识的学习

学校教育意义上的知识学习就是对由语言、文字、符号所构成的关于自然和社会的运动规律和原理的理论体系的学习，包括概念的学习、原理的学习、问题解决的学习三个部分。

（二）技能的学习

技能的学习包括智力技能和操作技能的学习。智力技能的学习是指掌握概念，利用概念的属性去办事，掌握规则，利用规则去办事。技能学习的特点和重点不在于学习概念和知识，而在于掌握操作程序，并能够熟练地掌握和驾驭。

（三）社会规范的学习

社会规范的学习要比知识的学习和技能的学习更加复杂。我国心理学家冯忠良先生指出："规范的学习是在认识与实践的基础上，在头脑中构建起相应的品德结构而实现的。在规范的学习中，既要确立规范行为的需要及动力机制，又要确立规范行为的定向与执行机制。其中既包含规范的认识问题，又包括行为规范的执行及情感体验等问题。"

知识链接

冯忠良，字仲泊。北京师范大学心理学院教授，教育心理学博士点开创者，我国著名教育心理学家。1929 年 8 月 14 日生，江苏武进人。1956 年 7 月毕业于北京师范大学教育系，并留校任教。曾任中国社会心理学会理事，中国心理学会教育心理专业委员会委员，中国教育学会儿童教育心理研究会理事等职。1992 年获国务院特殊贡献奖，1993 年获高等师范院校优秀教师奖。

资料来源：http：//baike. baidu. com/link? url = tScc4FDKPNHzvJqH54GJ7ObGHGgiXMRQ794gZ _ -UK9hgqd-G9pEbysduBA68YVfZTDIx5XH4zSjN3Zvo0cKDQo2ZDbIb0O3kNCVFkyhxItL8DgBFUqd-fe4MOEphWcb1b.

三、大学学什么

进入大学，同学们应该能够深深地感受到：大学的学习已完全不同于中学。迈入大学校园，面临的是一个全新的学习和生活环境。学习任务十分艰巨，既要学专业知识，也要学专业外的知识；既要学理论，也要学技能；既要学做事，也要学做人。那么，大学到底应该学什么呢?

1996 年，联合国教科文组织发表的《学习——蕴藏宝藏》中提出了教育的四大支柱：学会学习、学会做人、学会做事、学会相处。

（一）学会学习

1972 年联合国教科文组织发表了《学会生存——教育世界的今天和明天》一书，指出"教育应该较少地致力于传递和储存知识，而应该更努力地寻求获得知识的方法（即学会怎样学习）"。美国著名的未来学家阿尔文·托夫勒也提出了一句影响深远的名言——"未来的文盲不再是目不识丁的人，而是那些没有学会怎样学习的人"。曾经风靡一时的畅销书《学习的革命》提出"在学校教育中最重要的两个科目应该是'学会怎样学习'和'学会怎样思考'"。"学会学习"就是指学会自主学习、学会高效学习、学会学习方法、学会学以致用。

（二）学会做人

我国著名的教育家陶行知先生曾写下这么一副对联"千学万学学做真人，千教万教教人求真"。被毛泽东称为"伟大的人民教育家"的陶行知就首推学生要学会做人。四大支柱中，学会做人是关键和核心，也是教育的目的和根本。

（三）学会做事

学会做事是指在科学素养的基础上，学会以首创的精神能动地参与广泛而生动的社会生活，培养适应未来职业变动的应变能力、在工作中的创新能力以及在市场环境中创造就业机会的能力。学会做事是人们未来赖以生存和发展的前提，人们不仅要提高自觉做事的能力，还要培养做事的品质：敬业精神和责任感、持久和忍耐力、适应约束和挑战困难的能力、适应社会变化和竞争的能力。

（四）学会相处

我们每个人都是社会的一部分，每天都得和很多人打交道。对于大学生来说，室友、班级同学、其他系别的同学、学校老师都是我们不可避免的交往对象。所以我们还得学会与人相处，和睦、和平相处既是人格的完善和提高，也是学习的保障。现在的企业、单位都在讲团队精神，其实这也是需要人们之间会相处。学会相处自然就是大学生现在乃至终其一生要学习的内容。

第二站　天生我材必有用——学会学习

一、挖掘学习潜力

1983 年美国哈佛大学教授霍华德·加德纳提出了多元智能理论。他认为，每个人都具有多元智能，即八大智能：语言智能、数学逻辑智能、空间智能、身体运动智能、音乐智能、人际交往智能、自我内省智能、自然观察智能。

知识链接

霍华德·加德纳（Howard Gardner），是世界著名教育心理学家，最为人知的成就是“多元智能理论”，被誉为“多元智能理论”之父。现任美国哈佛大学教育研究生院心理学、教育学教授，波士顿大学医学院精神病学教授。任哈佛大学“零点项目”研究所主持人，出版专著超过 20 本，发表论文数百篇。超过 20 所大学颁给他荣誉学位。《纽约时报》称他为美国当今最有影响力的发展心理学家和教育学家。

资料来源：http：//www. psychspace. com/psych/category-318.

（一）智能光谱

加德纳教授认为，人们表现才能的方式不止一种，每个正常人都拥有八种或九种智能，它们就像太阳照射在钻石上一样折射出多彩光谱。根据他的观点，个人在有些智能上表现出高水平，而在有些智能上表现出低水平，这些智能相互独立，进而使个体表现出能力的差异。

1. 语言智能

语言智能主要是指有效地运用口头语言及文字的能力，即听、说、读、写能力，表现为个人能够顺利而高效地利用语言描述事件、表达思想并与人交流的能力。作家、演说家、诗人、记者、新闻播报员等都展现出高水平的语言智能。

2. 数学逻辑智能

数学逻辑智能是指运算和推理的能力，表现为对事物间各种关系如类比、对比、因果和逻辑等的敏感，以及通过数理运算和逻辑推理等进行思维的能力。它是一种对于理性逻辑思维较显著的智能体现。教学逻辑智能在数学家、科学家、侦探、律师、工程师等身上有比较突出的表现。

3. 空间智能

空间智能主要是指感受、辨别、构架物体的空间关系并借此表达思想和感情的能力，表现为对线条、形状、结构、色彩和空间关系的敏感以及通过平面图形和立体造型将它们表现出来的能力。如航海家、飞行员、雕塑家、画家和建筑师所表现的那样。

4. 身体运动智能

身体运动智能主要是指人调节身体运动及用巧妙的双手改变物体的技能，表现为能够较好地控制自己的身体，对事件能够做出恰当的身体反应以及善于利用身体语言来表达自己的思想。运动员、舞蹈家、外科医生、手艺人都有这种智能优势。

5. 音乐智能

音乐智能主要是指人敏感地感知音调、旋律、节奏和音色等的能力，表现为个人对音乐节奏、音调、音色和旋律的敏感以及通过作曲、演奏和歌唱等表达音乐的能力。这种智能在作曲家、指挥家、歌唱家、乐师、乐器制作者、音乐评论家等人员那里都有出色的表现。

6. 人际交往智能

人际交往智能主要是指能够善解人意，与人相处和交往的能力，表现为觉察、体验他人情绪、情感和意图并作出适宜反应的能力。这种智能在外交人员、社会工作者、成功的教师身上表现得非常明显。

7. 自我内省智能

自我内省智能主要是指认识、洞察和反省自身的能力，表现为能够正确地意识和评价自身的情感、动机、欲望、个性、意志等，并在正确的自我意识和自我评价的基础上形成自尊、自律和自制的能力。这种智能使人表现为能够正确地认识自己，深刻地觉知自己的情感，对生命有深层次的体验和觉悟。哲学家、心理学家等在这方面表现得比较突出。

8. 自然观察智能

自然观察智能主要是指善于观察自然界中的各种事物，对物体进行辩论和分类的能力。这类智能较突出者有着强烈的好奇心和求知欲，有着敏锐的观察能力，能了解各种事物的细微差别。农民、植物学家、猎人、生态学家和庭院设计师就属于这种类型。

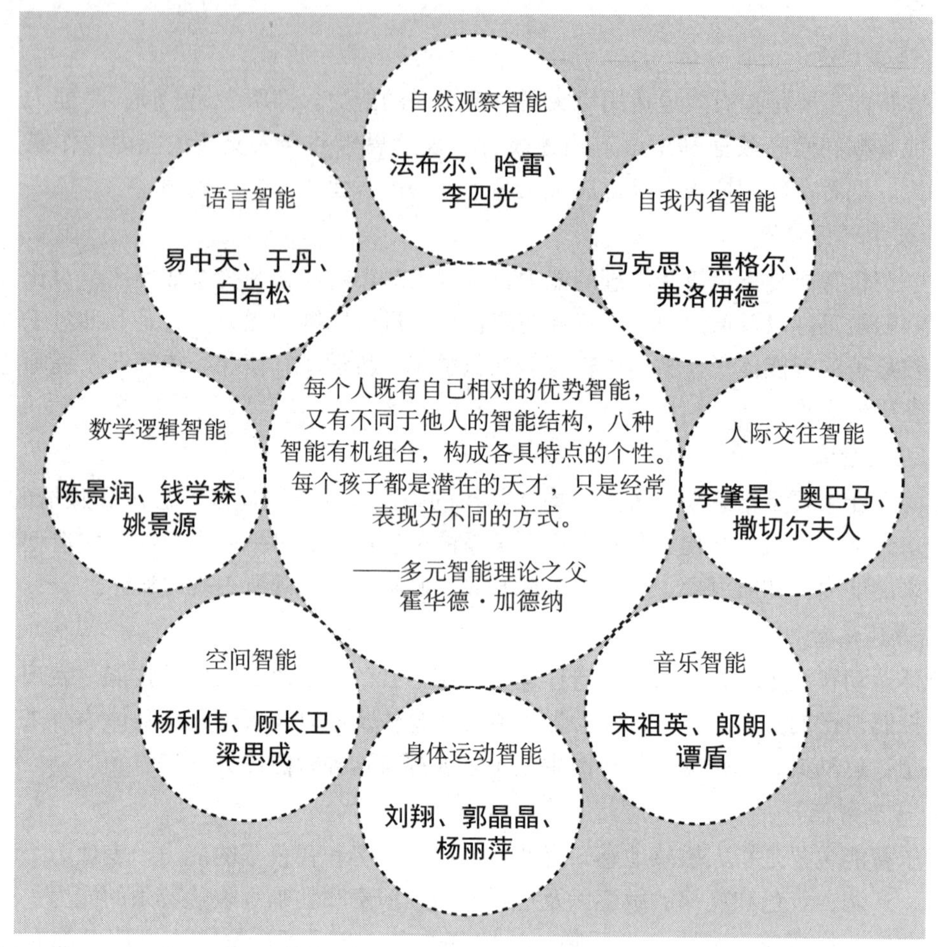

（二）多元智能理论与学习潜力

加德纳的多元智能理论告诉我们，每个人都是独一无二的，并且有着巨大的潜能，不存在谁更聪明的问题，只存在不同的个体各自在哪个方面更突出的问题。每个人都有不同的智能特点、不同的优势领域，呈现明显的个性化特征，我们可以有意识地对自己加以客观而恰当的评估，从而发现自己的优势智能并通过适合自己的学习方式加以发展，充分发挥我们的智力潜能，使自己获得最佳的发展，这样我们就有可能在自己的强势领域中取得成功。见表 6—1。

表 6—1　　不同智能类型的思考方式及喜爱的学习方式

智能类型	思考方式	善于	喜爱的学习方式
语言智能	通过语言	阅读、写作、讲故事、文字游戏	听、说、读、写
数学逻辑智能	通过推理	做实验、逻辑推理、复杂运算	分类、使用公式、演绎推理
空间智能	通过想象和画画	设计、绘画、想象、涂鸦、拼图游戏	绘图、设计、利用图像
身体运动智能	通过身体的感觉	跳舞、体育运动、动手操作	动手、演戏、模仿

续前表

智能类型	思考方式	善于	喜爱的学习方式
音乐智能	通过感受音乐	唱歌、掌握节奏、发声	歌曲、韵律歌、其他有节奏的东西
人际交往智能	通过与他人交换想法	组织、交往、管理、协调、参与社会活动	小组活动、访谈、辩论
自我内省智能	通过自身的需要、情感和目标	理解自己、监控自己的行为、追求自己的兴趣	具有个人责任感、反省能力的活动
自然观察智能	通过自然和自然形态	园艺、探索自然	运用自己独特的感官能力去了解外界环境、参加户外活动

趣味阅读

传奇指挥家——舟舟

2000 年 9 月 29 日，人民网上有一篇题为《低智商的指挥家——舟舟：一个神奇的故事》的报道。

自从中国残疾人艺术团即将访美演出以来，舟舟就为众人所瞩目，成为一颗亮丽的明星。每当舟舟登上指挥台挥舞他那神奇的指挥棒时，全场就会爆发出热烈而又带着无限惊喜和痴迷的掌声。

舟舟大名胡一舟，22 岁，而其智商仅相当于 3 岁儿童，不识字，不认路，憨态可掬。但是，一旦登上指挥台，面对庞大的交响乐团，他似乎立刻变成另一个人———中外乐章，得心应手，指挥棒舞动得如痴如醉。舟舟的指挥棒从中国一直舞到美国，使有幸得以观赏他表演的千万观众激动不已、赞叹不已。

为什么一个智商仅相当于 3 岁儿童、不识字、不认路的人，却能够面对庞大的交响乐团，得心应手，指挥棒舞动得如痴如醉呢？在现实生活中，我们常看到有的人歌唱得特别好，有的人一唱歌就跑调。有的人球打得特别好，有运动天赋。有的人伶牙俐齿，特别善于表达。有的人逻辑推理能力特别强，有的人空间想象能力特别好。可见人有多种智能，有的人有几项智能都强，也有某些智能比较弱；有的人有几项智能都比较弱，但也可能有某项智能比较强。不同的人有不同的智能强项，不同的人存在智能差异。

启迪：每个人的智能强项都不尽相同，我们应正视这种智能差异，并利用这种差异进行学习。如果你想让舟舟去学习证明几何问题恐怕他永远也学不会，也没有这个必要。在学习中，一方面我们要发挥与彰显自己的智能，从而做到个性化的发展；另一方面要利用优势智能进行学习；还要思考如何促进自己弱势智能的发展，从而实现全面发展。

资料来源：http：//3y. uu456. com/bp _ 5pvez9o3qr2r4yi9c255 _ 4. html.

趣味阅读

伤仲永

王安石

金溪民方仲永，世隶耕。仲永生五年，未尝识书具，忽啼求之。父异焉，借旁近与之，即书诗四句，并自为其名。其诗以养父母、收族为意，传一乡秀才观之。自是指物作诗立就，其文理皆有可观者。邑人奇之，稍稍宾客其父，或以钱币乞之。父利其然也，日扳仲永环谒于邑人，不使学。

余闻之也久。明道中，从先人还家，于舅家见之，十二三矣。令作诗，不能称前时之闻。又七年，还自扬州，复到舅家，问焉，曰“泯然众人矣”。

王子曰：仲永之通悟，受之天也。其受之天也，贤于材人远矣。卒之为众人，则其受于人者不至也。彼其受之天也，如此其贤也，不受之人，且为众人；今夫不受之天，固众人，又不受之人，得为众人而已耶？

资料来源：http://www.slkj.org/b/21066.html.

二、端正学习动机

趣味阅读

踢桶效应

A＋1－1＝?

也许大家都会不假思索地得出答案：A。这在数学上也许是对的，但在生活中却不见得是对的。

讲一个故事。

有一位老人住在一个广场边，广场上堆满了废铁桶。一群小学生每天上学、放学都经过广场，都要对那些铁桶拳打脚踢，以此取乐。老人有心脏病，那些噪音让他很受不了。但是老人没有直接制止，而是有一天他拦住那群学生，对他们说：“我很喜欢听你们踢铁桶的声音，如果你们每天都来踢，我就给你们每人每天一元钱。”小学生们很高兴，踢打铁桶更加卖力。

一周后，老人又拦住那群学生，说：“我现在经济情况很糟，我不能付给你们踢桶的钱了，但我还是希望你们每天都免费为我踢一阵子。”学生们愤怒地拒绝了：“不给钱了，谁替你免费干活?”于是，他们即使以后放学路过此地，下意识地准备踢桶时，但是突然想到踢桶已经没有任何报酬，也悻悻地放弃了踢桶的打算。有的孩子出于“人性恶”的本性，甚至把那些废桶都搬走了，以免老人享受到其他人无偿为他踢桶的乐趣。

老人复得安宁。

我们把这件事总结为“踢桶效应”，也就是A＋1－1＝0的效应。如果把孩子们每天踢桶这个状态当作A，然后老人每天付出的钱算作1，后来老人又把这1元钱减去了，这就是A＋1－1，但是结果呢？并不等于原来的A，而是等于0——原来的那个A也不复存在。

启迪：我们每个人一生下来，就天然地具有很强的学习欲望。如果这些天然的动机一直保持下去，如果一个人总能在兴趣的支配下学习，那他迟早会取得好成绩。但是我们却常常因为太多外在的东西，如别人的表扬、金钱、职位等，而忽略了自己内心的需求，从而也失去了学习的动力和乐趣。

资料来源：http：//bbs. pinggu. org/jg/renliziyuan _ renliziyuanguanli _ 836984 _ 1. html.

（一）学习动机的含义

动机是指促使个体从事某种活动的内部动力。它是由某种需要所引起的有意识的行动倾向。它是激励或推动人去行动以达到一定目标的内在动因。

小贴士

动机是在需要的基础上产生的。动机的产生有两个条件：一是需要的存在。由于需要的存在，人对需要的对象产生了一种非占不可、无法平息的内心紧张，并由此激发人进行某种活动，才可能转化为动机。但此时需要仅停留在大脑中，还不能使人进行直接的活动。二是诱因的存在。凡是能诱发机体产生动机的外部刺激因素均称为诱因。个体动机的产生，是需要与诱因相互作用的结果，只有这种主客观因素的结合才能产生实际活动的动机。

学习动机是促使个体进行学习活动的内部动力。具体地说，学习动机是引起学习活动、维持学习活动，并使该学习活动趋向老师所设定的教学目标的内在心理过程。

大学生学习动机是直接推动学习的内部力量，也是一种学习的需要，这种需要是社会和教育对学生学习的客观要求在学生头脑中的反映。良好的学习动机是学习的第一推动力，是我们不断前进的保障。学习没有动机，就好比一辆没有能源供应的汽车，永远也不可能走多远。

(二) 学习动机的作用

对大学生而言，学习动机在学习中发挥着重要作用。

1. 学习动机决定学习方向

学习动机是以学习目的为出发点的，它是推动学生为达到一定的学习目的而努力学习的动力。没有明确的学习目标的学生自然不会产生动机力量，因此，学生首先要懂得为什么而学，朝着什么方向努力。

2. 学习动机决定学习过程

学生能否持之以恒，差异在于学习动机。美国心理学家约翰·威廉·阿特金森于 1980 年全面展开了有关动机的研究，得出了“完成某项学习任务所需要的时间与对这项任务的动机水平为正相关”的结论。

3. 学习动机影响学习效果

美国心理学家沃尔伯格等人于 1979 年研究了动机水平与学习成就的关系，结果表明：在一定的强度范围内，学习动机越强烈的被试者，其学习成绩越好，这种正相关达 98%的显著水平。美国心理学家洛威尔在一项实验研究中，比较了成就动机强度不同而其他条件相同的两组大学生的学习效果，他给两组大学生被试者的任务是要求他们把一些打乱的字母组成词（如将 b、a、n、k 组成 bank），19 名成就动机强的大学生在完成学习任务中能不断取得进步，而 20 名成就动机弱的被试者进步缓慢，且有倒退现象。

(三) 学习动机的类型

根据不同的划分标准可以将学习动机分成不同的类型。其中，根据动机的来源不同，通常将学习动机分为内部动机和外部动机。

1. 内部动机

内部动机是指人们对学习本身的兴趣所引起的动机。内部动机的满足在活动之内，不在活动之外，它不需要外界的诱因。例如，当一个孩子想知道为什么太阳从东边升起而在西边落下，他试图从《十万个为什么》一书中去寻找答案，又试着从自己的自然课本中寻找线索，那么这个时候，他的学习行为根本无需家长和老师的监督，更不需要什么糖果或金钱作为奖励。

2. 外部动机

外部动机是指学习者由外部诱因所引起的动机。外部动机的满足不在活动之内，而在活动之外。学习者不是对学习本身感兴趣，而是对学习结果感兴趣。例如，有些学生在课堂上积极举手回答问题，目的是希望获得老师的表扬，而获得老师表扬之后又可以从家长那里获得物质上的奖励，这种动机就是典型的外部动机。

（四）动机与学习效果的关系

学习动机对学习活动起着激发、导向和调节的作用，是影响学习效果的重要因素。一般而言，学习动机和学习效果应该是统一的，即学习动机可以促进学习，提高成绩，但是，是否学习动机越强，学习效果就越好呢？耶克斯和多德森于 1908 年提出了“耶克斯-多德森”定律。

“耶克斯-多德森”定律又称“倒 U 曲线”，是指中等程度的动机激起水平最有利于学习效果的提高。最佳的动机激起水平与作业难度密切相关：任务较容易，最佳激起水平较高。在比较容易的任务中，工作效率随动机的提高而上升；随着任务难度的增加，动机的最佳水平有逐渐下降的趋势。一般来讲，最佳水平为中等强度的动机，如下图所示。

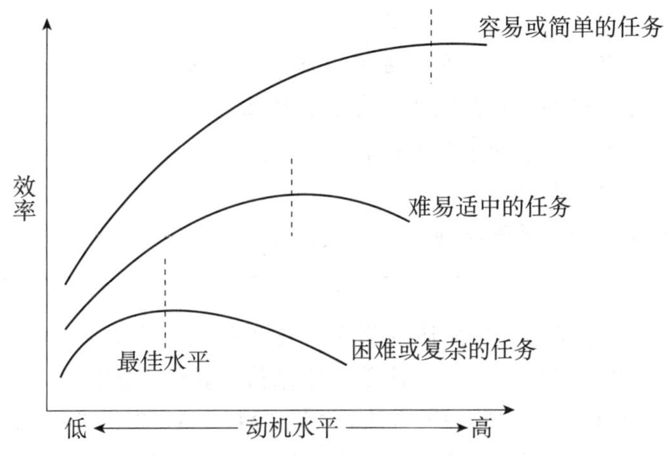

小贴士

激发学习动机的五个策略

1. 学会控制自己的思维，从而控制自己的情绪，打破消极的思维环。
2. 将兴趣和目标相结合，从而评价自己的学习过程。
3. 学会自主学习，并对自己的学习负责。
4. 尝试承担挑战性任务。
5. 营造积极的学习氛围。

三、明确学习目标

美国著名心理学家马尔兹医生提出的“人工脑学”认为：若心灵有了明确的目标，就能够不断地瞄准和修正，心灵便会自然地把我们引到朝着目标的方向，以迄达到它所追求的目标。若是心灵没有一个明确的目标，精力就会虚耗。

小贴士

目标的价值

1. 增强大学生认识人生和探索人生道路的自觉能动性。
2. 增强大学生自我完善和自我发展的自觉能动性。
3. 为大学生指引人生方向和事业方向。
4. 提高大学生的抱负水平。
5. 为大学生的成才活动提供激励力量。

设定目标对于工作、学习、生活达到期望至关重要，有了合理、有效的目标，才可以转化为有效的行动。我们可以使用SMART原则来帮助我们设定目标。

SMART原则是目标管理中的一种方法，“S”“M”“A”“R”“T”五个字母分别对应着五个英文单词：Specific（明确性）、Measurable（可衡量性）、Attainable（可达成性）、Relevant（相关性）和Time-bound（时限性）。

（一）明确性

目标要清晰、明确，一个无法明确定义的目标不是具体的目标。例如：“我要学习互联网和营销方面的知识，学习的主要方式是看书、参加公司培训、参加讲座等。”而不是：“我明年要学习很多知识，提高工作能力。”

趣味阅读

游泳的故事

1952年7月4日清晨，加利福尼亚海岸下起了浓雾，费罗伦丝·查德威克准备从太平洋游向加州海岸。当时，雾很大，她几乎看不到护送她的船只，更看不到目的地。15个小时后，她又累又冷，决定放弃挑战，但是她的母亲和教练都告诉她海岸很近了，可是她除了浓雾什么也看不到……

当人们拉她上岸时，离加州海岸只剩半英里。后来她说，令她半途而废的不是疲劳和寒冷，而是在浓雾中看不到目标。

这个故事告诉我们：目标要看得见，够得着，才能成为一个有效的目标，才会形成动力，帮助大家获得自己想要的结果。

资料来源：http：//www. gushibaike. com/renshenggushi/guanligushi/23364. html.

（二）可衡量性

目标一定要有一套明确的标准可以衡量。例如："我要看 10 本书，参加 4 个讲座。"而不是："我要多看书，多参加讲座。"后一个目标没有数字，无法衡量。

（三）可达成性

一个目标必须是可以实现的，或者说经过努力是可以实现的。例如："根据目前的能力和经验，我可以完成 12 本书、2 个讲座、12 篇笔记的计划。"而不是："我要明年看 300 本书，参加 50 个讲座。"

（四）相关性

目标的相关性是指实现此目标与其他目标的关联情况。如果实现了这个目标，但对其他的目标完全不相关，或者相关度很低，那这个目标即使达到了，意义也不是很大。例如："我学习网络营销，是和我的工作相关的，和未来发展相关的。"所以这一目标会有动力，乐于达成。而不是："我从事互联网行业，但是要投入所有时间学习医学这个目标和我的工作、发展目标相关性低。"所以这一目标不可取。

（五）时限性

目标的时限性就是指目标是有时间限制的。例如："今年暑假我要读 3 本书。"而不是："我未来要学习。""我今后要学习。"

趣味阅读

设定目标的力量

能否发挥个人才干的最大区别，就在于是否有明确的目标。在 1953 年，调查人员对耶鲁大学的毕业生曾做过一次研究。当时那些毕业生被询问是否有清楚、明确的目标以及实现目标的书面计划，结果只有 3% 的学生有肯定答复。20 年后，在 1973 年，调查人员重新调查了一下当年接受访问的人，结果那些有实现目标书面计划的 3% 的学生，在财务状况上远高于其他 97%的学生。虽然这项调查只限于财务方面，但是根据调查人员侧面的观察，似乎那 3%的人在幸福及快乐的程度上，也高于其他人。这就是设定目标的力量。

资料来源：http：//blog. sina. com. cn/s/blog _ 6a0bc3c00100l3tx. html.

四、遵循学习规律

规律是事物内部固有、本质、必然的联系及其发展趋势。学习也有一些基本的规律，了解和掌握这些规律可以让我们的学习达到事半功倍的效果。

（一）记忆遗忘规律

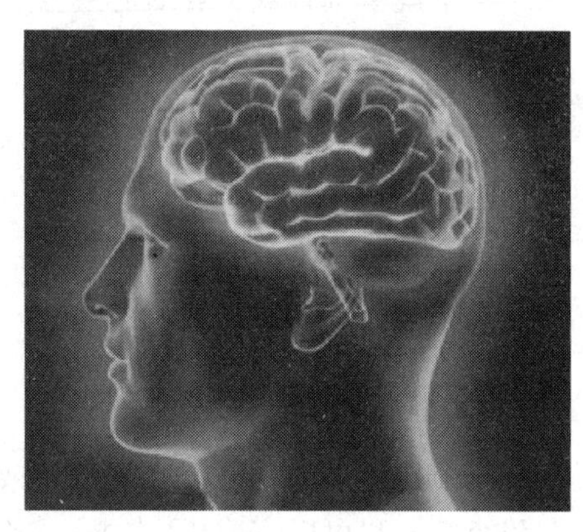

记忆是人脑对过去经验的保持和提取，它是人脑积累知识经验的一种功能，有“心灵的仓库”之美称。学习离不开记忆，一切学习活动都是从记忆开始的。失去记忆，人类将永远面临一个陌生的世界。19世纪末，德国的H. 艾宾浩斯开创了对记忆的研究，从中发现了保持和遗忘的一般规律，即遗忘进程不是均衡的，在识记的最初时间遗忘很快，后来逐渐缓慢，而一段时间过后，几乎不再遗忘。即遗忘的发展是“先快后慢”。这也就是说，遗忘是在学习之后急速发生的，要想防止和减少遗忘，就应该尽早地加以复习。研究还表明，除了受时间因素制约外，记忆还受识记的材料性质、数量、意义、方式及学习程度等其他因素的制约。

（二）序进累积规律

“序”是任何知识结构都必须有的层次序列，它包括纵、横两个方面。纵是指知识的发展和深化，横是指知识的相互联系、相互渗透。不按照固有的层次序列去学习知识，就不会学有长进。只有按照知识的逻辑系统有序地学习，才能符合学习的认识规律和思维发展规律。学习是一个循序渐进的过程，绝不是一蹴而就的。学习还是知识经验不断积累、从量变到质变的过程。

（三）学思结合规律

学，是指信息的输入，学习新知识、新技能以及社会行为规范等；思，是指信息处理加工。知识、信息被认知后，还须内化理解、编码、储存和加工，使获得的知识升华，以改善原有的智能结构或形成新的智能结构。驾驭理解和保持这两个学习过程的基本规律，就是学思结合规律。学和思是一对辩证统一的矛盾，孔子提出：“学而不思则罔，思而不学则殆。”他提出了学和思不可分离，说明只有学与思紧密结合，才能提高学习效率。

（四）知行统一规律

知，是对知识信息的输入、理解和掌握；行，则是把知道的知识信息用于实际，见诸行动，产生意识行为效应，改造主客观世界。该规律揭示的主要问题就是学习的本质问题，也就是学习发展的必然趋势和最终归宿。学习的本质是知行统一。人的学习，既是学习生活，又是学习实践；既是为了知，又是为了行；绝不是为“学”而学，而是为“用”而学，因为学习的目的全在于应用。

（五）环境制约规律

人，作为学习的主体，是受环境制约的，其学习也必然受到环境的制约。人是社会与自然的统一体，其环境制约也来自社会和自然两个不同的方面。从社会环境方面来讲，社会生活安定、社会风气良好、经济秩序稳定，会使学习主体心理上的安全感增强，来自外界的干扰减少，就会促进学习的发展。从学习主体来讲，一方面，经济生活困难，人际关系紧张，就会影响学习的效果。另一方面，人作为学习主体也受制于其所处的自然环境。首先，作为自然的人，我们必须学会适应环境、利用环境和改造环境，在受环境制约的同时，还必须向环境学习；其次，人自身的自然属性也会制约人的学习，如适当的睡眠、体育活动等是发展智力和体力的重要条件。

然而，环境对学习主体的制约也是相对的。有的人虽然身处好的学习环境，但如不勤奋进取也会碌碌无为，而身处逆境奋斗不息，终成大业伟才者也不胜枚举，哥白尼、贝多芬、马克思、司马迁等都是杰出的代表。

五、掌握学习的方法

达尔文说过“最有价值的知识是方法的知识”。一旦掌握了正确的学习方法，就会取得事半功倍的学习效果。

趣味阅读

珍珍的苦恼

珍珍觉得老天爷真不公平。她是一个很乖的学生，每天按时去上课，无论刮风下雨，从不缺课、逃课，除了吃饭、睡觉以外，珍珍几乎把所有的时间都用在了学习上；反观同宿舍的丽丽，每天花在学习上的时间可比自己少多了，丽丽喜欢运动，经常去体育馆打球，平时也爱看些闲书、听听音乐、翻翻报刊，平时还参加社团活动。可是每当考试成绩单下来，珍珍只能眼红地、无奈地看着丽丽的分数高出自己一大截，珍珍心里实在不平衡，她想不明白："为什么我比她勤奋那么多，可是却总是考不过她？"

资料来源：聂振伟、王荔：《心理健康教育》，北京，清华大学出版社，北京师范大学出版社，2006。

（一）有目的的预习

预习如同合理的"抢跑"，在学习过程中，预习使学生一开始就处于学习领先地位，掌握了学习的主动权。预习是学习诸环节中的第一环，预习不仅仅是一般性地阅读教材，而是在阅读教材的基础上，理解教材的主要内容，有目的地找出疑难问题。这样就可以使学生在听课过程中，对于一般问题能够很快地理解和掌握，对于疑难问题能够全神贯注地去听教师的讲解。预习有利于学生能力的培养，在预习中学生会遇到很多不懂的问题，对于这些问题，学生要通过积极思考、查找资料等方式去解决，这样就培养了学生的思维能力和自学能力。

（二）认真听课

听课是掌握知识的主要途径，听课的过程是接受新知识的过程，也是使新旧知识融合的过程。在听课的过程中，要联系已有的知识经验来理解新知识，并对新旧知识之间的异同进行分析比较，通过抽象概括形成知识体系。

趣味阅读

张力的听课方法

张力在课堂上老是"溜号"，老师讲课时，他感觉老师讲的内容自己已经会了，为了不耽误时间，就学习别的内容。他不知老师在讲这一问题的同时还会涉及其他许多问题，由于他上课没有注意听讲，许多问题都漏掉了。张力是上课忙、下课也忙，可考试成绩并不理想。这种丢了西瓜捡芝麻的听课方法，对张力的学习产生了很大的负面影响。

资料来源：郝春生：《高职大学生心理健康指导》，北京，北京交通大学出版社，2009。

（三）学会记笔记

俗话说"好记性不如烂笔头"。笔记记录下来的不仅是经老师归纳、整理后教科书上的知识，还有教科书上没有的知识。记笔记时眼、耳、手同时活动，符合多种感官同时活动有助于记忆的原理，所以记笔记能增强记忆。记笔记不是把老师上课所说的话都记下来，而是要对老师所传达的信息进行筛选，进行取舍，具体包括：

第一，教师的板书内容。

第二，重点、难点和主要结论。

第三，教师补充的内容。

第四，容易出现问题的地方。

(四) 科学地复习

遵循遗忘“先快后慢”的规律，为了防止大量遗忘、提高记忆效率，就必须及时复习。俄国教育家乌申斯基说：“与其在大厦已经崩溃时重新修建，不如在其不稳固时及时地加固它。”及时复习会起到事半功倍的效果。

我们在学习了新的知识以后，如果不经过及时的复习，这些记住过的东西就会遗忘。德国心理学家 H. 艾宾浩斯通过实验研究，发现遗忘的进程是不均衡的，有先快后慢的特点。根据他的研究，我们刚刚记忆完毕的学习材料，20 分钟以后就只能回忆起 58.2%，1 小时之后只能回忆起 44.2%，9 小时后只能回忆起 35.8%，1 天后只能回忆起 33.7%，2 天后只能回忆起 27.8%，6 天后只能回忆起 25.4%，1 个月后只能回忆起 21.1%。H. 艾宾浩斯的实验研究向我们充分证实了一个道理，即新学的知识一定要及时复习，勤于复习，才能掌握得牢固。

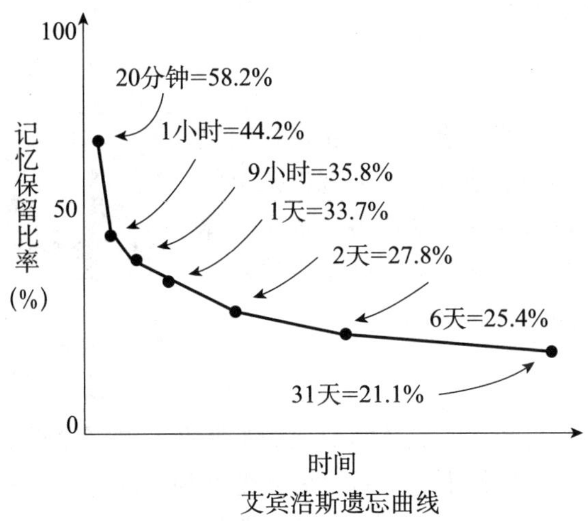

艾宾浩斯遗忘曲线

(五) 利用积极的心理暗示

趣味阅读

是什么冻死了他

有一则趣闻，说是有一个人，进入冷藏室后被无意地关在了里头，顿时他极度紧张，越想越怕，越怕越冷，最后被“冻”得缩成一团，竟在惊恐中死去。可是，当时冷冻机压根儿就没有打开，冷藏室的温度并没有冷到冻死人的程度。那么这个人是怎么被“冻”死的呢？这就是“心理暗示”、精神作用的结果。他老想着“我快要冻死了”，一遍一遍地进行“自我暗示”，结果导致了死亡。

资料来源：http：//www.rs66.com/a/1/93/31564.html.

心理暗示分为积极的心理暗示和消极的心理暗示。不管是积极的心理暗示还是消极的心理暗示，都会在不知不觉中对人产生影响。学习也是如此，在学习中，有的人对自己充满信心，相信自己“很快就能学会”；有的人则缺乏信心，怀疑自己“根本学不会”。两种心态不同，学习效果就大相径庭。前者属于非主动的积极暗示，即使遭遇失败，也不当一回事，只把学得好的印象深深印在脑子里，结果可能很快就入门了；后者属于非主动的消极暗示，往往把失败的印象留在脑海中。在学习的过程中，我们要多用积极的心理暗示。

第三站　获得学习的心流体验——快乐学习

一、心流与心流体验

（一）心流

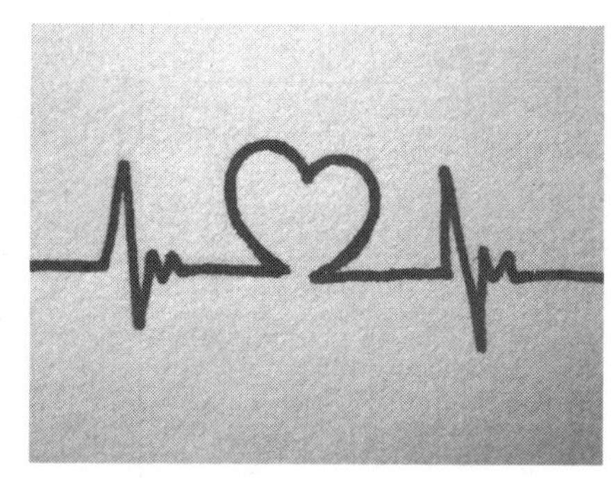

美国芝加哥大学心理学家米哈里·齐克森米哈里将心流定义为：人们对某一活动或事物表现出浓厚的兴趣并能推动个体完全投入某项活动或事物的一种体验。心流一般是个体从当前所从事的活动中直接获得的，回忆或想象等则不能产生这种体验。

（二）心流体验

人们进入心流状态时会产生心流体验，他们被所做的事深深吸引，自身的兴趣完全融入其中，专注在自身注意的事情上，并且丧失其他不相关的知觉，就好像被活动吸引进去一般。当人们处于心流状态时，因为过于关注、浑然忘我而无暇去思索其他问题，自我意识消失，感觉时间过得特别快或者特别慢。

二、如何获得学习的心流体验

几乎每一种活动，如工作、学习、人际交往、文体活动或宗教仪式等都能产生心流体验。无论做什么事情，若能一面乐于其中，一面不断成长，那就是最佳状态。

那么怎样才能获得学习的心流体验呢？

（一）确立明晰的学习目标

只有确定清晰的学习目标才能持续投入精神力量，为个人获得循序渐进的经验感受。我们要为自己的大学学习确立一个目标系列，包括远期、中期、近期目标，如毕业目标、学年目标、学期目标等。在面对这些目标时，我们不仅需要对自己达到目标的能力充满信心，而且要将目光放在达到目标前的那些障碍上，更要投入更多的精力考虑和实施达到每个近期目标的步骤。

（二）提升专注力

专注力是学习和做事能否成功的关键，对我们的一生起到至关重要的作用。它是指一个人能高度集中于某一件事情的能力，是一项非常重要的心理素质。正所谓“书痴者文必工，艺痴者技必良”。

小贴士

专注力提升的方法

1. 营造安静、简单的环境。
2. 有规律的生活。
3. 培养自我约束力。
4. 培养注意事物的广度。
5. 激发兴趣。
6. 明确活动的目的和要求。

（三）培养创造力

大学阶段是创造力提升的关键时期，充分利用好这一关键时期、有意识地培养自己的创造力素质是我们提升自己综合素质的核心任务。那么，我们应该如何培养自己的创造力呢？

1. 丰富知识与经验

创造力不是空中楼阁，它依赖于坚实的知识基础和精湛的专门技能。我们只有精通于自己所学专业领域的知识，并努力开发创造所必需的技能和洞察力，才有可能表现出不同于他人的创造力。可以说，丰富的知识和经验是提高创造力的前提。然而，另一方面，如果不恰当地运用自己丰富的知识经验，也会成为我们发挥创造力的羁绊。因此，我们在不断扩充自己的知识结构、丰富自己的经验知识的同时，还要在尊重、学习和借鉴的基础上，勤于思考，敢于质疑已有的知识经验，只有这样才不会使自己的独创精神淹没在书海中。

2. 诱发创造兴趣，启发创造想象

捷克教育家夸美纽斯曾说：“兴趣是创造一个欢乐和光明的学习环境的主要途径之一。”我们只有在学习中产生一种迫切探求新知识的欲望，才能使自己的创造能力得以充分发挥。因此，我们应利用一切可能的条件，不失时机地激发自己的创造兴趣，如在课堂上积极参与老师组织的游戏、竞赛等。要更多地走出课堂，对自然界、人类社会的各种现象予以关注，并在观察的基础上积极思考、大胆想象。丰富的想象是创造的翅膀，尤其是创造性想象，其对提高自身创造性思维、进行创造性劳动具有十分重要的意义。

此外，还应培养自己大胆幻想和善于幻想的能力，这对提高自身的创造性思维也有重要意义。敢想是敢做的起点，幻想是创造活动的必要条件，对于同学的幻想不应讽刺讥笑，应该帮助他们把幻想转变为理想，把幻想同创造性想象结合起来。一旦如此，我们的创造力定会被激发起来，创造性思维也会得到发展。

小贴士

激发创造性思维的25项原则

1. 对问题本身要怀疑。
2. 怀疑理所当然的事务。
3. 当方法行不通时，将目的彻底加以思考分析。
4. 要考虑本身的机能可否转变。
5. 把量的问题转变为质的问题。
6. 扩大问题的时间、空间因素。
7. 怀疑价值。
8. 活用自己的缺点。
9. 将具体问题抽象化。
10. 综合两种对立的观点。
11. 舍弃专门知识。
12. 站在相反的立场思考。
13. 返回出发点重新思考。
14. 把背景部分和图形部分互相转换。
15. 列举与主题相关的各种联想。
16. 将几个问题归纳成一个问题处理。
17. 把问题划分至最小部分来研判。
18. 等待灵感不如搜集资料加以分析。
19. 从现场的状况来考虑问题。

20. 尝试转移成其他问题。
21. 强制使毫不相关的事物相互联系。
22. 应用性质完全不同的要素。
23. 打破固定的思维方式。
24. 活用既有的价值观念。
25. 勿囿于“思想转变”的必然性。

---

3. 注重培养创造性心理品质

现代社会的发展要求学生具有创造性心理品质，如强烈的好奇心和进取心、独立的个性、坚定的自信心、冒险精神等。在日常的生活、学习中，我们要有好奇心，积极地去发现、去探索。当遇到困难时，我们也应注意培养自己独立解决问题的能力，培养百折不挠的意志。

4. 积极营造创造的心理氛围

几个人一起思考同一问题时所产生的效益往往大于一个人的，这种思考和解决问题的方式，一方面能提高对问题认识的广度和深度，另一方面在讨论的基础上会产生心理学家所称的“社会促进”现象，即当一个人看到其他人正在完成某个任务时，自己也会积极地思考。

成长训练营

一、优势学习

（一）活动目的

使学生对自己的学习优势有较为清晰的认识，从而树立学习的信心，认识到学习的差异除了先天的原因之外，更多的是与后天的对自身学习优势能力的应用程度有关。

（二）活动步骤

1. 放松状态

现在我们要进行一次身心放松之旅，请每位同学端正地坐在自己的座位上，闭上眼睛，跟着老师的引导语和轻松的背景音乐进行想象。

2. 进行冥想

播放节奏轻快的轻音乐，引导学生回顾自己在学习上比较擅长的方法。

引导语：准备好了吗？好，现在深深地吸气，慢慢地呼气，再来一遍，深深地吸气，慢慢地呼气，再来一遍，深深地吸气，慢慢地呼气。好！春天来了，一片鸟语花香的美丽景色，你静静地躺在草地上，心情舒适而愉快地享受春天带给你的欢乐与愉悦。

一束温暖的阳光暖暖地照在你的身上，你觉得浑身都放松了，特别舒服，你紧锁的眉头舒展开了。请你仔细体会一下眉头舒展之后放松的感觉，你觉得好舒服、好轻松，你觉得额头凉丝丝的，脸上每一块肌肉都特别放松，你觉得舒服极了。

这时，你想到了你的学习……（引导学生回顾自己在学习上最擅长的10个学习方法。）

现在你觉得浑身放松，心情舒畅，就像躺在湖面上随风飘荡的小船上一样，暖风徐徐吹过你的整个身躯，还有一丝淡淡的水草的香味，你闭上眼睛，深深地陶醉在这片水波荡漾的美丽风景中，心情特别愉快！

现在你觉得特别地放松，浑身都充满了力量，心情特别愉快，你的头脑清醒，思维敏捷，反应灵活，眼睛也非常有神气。准备好了吗？好，请你慢慢地睁开眼睛，你觉得头脑清醒，思维敏捷，浑身都充满了力量。

3. 学习优势

现在请同学们将刚才在放松练习中联想到的自己最擅长的10个学习方法写下来：

1. ______
2. ______
3. ______
4. ______
5. ______
6. ______
7. ______
8. ______
9. ______
10. ______

4. 秘诀分享

现在请班里大家认为学习最有效率的两位同学来向大家分享一下他们的学习诀窍。

5. 改革计划

现在请同学们根据以上的训练总结下一步自己准备采取的学习方法改革计划。

1. ______
2. ______
3. ______
4. ______
5. ______
6. ______
7. ______
8. ______
9. ______
10. ______

6. 集体讨论

现在我们一起来讨论几位同学的学习方法改革计划，看看这些对我们有什么启示。

二、智闯雷阵

（一）活动目的

培养学生的突破思维定式、走出理性盲区、培养创新意识、善于吸取经验教训、少走弯路的能力，以及善于利用工具与资源等的能力。

（二）活动材料

6 米×6 米的雷阵图 1 块，可在学校操场上绘制，也可制成可移动道具，如下图所示。

109	110	111	112	113	114	115	116	117	118	119	120
97	98	99	100	101	102	103	104	105	106	107	108
85	86	87	88	89	90	91	92	93	94	95	96
73	74	75	76	77	78	79	80	81	82	83	84
			67	68	69	70	71	72			
			61	62	63	64	65	66			
			55	56	57	58	59	60			
			49	50	51	52	53	54			
37	38	39	40	41	42	43	44	45	46	47	48
25	26	27	28	29	30	31	32	33	34	35	36
13	14	15	16	17	18	19	20	21	22	23	24
01	02	03	04	05	06	07	08	09	10	11	12

除了“雷阵图”，还要另外准备一份和“雷阵图”一样图示的 A4 纸大小的“雷区图”，用铅笔在某些数字上画“×”的说明有雷。

（三）活动步骤

1. 成员分组

将全班同学分为两个小组，并推选出小组长，按小组参加活动。轮流按 A、B 报数，报“A”者为一组，报“B”者为一组。“A”组请到 1～6 号格前面，“B”组请到 7～12 号格前面。

2. 了解雷阵

将学生带到雷阵场地，宣布“我们将要做的项目叫智闯雷阵，我们队将在一定时间内通过一片雷区”。

所谓雷阵，就是一张铺在地上的大棋盘，有 4（每排 12 个数字）＋4（每排 6 个数字）＋4（每排 12 个数字）排格子，两个队同时进行（一张图上同时独立进行），目标是所有学员从雷区的入口开始，依次通过雷阵，成功地到达雷区的另一边（路线格与格必须相邻）。规则是起始时两队分别站在一侧的圆内，一次只能有一个队员在雷阵里探雷，触雷则要求按原路返回，不按原路返回扣分。

3. 游戏规则

规则叙述两遍，不再解释，不回答任何问题。规则如下：

每一组的入出口不一样，可以规定 1～6 号格为 A 组的入口，116～120 号格为 A 组的出口，7～12 号格为 B 组的入口，109～113 号格为 B 组的出口。两边为数字悬崖绝壁，不能通过。全体依次通过雷区，雷区内只允许一人活动，其他人不准踏入雷区。A 组、B 组轮流进入，进入前举手报告“A 组”或“B 组”，经允许后方可进入。进入雷区者，每一步只能踏入相邻的格子。不准跳跃，不准试探。每走一步新格后要听老师指令，是“请继续”，还是“有雷，请按原路返回”。若听到第一种指令，则请继续走；若听到第二种指令，则按原路返回，退到队尾。评分标准及违例扣罚：40 分钟内完成任务得 100 分。违例一次扣两分，违例现象有：重复触雷，未按原路返回，踏线，超时，未被允许者进入雷区。

4. 通过雷区

根据以上规则，安排两组同学通过雷区，凡是违反规则者按规定处罚。

5. 结果评比

根据活动成绩，评选出优胜组。

6. 集体讨论

(1) 大家是怎样理解相邻的格子的？

(2) 我们是否可以用更短的时间来完成这项任务？

(3) 我们为什么会有那么多违例？如何减少违例的次数？

注意事项：

(1) 控制场面很重要，使学员认真、投入，遵守纪律和项目要求。

(2) 参加的同学在作标记时，要禁止其在雷阵图上面划痕迹，因为不易去掉。

(3) 项目结束后老师应及时带领学员将场地上的标记物清除干净。

(4) 场地要清扫干净。

(5) 若在野外布置雷阵图，则在开始前要清理图上的硬物、尖物。

(6) 不要过早地将路封住，可以适当做调整。

成长体验与感悟

有些同学在学习过程中感受不到快乐，甚至很痛苦。这种学习的不快乐恐怕不是智力低下的结果，而是对自己能力的低估和对学习任务的不正确认识导致的。只要我们掌握了一定的学习方法和技巧，就能够快乐地学习。

什么叫快乐学习？从某种层面上说，快乐快乐，只有快，才能乐！对于不太喜欢、感到不太快乐的课程，解决它的最好办法就是快快地学完它，快快地学会它。这样，你就有了更多自由的时间和精力，去学自己乐意学的东西，或者去开心地玩了。

经过本驿站的学习，相信大家对待学习会有更加深刻的认识和体会，那么就请大家在此分享自己成长的体验和感悟吧：

成长加油站

一、生活中的心理学效应——罗森塔尔效应

1968年的一天，美国心理学家罗森塔尔和他的助手们来到一所小学，说要进行7项实验。他们从一至六年级各选了3个班，对这18个班的学生进行了“未来发展趋势测验”。之后，罗森塔尔以赞许的口吻将一份“最有发展前途者”的名单交给了校长和相关老师，并叮嘱他们务必保密，以免影响实验的正确性。其实，罗森塔尔撒了一个“权威性谎言”，因为名单上的学生是随便挑选出来的。8个月后，罗森塔尔和他的助手们对这18个班的学生进行复试，结果奇迹出现了：凡是上了名单的学生，个个成绩有了较大的进步，且性格活泼开朗，自信心强，求知欲旺盛，更乐于和别人打交道。显然，罗森塔尔的“权威性谎言”发挥了作用。这个谎言对老师产生了暗示，左右了老师对名单上的学生的能力的评价，而老师又将自己的这一心理活动通过自己的情感、语言和行为传染给学生，使学生变得更加自尊、自爱、自信、自强，从而使各方面得到了异乎寻常的进步。

二、好书共赏

1.《非智力因素与学习》

《基础教育课程改革纲要（试行）》着重强调“情感态度与价值观等方面的基本要求”，将非智力因素的培养提到一个相当重要的高度。本书根据教育界的热点话题系统而全面地概括了IN结合论的学习理论，对动机、兴趣、情感、意志和性格五因素与学习的关系作了深入探讨，提出了切实可行的培养非智力因素的科学方法。

2.《做学习的主人》

学会学习是21世纪人类必备的素质。掌握知识已不再是学习的唯一目的，乐学、会学是学生终身学习的基础。本书阐述了学习心理辅导的内容、策略与方法，以及对各种学习心理困惑的调适。本书理论联系实践，将抽象的理论融入许多生动的故事和实际案例之中，深入浅出，浅显易懂。

三、电影赏析

1.《阿甘正传》

电影讲述了存在智力障碍的阿甘因为从智商只有 75 分而不得不进入特殊学校，到橄榄球健将，到越战英雄，到捕虾船船长，到跑遍美国……阿甘以先天缺陷的身躯，达到了许多智力健全的人也许终其一生也难以企及的高度。

2.《风雨哈佛路》

《风雨哈佛路》是美国一部催人警醒的励志电影。影片介绍了一位生长在纽约的女孩莉斯历经人生的艰难和辛酸，凭借自己的努力，最终走进了最高学府的经历。莉斯出生在美国的贫民窟里，从小就承受着家庭的千疮百孔，母亲酗酒吸毒，并且患有精神分裂症。在莉斯 15 岁时母亲死于艾滋病，随后父亲又进入收容所。贫穷的莉斯需要出去乞讨，和一些朋友流浪在城市的角落，生活的苦难似乎无穷无尽。随着慢慢成长，莉斯知道，只有读书成才方能改变自身命运，走出泥潭般的现况。她用最真诚的态度打动了高中校长，争取到了读书的机会。然后，莉斯在漫漫的求学路上开始了征程。她一边打工一边上学，用两年时间学完了高中四年的课程。她尝试申请各类奖学金，只有《纽约时报》的全额奖学金才能让她念完大学，于是她努力并申请到了这份奖学金。影片的最后，她迈着自信的脚步走进了哈佛的学堂。贫困并没有止住莉斯前进的决心，在她的人生里面，勇往直前地奋斗是永恒的主题。

四、推荐量表

(一) 多元智能量表

1. 答题说明

量表内共有 80 道题，请按照你的实际行为表现与题目相符的程度，给出分值：完全不符的给 1 分，小部分符合的给 2 分，部分符合的给 3 分，大致符合的给 4 分，完全符合的给 5 分。

2. 你的表现

1. 词汇丰富，表达能力超出一般。(　　)
2. 喜欢思考、讨论科技或数学方面的问题。(　　)
3. 喜欢用图表来解释说明。(　　)
4. 肢体动作协调，姿态优雅。(　　)
5. 很喜欢关心、欣赏、谈论音乐方面的信息。(　　)
6. 到户外活动，能够细心地观察自然景物，喜好发问、思考。(　　)

7. 经常参加群体聚会活动。（　）
8. 非常了解自己的优点和缺点。（　）
9. 能准确记得自己读过的文章或听过的话。（　）
10. 计算能力优异，数字感良好。（　）
11. 空间目测能力良好。（　）
12. 说话时，善于使用肢体和手势来表达意见及情感。（　）
13. 很会唱歌、吹口哨、哼曲子或打拍子等。（　）
14. 对大自然界有浓厚的兴趣，很愿意关心、思考、从事有关自然界的事务。（　）
15. 朋友很多。（　）
16. 会自觉地朝自己的目标努力，不需要外部的奖惩或约束来督促。（　）
17. 表达生动有趣，善于描述、讲故事等。（　）
18. 对数字、符号、概念等很敏感，抽象思维能力强。（　）
19. 绘图能力优异，作品充满画趣。（　）
20. 能运用多种多样的动作来表现一个事物。（　）
21. 能随手运用生活中的器材来表现音乐。（　）
22. 关注与大自然有关的书籍或电视节目。（　）
23. 善于体察别人的情感。（　）
24. 能够反思和改进自己的做事方式。（　）
25. 阅读面很广，阅读理解能力很强。（　）
26. 能用符号、比喻、概念等表达或简化复杂的意思。（　）
27. 善用图像记忆、思考或表达知识或意思。（　）
28. 运动感觉很好，偏爱在活动中学习。（　）
29. 能用音乐来美化生活。（　）
30. 关心、参与垃圾分类与废物处理事务。（　）
31. 很了解别人对你的看法。（　）
32. 独立性强，不依赖他人。（　）
33. 对词句理解精确，能灵活运用俗语、成语或名句。（　）
34. 善于归纳，善于得出结论。（　）
35. 喜欢绘图、造型或者场景布置。（　）
36. 善于运用肢体动作生动地模仿人、动物等活动物。（　）
37. 听觉很灵敏，能清晰地记得自己听过的语音、响声、曲子等。（　）
38. 很会饲养小动物或种植花草树木。（　）
39. 能积极地参与团体讨论。（　）
40. 善于自我激励，不需要别人督促自己。（　）
41. 说理能力良好，擅长辩论或演说。（　）
42. 擅长推理，逻辑性很强。（　）
43. 擅长美术鉴赏，对色彩、图形、光彩的感觉十分敏锐。（　）

44. 能很快学会操作工具、机器等器具。（ ）
45. 乐感、节奏感很好，能很快学会一首歌曲或乐曲。（ ）
46. 尊重自然界的生命，很喜欢欣赏自然景物。（ ）
47. 能主动关心别人，善于为他人排忧解难。（ ）
48. 能理性地对待别人对自己的批评。（ ）
49. 说话、写作能够把握重点，有条有理。（ ）
50. 善于发现、分析问题，能找出问题的症结。（ ）
51. 能很快理解图表、地图、示意图等。（ ）
52. 能很快学会骑车、游泳、球类之类的新技能。（ ）
53. 唱歌或演奏乐器的能力很强。（ ）
54. 很了解名山、大川、古镇等，通晓各地风土人情。（ ）
55. 同伴总是很尊重、喜爱你。（ ）
56. 在亲属、同学、朋友等人群中，你很清楚自己的地位与角色。（ ）
57. 喜好写作，善于用文字表情达意。（ ）
58. 思维方式灵活，能用多种方法解题。（ ）
59. 方位感很强，在陌生的地方很快能找到方向。（ ）
60. 能很快学会跳舞，表演出色。（ ）
61. 能够改编乐曲或歌曲。（ ）
62. 喜欢以大自然为主题的电影、音乐、摄影、美术或文学作品。（ ）
63. 很善于与别人合作。（ ）
64. 遇到不同的或陌生的场合，能很快知道自己该怎么做。（ ）
65. 对方言、外语等语言学得快而好。（ ）
66. 解决数理难题的能力很强。（ ）
67. 很会玩拼图、迷宫、积木等观察游戏。（ ）
68. 体育能力很强，是个优秀的运动员。（ ）
69. 音乐鉴赏能力佳，对乐曲、歌曲有独到的见解。（ ）
70. 关心和参与保护野生动物、水资源和其他自然环境。（ ）
71. 当与别人意见不同时，能有效地沟通、协调。（ ）
72. 面对团体压力，也能坚持自己正确的意见。（ ）
73. 常常自豪地谈论或展示你的作文或文艺作品。（ ）
74. 喜欢深入地探究各种问题。（ ）
75. 常常对自己到过的地理场景记忆犹新。（ ）
76. 善于制作、拆装玩具、航模等器具。（ ）
77. 有演出机会时，常常为大家演奏或演唱。（ ）
78. 喜好登山、远足、攀岩、露营、漂流、赏鸟等休闲活动。（ ）
79. 常被选为团队的领导。（ ）
80. 很清楚自己的个性和追求。（ ）

3. 多元智能量表计分表

把你的分值填写在表 6—2 中对应的方格内。然后把每一列的计分加起来，就是这一列对应的智能总得分。

表 6—2　　多元智能量表计分表

智能类型	语言智能		数学逻辑智能		空间智能		身体运动智能		音乐智能		自然观察智能		人际交往智能		自我内省智能	
每题得分	1		2		3		4		5		6		7		8	
	9		10		11		12		13		14		15		16	
	17		18		19		20		21		22		23		24	
	25		26		27		28		29		30		31		32	
	33		34		35		36		37		38		39		40	
	41		42		43		44		45		46		47		48	
	49		50		51		52		53		54		55		56	
	57		58		59		60		61		62		63		64	
	65		66		67		68		69		70		71		72	
	73		74		75		76		77		78		79		80	
合计得分																

（二）威廉斯创造力倾向测验量表

这是一份帮助你了解自己创造力的练习。回答下列各问题，对照自己的情况选择是“完全符合”“部分符合”，还是“完全不符”，并在题后的表 6—3 中相应选项中画“√”。要求每题必做，不要去想，凭第一印象做答，越快越好。

1. 我喜欢试着对事情或问题进行猜测，即使不一定猜对也无所谓。
2. 我喜欢仔细观察我没有见过的东西，以了解详细的情形。
3. 我喜欢变化多端和富有想象力的故事。
4. 画图时我喜欢临摹别人的作品。
5. 我喜欢利用废旧物品（如旧报纸、瓶子、盒子等）做些好玩的东西。
6. 我喜欢幻想一些我想知道或想做的事。
7. 如果事情不能一次完成，我会继续尝试，直到完成为止。
8. 做事情喜欢参考各种不同的材料以便得到多方面的了解。
9. 我喜欢用相同的或老的方法做事情，不喜欢另找新方法。
10. 对问题我喜欢刨根问底。
11. 我喜欢做许多新鲜的事。
12. 我不容易结交新朋友。
13. 我喜欢想一些不会在我身上发生的事。
14. 我喜欢想象有一天能成为艺术家、音乐家或诗人。
15. 我会因为一些令人兴奋的念头而忘了其他的事。

16. 我真想生活在太空站，不想生活在地球上。
17. 我认为所有问题都有固定的答案。
18. 我喜欢与众不同的事情。
19. 我常常想知道别人正在想什么。
20. 我喜欢故事或电视节目所描写的事。
21. 我喜欢和朋友在一起，向他们分享我的想法。
22. 如果一本故事书的最后一页被撕掉了，我就自己编造一个故事把结果补上去。
23. 我长大后，想做一些别人从没想过的事。
24. 尝试新的游戏和活动，是一件有趣的事。
25. 我不喜欢受太多规则的限制。
26. 我喜欢解决问题，即使没有正确答案也没关系。
27. 有很多事情我都很想亲自去尝试。
28. 我喜欢唱没有人知道的新歌。
29. 我不喜欢在班上同学面前发表意见。
30. 当我读小说或看电视时，我喜欢把自己想象成故事中的人物。
31. 我喜欢幻想古代人类生活的情形。
32. 我常想自己编一首新歌。
33. 我喜欢翻箱倒柜，看看有些什么东西在里面。
34. 画图时，我很喜欢改变各种东西的颜色和形状。
35. 我不敢确定我对事情的看法都是对的。
36. 对于一件事情先猜猜看，然后看是不是猜对了，这种方法很有趣。
37. 玩猜谜之类的游戏很有趣，因为我想知道结果如何。
38. 我对机器感兴趣，也很想知道它里面是什么样子，以及它是怎样运转的。
39. 我喜欢可以拆开来的玩具。
40. 我喜欢想一些新点子，即使用不着也无所谓。
41. 一篇好的文章应该包含许多不同的意见和观点。
42. 为将来可能发生的问题找答案，是一件令人兴奋的事。
43. 我喜欢尝试新的事情，目的只是想知道会有什么结果。
44. 玩游戏时，我通常是重在参与，而不在乎赢。
45. 我喜欢想一些别人常常谈过的事情。
46. 当我看到一张陌生人的照片时，我喜欢去猜测他是一个什么样的人。
47. 我喜欢翻阅书籍及杂志，但只想大致了解一下。
48. 我不喜欢探寻事情发生的各种原因。
49. 我喜欢问一些别人没有想到的问题。
50. 无论是在家里还是在学校，我总喜欢做很多有趣的事。

表 6—3　　**威廉斯创造力倾向测验量表**

题目	完全符合	部分符合	完全不符	题目	完全符合	部分符合	完全不符
1				26			
2				27			
3				28			
4				29			
5				30			
6				31			
7				32			
8				33			
9				34			
10				35			
11				36			
12				37			
13				38			
14				39			
15				40			
16				41			
17				42			
18				43			
19				44			
20				45			
21				46			
22				47			
23				48			
24				49			
25				50			

说明：

本量表共 50 题，包括冒险性、好奇性、想象力、挑战性四项。题目中包括正向题目和反向题目两种。

冒险性题目有 11 题（包括 1、5、21、24、25、28、29、35、36、43、44），其中 29 和 35 题为反向题目。

好奇性题目有 14 题（包括 2、8、11、12、19、27、33、34、37、38、39、47、48、49），其中 12 和 48 题为反向题目。

想象力题目有 13 题（包括 6、13、14、16、20、22、23、30、31、32、40、45、46），其中 45 题为反向题目。

挑战性题目有 12 题（包括 3、4、7、9、10、15、17、18、26、41、42、50），其中 4、9、17 题为反向题目。

计分方法：正向题目完全符合计 3 分，部分符合计 2 分，完全不符计 1 分；反向题目完全不符计 3 分，部分符合计 2 分，完全符合计 1 分。

计算自己的得分，得分高说明自己的创造力强，得分低说明创造力有待提高。

五、实践作业

（一）内容

给自己定个小目标。

（二）要求

（1）结合自身情况，参照目标管理的 SMART 原则，完成下列步骤。

（2）根据每个步骤的完成情况给自己打分，总分 100 分。

（三）步骤

步骤 1：选出在这一年里对你最重要的四个目标，并填入表 6—4 中。（每个目标 5 分，共 20 分）

表 6—4　这一年里对你最重要的四个目标

目标	实现目标的理由（或者目标的重要性）	实现目标的把握度

步骤 2：目标要形成结果，就必须注意五个方面，请核对你的四个目标，见表 6—5。（每个目标 5 分，共 20 分）

表 6—5　用五个方面核对你的四个目标

目标 要求	目标 1	目标 2	目标 3	目标 4
用肯定的语气来预期你的结果				
要有具体的项目和完成期限				
要掌握实现过程中的证据				
把握主动权，能全盘掌握				
是否对自己有利，为社会所需				

步骤 3：列出你实现目标过程中已有的各种重要的有利条件和不利条件以及你的对策或措施，见表 6—6。（每个目标 5 分，共 20 分）

表 6—6　你实现目标过程中已有的各种重要的有利条件和不利条件以及你的对策或措施

目标 对策	目标 1	目标 2	目标 3	目标 4
有利条件				
不利条件				
对策或措施				

步骤 4：回顾过去，总结经验，见表 6—7。（每个事件 5 分，共 15 分）

表 6—7　回顾过去，总结经验

事件	成败原因	经验启示
事件 1		
事件 2		
事件 3		

步骤 5：为自己找一些值得效法的模范。（10 分）

（1）在你目标领域中找出有杰出成就的人，简单地写出他们成功的特质和事迹。

（2）闭上眼睛想一想，仿佛他们每一个人都会提供给你一些实现目标的建议，记下他们每一位建议的重点。

（3）记下他们的名字，即使你不认得他们，但通过这个过程，他们就好像成为你追求成功的最佳顾问。

步骤 6：好好地计划每一天的生活。（15 分）

每日清晨，想想并写下：

（1）我要做什么？

（2）我要如何开始这一天？

（3）我要朝哪个方向努力？

（4）我要得到什么结果？

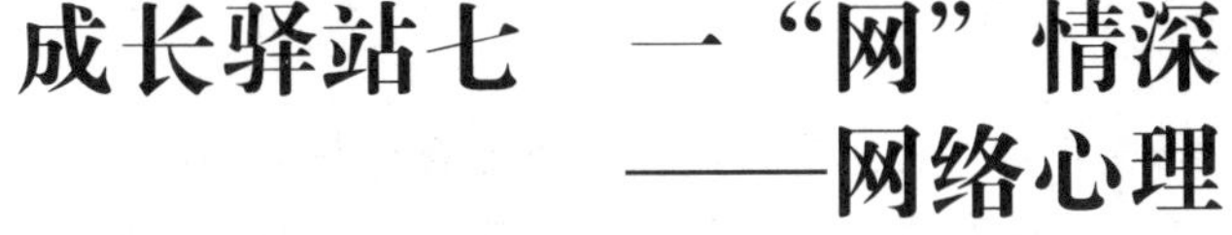

成长驿站七　一“网”情深
——网络心理

谁若游戏人生，他就一事无成；谁不主宰自己，永远是一个奴隶。

——歌德

人生就像弈棋，一步失误，全盘皆输，这是令人悲哀之事；而且人生还不如弈棋，不可能再来一局，也不能悔棋。

——弗洛伊德

成长故事

新的学期已到，经过一学期的大学生活，安然又有了新的烦恼。望着熙熙攘攘的大学校园，人人都在玩弄和显摆着自己手中的电子产品，而再看看自己手里用的，像老古董一样，安危心里很是不平衡，恨不得找个地缝钻进去。安然心想："我也要有一个智能、超前的电子产品。"于是在一个阳光明媚的周末，产生了下面的对话：

安然：爸爸，能否给我买一个礼物奖励下，我上学期获得了学校的三等奖学金，这是证书。

爸爸开心地说：安然，你好厉害啊！想要什么？

安然：我想要一台电脑。不，还有一部智能手机。

爸爸：安然，你也知道咱们家的情况，这些要买下来需要五六千呢，是咱们家半年的生活费。

安然有些不高兴，不耐烦地说：老师说了，由于本学期我们要开设编程课程，大家必须人手准备一台电脑；老师还说，以后布置作业和上交作业都要通过网上进行，让我们给自己再准备一部智能手机。

爸爸看了看安然，点了一支烟并深深地吸了一口，说：安然，只要对学习有利，爸爸砸锅卖铁、省吃俭用也要给你买，但你要记住好好学习。

安然脸上露出了笑容，说：谢谢爸爸。

一周以后，安然如愿以偿地收到了自己的礼物——笔记本和智能手机，从而开始了自己网络世界的幸福生活……

对于即将开启的未知网络世界，我们的主人公安然能否抵得住网络世界的诱惑呢？能否做到知己知彼，下好网络世界棋局的第一步呢？

成长困惑

1. 你是否与安然有过同样的想法？你怎样看待网络世界？

____

____

2. 你是如何使用电脑与手机的？

____

____

成长导航

第一站　网络知多少——大学生网络心理概述

互联网是一个虚拟的空间，它沟通方便快捷、联系广泛、信息海量等特点改变了人类的生活、学习和娱乐的方式，同时其鲜明的特点也深受大学生的喜爱，它已成为当代大学生学习和生活的重要组成部分。大学生通过网络搜索自己所需要的信息资料，通过网络交友恋爱，通过网络听歌曲、看视频、玩游戏以及充实自己的娱乐时间，借助网络寻找工作甚至创业。上网可以满足大学生多种多样的需求，无论是物质上的还是精神上的，如此密切的接触，互联网反过来也同时作用于大学生的内心世界。正如英国历史学家阿诺尔德·J. 汤因比所说“技术每提高一步，力量就增大一分。这种力量可以用于善恶两个方面”，在看到互联网给人类带来巨大好处的同时，我们也应当看到，其负面效应正在影响着人类的生活。正确认识互联网，做到知己知彼，方能畅游网络世界，做网络世界的主人。

数据调查

2017 年 1 月 22 日，中国互联网络信息中心（CNNIC）在京发布第 39 次《中国互联网络发展状况统计报告》（简称《报告》）。根据《报告》数据统计，截至 2016 年 12 月，中国网民规模达 7.31 亿，全年共计新增网民 4 299 万人，增长率为 6.2%，中国网民规模已经相当于欧洲人口总量。互联网普及率为 53.2%，较 2015 年底提升了 2.9 个百分点，超过全球平均水平 3.1 个百分点，超过亚洲平均水平 7.6 个百分点。截至 2016 年 12 月，中国网民通过台式电脑和笔记本电脑接入互联网的比例分别为 60.1%和 36.8%；手机上网使用率为 95.1%，较 2015 年底提高 5.0 个百分点；平板电脑上网使用率为 31.5%；电视上网使用率为 25.0%。

资料来源：cart. jd. com/cart. action? r=0. 3835789456497878＃none.

一、网络的特征

（一）开放性

任何一台计算机只要支持 TCP/IP 协议，就可以直接连接到网络上。

（二）自由性

在网络上，由于信息流动自由、用户言论自由、用户使用自由，因此用户可以在自己许可的时间与地点上网，接受信息，消化信息。

（三）身份的不确定性

在网络上，你是怎样的人，仅仅取决于你通过键盘操作而表现出来的你。如果你说出来的话听起来像一个聪明而有趣的人说的，那么你就是一个这样的人，而你的年龄、长相、身份，特别是性格等都不太确定。

（四）免费性

绝大多数的网络服务都是免费提供的，而且在网络上有许多信息和资源也是免费的。

（五）合作性

网络是一个没有中心的、自主式的开放组织，网络的发展强调的是资源共享和双赢发展的模式。

（六）平等性

网络作为平等自由的信息沟通平台，信息的交流和交互是双向的，信息沟通双方可以平等地与另一方交互，而不管对方是大还是小，是弱还是强。

（七）虚拟性

网络一个重要的特点是：它通过对信息的数字化处理，通过信息的流动来代替传统实物的流动，使得网络通过虚拟技术实现了许多传统现实才具有的功能。

（八）个性化

网络作为一个新的沟通虚拟社区，它可以鲜明地突出个人特色，引导个性化的时代。

（九）全球性

网络从商业化运作一开始，就表现出无国界性，信息流动是自由的，无限制的。因此，网络从一诞生就是全球化的产物。

（十）持续性

网络是一个飞速旋转的涡轮，它的发展是持续的。网络今天的发展给用户带来价值，推动着用户寻找进一步发展带来更多的价值，被称为“十倍速力量”。

二、大学生网络心理分析

（一）大学生上网现状

2017 年 1 月 22 日，中国互联网络信息中心（CNNIC）第 39 次《中国互联网络发展状况统计报告》数据显示，网民上网的主要目的排在前三位的是即时通信、搜索引擎、网络新闻，另外网络游戏的使用率为 57%，见表 7—1。俺来也 CEO 孙绍瑞发布的《移动互联网下的校园品牌营销之道》一文中指出：在大学生网络接触率为 100%、几乎天天接触的比例为 85.4%的背景下，智能手机上网使用率高达 99.9%，平时接触网络的大学生中，使用手机上网的人数占 99.9%。根据相关调查发现，大学生上网主要有以下几种目的：

（1）信息查询。获取信息：53.1%；学习：4.8%；学术研究：1.0%；休闲娱乐：24.6%；交友：7.0%。

（2）收发电子邮件。

（3）网上聊天。“白天带书上课，晚上带钱上网。”在网络上聊天交友，是大学生在网上的主要活动内容之一。各式各样的聊天室是大学生漫游网络的第一个驻足之所，也是他们课后经常光顾的地方。聊天、交友、网友见面成为一些大学生日常生活的组成部分，有的乐此不疲，甚至深陷其中不能自拔。

（4）网上游戏。与游戏机或游戏光盘相比，在线游戏因其具有交互性，更加显得魅力难挡，因此，游戏网站也是大学生经常光顾的地方。有的大学生在游戏网站一待就是七八个小时，甚至逃课逃学，严重影响了学业。

表 7—1 **2015—2016 年中国网民各类互联网应用的使用率**

应用	2016 年		2015 年		
	用户规模（万）	网民使用率	用户规模（万）	网民使用率	全年增长率
即时通信	66 628	91.1%	62 408	90.7%	6.8%
搜索引擎	60 238	82.4%	56 623	82.3%	6.4%
网络新闻	61 390	84.0%	56 440	82.0%	8.8%
网络视频	54 455	74.5%	50 391	73.2%	8.1%
网络音乐	50 313	68.8%	50 137	72.8%	0.4%
网上支付	47 450	64.9%	41 618	60.5%	14.0%
网络购物	46 670	63.8%	41 325	60.0%	12.9%
网络游戏	41 704	57.0%	39 148	56.9%	6.5%
网上银行	36 552	50.0%	33 639	48.9%	8.7%
网络文学	33 319	45.6%	29 674	43.1%	12.3%
旅行预订	29 922	40.9%	25 955	37.7%	15.3%
电子邮件	24 815	33.9%	25 847	37.6%	−4.0%
论坛/BBS	12 079	16.5%	11 901	17.3%	1.5%
互联网理财	9 890	13.5%	9 026	13.1%	9.6%
网上炒股或炒基金	6 276	8.6%	5 892	8.6%	6.5%
微博	27 143	37.1%	23 045	33.5%	17.8%
地图查询	46 166	63.1%	37 997	55.2%	21.5%
网上订外卖	20 856	28.5%	11 356	16.5%	83.7%
在线教育	13 764	18.8%	11 014	16.0%	25.0%
互联网医疗	19 476	26.6%	15 211	21.1%	28.0%
互联网政务	23 897	32.7%			

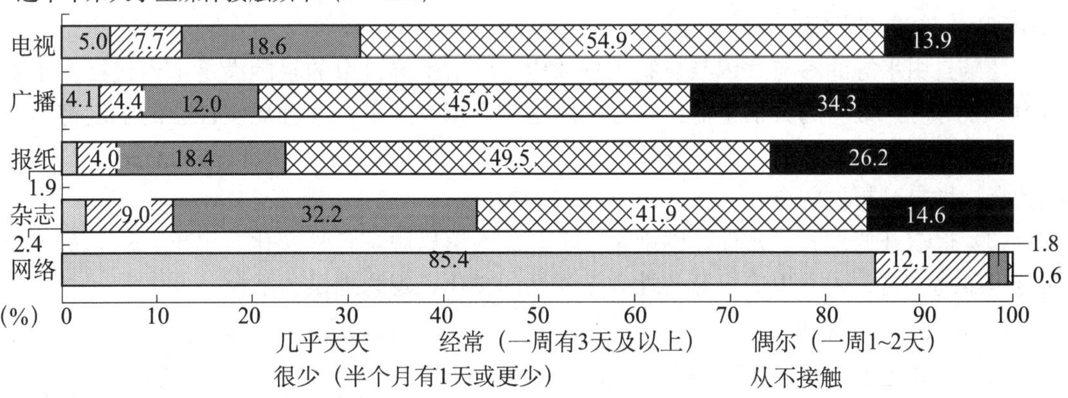

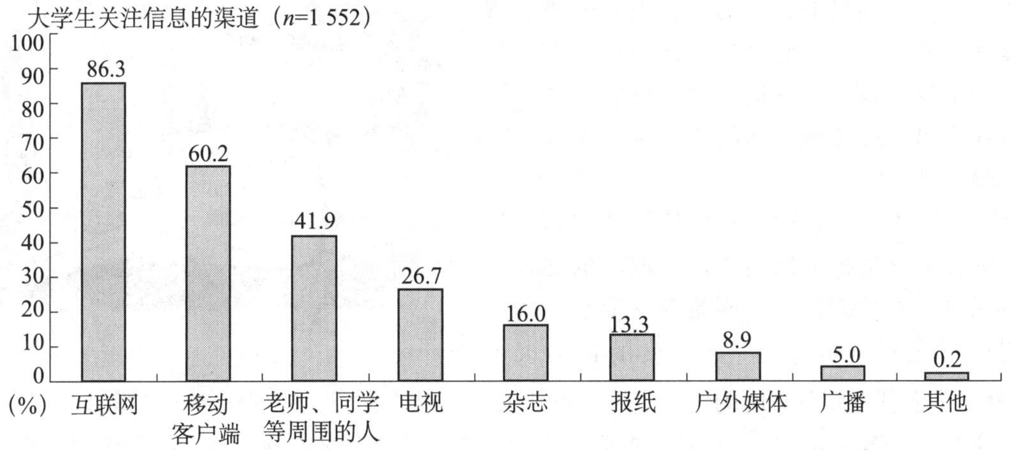

安然成长小插曲 **身陷危机**

安然自从取得了电脑与手机两件法宝，心里乐开了花，终日迷失在网络的海洋中，梦想中的象牙塔、对爸妈的承诺都烟消云散，被抛至九霄云外。安然的大学生活天天以手机、网络为伴，手机不离手，眼睛时时刻刻都在盯着QQ、微信、手游、个人公众号，一会儿刷一下，一会儿刷一下，总感觉一会儿见不到心爱的手机心里就像缺少了些什么。电脑也已不再是学习的工具，网络游戏软件安装得到处都是，什么“英雄联盟”“王者荣耀”等游戏都已熟练掌握，时不时还给其他同学介绍闯关经验，而学习则一塌糊涂，作业直接问百度，复制粘贴即可。最后，期末考试体能测试不过关，视力急剧下降，考试时脑子中全是空白，答题无从着手。

（二）大学生上网的心理需求

大学生上网心理分为积极的心理需求与消极的心理需求。

1. 积极的心理需求

（1）强烈的求知欲与好奇求新心理。互联网以其信息快、内容新、手段先进等优势极大地吸引了大学生的好奇心，引起了他们的特别关注和兴趣，激发了他们学习和掌握网络知识和应用技能的欲望。

（2）自由平等的参与意识与自我实现欲望。网络平等自由的氛围满足了当代社会中对自由、平等呼声最高的大学生群体。在网络这个虚拟空间里，种种现实社会的限制都消失了，只要参与进来，任何人都是互联网的“主人”，都可以在网上按自己的意愿和口味虚拟社会，做自己想做的事。

（3）追求开放性和多元性。网络是一个开放的信息源，各种文化、思想、观念都可以在这里争鸣。这为大学生追求开放性和多元性的文化、观念提供了平台。

2. 消极的心理需求

（1）猎奇心理，追求感官刺激。很大一部分大学生上网的目的是猎奇，即追寻一种在现实生活中难以了解、通过正当渠道难以获得的奇、艳事物或信息，并借以获得感官刺激。他们往往会出于好奇或冲动的心理刻意去寻找一些色情、暴力信息。

（2）急功近利心理。网络信息的丰富与快捷使许多大学生把上网当作通往成功的捷径和有利条件。在他们眼里，网络就是商机，网络就是生财之道。同时，一定程度的社会误导（包括网络上基于商业目的的信息误导）也使大学生对“成功”的理解产生了偏差。于是，电子商务、留学资讯、成才捷径、求职之路就备受一部分大学生的关注。他们渴望凭借这些信息省一些力气、先人一步，成为网络时代的成功人士。

(3) 发泄欲求。在互联网上，大学生可以比在学校里、家庭里更随便地发表自己的高见，抒发自己的爱与憎，表达自己的思想信仰，而不必担心会受到限制或承担责任。平时对学校不敢提、无处提的意见可以贴到百度贴吧、BBS上去，平时对女同学不敢表达的感情则可以在聊天室里淋漓尽致地抒发。

(4) 逃避现实的解脱心理。大部分学生在大学生活中都会遇到这样或那样的挫折和危机，诸如学习上的、感情上的、人际关系上的。同时，复杂的社会生活也会使思想相对不成熟的青年大学生感到难以应对。但遗憾的是，部分学生在现实中受挫时，往往愿意到虚幻的网络空间去倾诉，互联网成了他们逃避现实、寻求自我解脱的一个良好的渠道和环境。

(5) 虚拟的自我实现心理。强烈的自我意识是大学生群体的一个显著特征，虚拟的网络可以成为大学生实现自我的一个理想王国。在网络上，大学生可以享受到网络特有的平等、自由、成功、刺激的感觉，学习与就业的压力、社会与家长的希望造成的心理上的压抑与孤独在网络上一扫而光；他们可以突破社会及他人对自己行为的匡正与评价，轻松地实现从小梦想成为的侠客、富翁，可以在模拟战争中指挥千军万马搏杀疆场。部分大学生上网是为了玩游戏，在游戏获胜后有一种成就感，这是因为网络游戏能够部分地满足他们的自我实现需要。

虚拟的自我实现心理还会导致一些不道德的行为甚至犯罪行为。有些大学生不能很好地理解自我实现、自我价值的真实含义，往往意图在网络中“大展宏图”，他们为了能展示自己的能力，大胆地制造网络病毒、盗用他人电脑信息，刺探他人隐私，非法通过银行和信用卡盗窃和诈骗，给社会和他人带来了严重的损失。

(6) 焦虑心理。一方面，由于网络技术的迅速发展，大学生担心自己知识的更新速度赶不上网络的发展速度，被新技术淘汰，而产生心理焦虑；另一方面，网络通道拥挤，传输速度缓慢，网上人际关系充满不确定性与隐匿性，内容庞杂无序、良莠不齐，使大学生上网者无所适从，连连“碰壁”之下产生焦虑心理。

(7) 自卑心理与抵触情绪。自卑是不信任自己的能力因而用失败衡量自己及未来的一种心理体验，它来源于心理上消极的自我暗示。这种心理常见于那些初次尝试的大学生，当他们怀着兴奋与好奇的心理来到网上，但由于缺乏系统的网络知识和检索技能，操作不熟练，英语水平有限，与身旁那些操作娴熟、进出自如的用户相比，差距甚远。在羡慕的同时会产生出某种无形的心理压力，初始的兴奋、喜悦之情自然被自卑心理所代替。还有些人，他们自己习惯于传统文献的检索、查阅程序，当他们面对上网查询这一全新的检索方式时，可能会产生一种以往的经验被抛弃、自己会落伍、被置于自动化系统之外的不安，因而产生一些抵触情绪。

(三) 大学生网络心理问题的表现形式

1. 网络恐惧

大学新生特别是来自经济落后地区的农村学生，几乎没有接触过互联网或接触很少。进入大学后，面对色彩斑斓的网络世界，看到层出不穷的各种网络书籍、电脑软件，瞧瞧周围同学熟练地使用电脑、自由地阅览和聊天时，一部分学生感到害怕和迷茫。同时，一些对网络比较熟悉的大学生也有这样的网络障碍，他们对网络的畏惧主要是害怕跟不上网络快速发展的节奏，怕掌握不了新的网络技术而被淘汰。

2. 网络依恋

长时间地沉溺于网络游戏、上网聊天、网络技术（如安装各种软件、下载使用文件、制作网页），醉心于网上信息、网上猎奇，造成对网络的过度依赖和依恋，导致个人声誉受损，正常学习、工作、生活及社交受到严重影响。

3. 网络交往障碍

网络交往障碍是指因使用网络交际而引发的现实生活中的交往障碍。网络交际是通过敲击键盘进行文字交流，这与现实中的人际交往有很大差别。由于对网络的眷恋和过分依赖，很多大学生忘记了自己在现实生活中的角色，整日沉溺于网络中，心甘情愿地退出现实生活。

4. 网络孤独

网络孤独主要是指希望通过网上人际交往来提高或者改变自己，但未能解除孤独甚至加重了孤独，或者反而因触网而引发孤独感这样一类不良的心理状态。一些大学生由于性格内向、自卑、心思敏锐，而不愿意或不善于与他人交往，甚至厌恶社会上那种虚情假意的人情往来，他们青睐于网上交往，常常向网上朋友发泄自己的不良情绪，排解忧愁，讲述自己的心情故事，这种隐匿姓名和身份的交流形式使得他们的心情会得到放松。可下网后，他们发现自己面对的依然是四壁空空的孤独，这使得他们感到网络对孤独抑郁的排解只是“隔靴搔痒”。

5. 网络自我迷失和自我认同的混乱

网络自我迷失和自我认同的混乱又称网络人格心理失真，表现为脱离现实、退缩、孤僻、幻想等行为特点。很多大学生在网络中迷失了自我，在网络情境和现实生活情境中交替出现两种或多种不同的性格特征，表现为网上、网下缺乏统一感，行为判若两人，人格缺乏相应的完整性、和谐性，从而形成虚拟角色与现实社会角色相互混同的二重人格冲突。此外，某些大学生对一些社会现象愤愤不满，他们想通过上网发泄不满，逃避社会，希望在网上有一个清洁的交往环境，构建一个良好的自我，然而网上充斥着色情图文、脏话、无聊的帖子、庸俗的话题，使他们对社会失望之后而又对网络失望。

6. 网络依赖

网络依赖主要表现为上网时精神极度亢奋，并乐此不疲，获得心理满足，且不能自制，通宵达旦地上网使得对现实生活毫无兴趣。网络成瘾症可造成人体植物神经紊乱和体内激素水平失衡，使免疫力功能下降，出现食欲不振、记忆力减退、焦虑、忧虑、情感淡漠、行为怪诞等症状。

7. 网络越轨

网络越轨又称网络自我约束能力降低。随着上网时间的增加，一部分大学生将猎奇和追求刺激作为网上生活的主要内容，他们将破译他人系统的密码、进入一般网民进入的区域、偷阅机密资料，看成自我成功的象征，他们会制造网络病毒去破坏网络，并视此为人生的极大乐事。长期在这种环境中生存，这部分学生必然会使自我约束力下降，行为变得诡异，越来越毫无顾忌。

三、大学生手机依赖的心理分析

（一）手机依赖症

“手机依赖症”又称“手机瘾”，是指一些人因为使用手机而行为失控，导致其生理、心理和社会功能明显受损的痴迷状态。在心理医生的描述里，“手机依赖症”作为一种新型心理疾病，就像在患者身上套了一个气泡，让其和外界隔绝开来，一旦离开了手机，便会坐立不安。

有相关网站做了一项关于“你是否离不开手机”的调查，结果显示，超过九成的人离不开手机。其中，学生族和上班族是对手机最依赖的人群。而如果必须要在手机和钱包之间作出选择，选择手机的人占压倒性的多数。另一项研究则再一次证实了手机对于人们的重要性。美国马里兰大学曾对10个国家的1 000名学生做了一项名为“无设备世界”的调查，让他们在一天之内不使用包括手机在内的任何多媒体设备。结果显示，离开了手机让他们“坐立难安”。一名参与项目的学生说：“过了一阵儿我就开始强烈想念我的手机。平时我会把它放在口袋里，手握住它，这样就能让我感到莫大的安慰。”

小测试

手机依赖症的鉴别诊断

1. 你是否总把手机放在身上，没带就感到心烦意乱，无法做其他事情？

2. 当一段时间手机铃声不响，你会不会感到不适应并下意识地看一下是否有未接电话?

3. 会不会总有“手机响了”的幻觉，甚至常把别人手机的铃声当做自己的?
4. 接听电话时你是不是常觉得耳旁有手机的辐射波环绕?
5. 你是否经常下意识地找手机，不时拿出手机看看?
6. 你是否经常害怕手机自动关机?
7. 你晚上睡觉也开着手机吗?
8. 当手机经常连不上线、收不到信号，你会不会感到焦虑和无力，脾气也暴躁起来?
9. 最近经常有手脚发麻、心悸、头晕、冒汗、肠胃功能失调等症状出现吗?

如果以上问题有一半以上回答是肯定的，那你可能已患上手机依赖症。

（二）手机依赖的危害

1. 影响新陈代谢

无时间限制、无规律、不停地刷微博、用手机 QQ 或微信聊天等网络活动，会打乱人正常的生活规律，导致第二天精神萎靡。有研究显示，在床上使用 1 个多小时手机等会发光的电子产品，会阻碍人体生成褪黑素，生理周期将受到影响，并使睡眠处于浅状态。人体生物钟长期被打乱，则会影响新陈代谢、情绪、免疫力，导致疾病多发。

2. 容易忽略疲劳感，引发身体其他病变

玩手机的过程中往往会忽略身体的疲劳感，长时间使用手机会使身体各个器官发生病变，极易造成视力模糊或下降、头痛或者短时记忆丧失、拇指病（拇指腱鞘炎或称手指痉挛）、身体畸形等疾病和身体障碍。

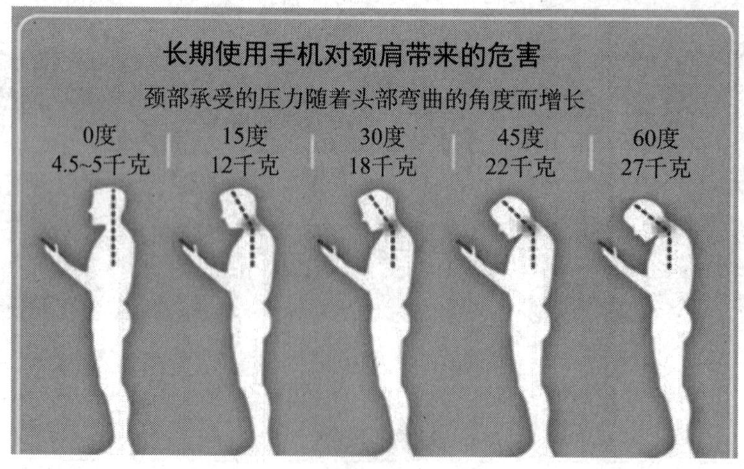

3. 社交受阻

朋友们在一起时，全都低头不语，手机成精神寄托，不喜欢眼神交流，亲朋好友的感情也逐渐疏远。

4. 削减思考的能力

手机会让人陷入一种持续的“多任务”状态，长此以往甚至会让人们患上类似“注意力障碍”的心理问题，方向感开始变差，记忆力逐渐下降。此外，过度关注手机还会让人处于应激状态，外界的一切变化随时可以接收得到，让人难以安定，即使是在休假，也不能得到真正的休息。

第二站　网海畅游——大学生健康网络心理培养

一、大学生网络心理健康的标准

（一）大学生网络心理健康标准的内涵

网络心理健康有广义和狭义之分。广义的网络心理健康是指在网络环境下的一种高效而满意的、持续的心理状态；狭义的网络心理健康则是指在网络环境下，人的基本心理活动过程的内容完整、协调一致，即认识、情感、意志、行为、人格的完整和协调。本驿站所讲的专指狭义的网络心理健康。

（二）大学生网络心理健康标准的内容

1. 具有正确的网络心理健康的意识和观念

智力正常并具有基本符合客观实际的认知是心理健康的重要标志，在网络环境下就表现为具有正确的网络心理健康的意识和观念。网络是把“双刃剑”，一方面给大学生的学习、生活和工作带来前所未有的便利，另一方面又使他们遇到更多的困惑，给他们的身心健康带来损害。因此具有正确的网络心理健康观念，成为保持网络心理健康的重要标准。正确的网络心理健康的意识或观念至少应包括以下几个方面。一是了解网络是把“双刃剑”，对网络既不依赖，也不谈“网”色变。二是具有正确的上网目的，合理安排时间，注意上网的安全，具有健康、良好的网络使用习惯。三是对网络信息有辨认真伪的能力，并能正确对待和处理网络与现实生活的关系。在网络世界中，信息像汹涌波浪迎面而来，让人目不暇接，真伪难辨。心理健康的大学生应该能运用现有的知识，理智地辨认真假信息，并能够有勇气及时改正自己不正确的认知和行为。四是了解各种网络心理障碍的主要表现、判断标准、产生的原因、治疗和预防的方法，增强对自我的控制能力。五是具有良好的网络道德和网络法制观念，“要善于进行网上学习，不浏览不良信息；要诚实友好地交流，不侮辱、欺诈他人；要增强自护意识，不随意约会网友；要维护网络安全，不破坏网络秩序；要有益于身心健康，不沉溺于虚拟时空”。

2. 能保持网上网下人格的和谐统一

人格是一个人所表现的稳定的精神面貌，具有一定倾向性的心理特征。人格结构是多层次、多侧面的，是由复杂的心理特征经独特结合构成的整体，主要包括代表个性心理特征的能力、气质、性格和代表个性倾向性的动机、兴趣、理想、价值观等。个性完整统一、内在协调，并有正确、恰当的自我意识，是大学生心理健康的重要标志之一。网络环境的身份虚拟性、想象性、多样性、随意性等特点，容易影响个性的整体性、独特性和稳定性，导致双重人格或多重人格的困扰，影响心理健康。网络双重人格是指个体在网络中和现实中分别具有彼此独立、相对完整的人格，二者在情感、态度、知觉和行为等方面都有所不同，有时甚至是处在剧烈的对立面的，是严重的心理障碍，是心理不健康的典型表现。因此心理健康的人必须有正确、恰当的自我意识，能保持网上网下人格的和谐统一，同时，在虚拟性与现实性之间能够做到以现实性为主。

3. 网上网下均能保持良好的情绪、情感

情绪是衡量心理健康与否的一个显著标志。情感是和人的社会需要相联系的高级的社会性情感。心理健康的大学生有较强烈的社会责任感和集体荣誉感，并能珍惜友谊，探索和追求真理，欣赏并向往美好事物，在学习、工作和生活中积极创造美。一个网络心理健康的大学生，一方面表现为能遵守网络道德，恰当地运用网络调节情绪、宣泄情绪，因为网络具有调节情绪的功能；另一方面则表现为不论是在网上（虚拟社会）还是在网下（现实社会），积极的情绪总是远多于消极的情绪，主导心境是愉悦、乐观和平静的，且能正确而恰如其分地表达情绪。

4. 不因网络的使用而影响正常的生活、学习与工作

意志健全、行为协调也是心理健康的重要标志。意志健全主要表现在意志品质上。心理健康的大学生意志的自觉性、果断性、坚持性和自制性都能获得协调的发展。他们学习、生活的目的明确，能根据现实的需要调整行动的目标，为实现目标而自觉地约束自己，抑制自己不合理的欲望，抵制各种外部诱惑。行为协调主要表现在行动的计划性、一贯性与统一性以及言谈的逻辑性等方面。心理健康的大学生能有效地进行自我教育和自我管理，控制自己使用网络的时间，在不影响自己正常生活、学习、工作的情况下使用网络。他们能认清网络与现实生活的关系，不逃避现实生活，躲进网络，不将网络当作唯一的精神寄托，尤其是在现实生活中受挫后，不只依靠网络缓解压力或焦虑，能主动寻求现实社会中的支持，勇敢地面对现实生活。

5. 有正常的人际交往，人际关系协调

社会适应良好，言行符合社会规范，并有良好的人际关系是心理健康的又一标志。在网络环境下，人长时间与机器打交道，人所面对的是机器背后的虚拟世界，容易脱离现实社会中人与人之间的面对面的直接交流和沟通，弱化现实社会中的人际交往能力。而现实社会中的人际交往不畅，使得上网的人会感到孤独、寂寞、焦虑、冷漠，影响心理健康。因此网络心理健康要求人们处理好人与机器之间的关系，在现实社会中保持人际关系协调发展。

6. 网络离线时身体没有明显的不适应

不健康的网络行为方式往往导致网络成瘾等网络身心障碍，离线时产生诸多的身心不适应，因此，网络心理健康还要求离线时身体没有明显的不适应。

趣味阅读

心理健康的十条标准

美国心理学家马斯洛和米特尔曼提出的心理健康的十条标准包括：

(1) 充分的安全感；

(2) 充分了解自己，并对自己的能力作适当的估价；

(3) 生活的目标切合实际；

(4) 与现实的环境保持接触；

(5) 能保持人格的完整与和谐；

(6) 具有从经验中学习的能力；

(7) 能保持良好的人际关系；

(8) 适度的情绪表达与控制；

(9) 在不违背社会规范的条件下，对个人的基本需要作恰当的满足；

(10) 在不违背社会规范的条件下，能作有限的个性发挥，针对网络，在达到正常的心理健康状态后，还要注意网络依赖性。

资料来源：http：//www. lydezx. net/index. aspx？ lanmuid=75&sublanmuid=682&id=1976.

(三) 大学生健康上网的十个好习惯

(1) 利用业余时间上网，上网时间每天控制在两个小时以内，不要打破正常的饮食与生活习惯，每个月都留下几天作为“互联网清洁日”；

(2) 上网要有明确的目的，有选择地浏览自己所需要的内容，不要漫无目的；

(3) 上网过程中应保持平稳的心态，消除猎奇心理，不宜过分投入；

(4) 不要深更半夜上网，否则会搅乱自己的生物钟；

(5) 不要迷信网络爱情，要知道爱情是在现实中的；

(6) 不要为了打发时间而泡在网上，其实生活中打发时间的方式很多，比如和朋友聊天、打球、跳舞等都是很不错的娱乐方式；

(7) 当你发觉自己已经对除了网络外的一切事情都没有兴趣时，或是一上网便无论如何也下不来时，建议你去和心理医生聊聊；

(8) 尽可能减少在社交网络上的时间；

(9) 增加现实人际交往的时间；

(10) 积极参加现实生活中的社会活动，提高自己的存在感。

二、大学生健康网络心理的培养

(一) 要树立正确的价值观，明确理想目标

树立正确的价值观有利于大学生对网上纷繁复杂的信息进行选择和接收，学会运用科学的手段对信息进行筛选，提高自身抵制不良信息污染的能力，使自己真正成为网络的驾驭者。树立正确的价值观有利于大学生明确自己的奋斗目标，有了明确的奋斗目标就会为实现目标而去奋斗，从而学会正确利用网络去实现自己的理想目标，自觉避免沉迷网络而产生网络心理问题。

(二) 端正态度，用辩证思维的方法看待网络

大学生要辩证地认识网络，要认识到互联网络和智能手机是一把“双刃剑”，要学会

用辩证的思维方法看待问题和事物。任何问题和事物都是对立统一的矛盾体，大学生要善于从不同角度、不同方位全面认识，既不能盲目追逐，也不能强烈抵制；既要认识到它们的优点、正能量，又要清楚地认识到它们的负能量；对问题和新生事物，要结合不同的情境背景来评价它们，避免出现片面倾向。

安然成长小插曲 **迷途知返**

安然在校的不良表现和状态引起了同学们和老师的关注，经过老师的疏导、谈心和同学们的帮助，安然又燃起了心中的火苗，回到了集体中。因前期课程落下得太多，安然选择了通过课本配套的网络课程和互联网络中的网络课件来弥补落下的功课，电脑中的游戏软件也不见了踪迹，取而代之的则是学习软件、播放软件、Office 软件等。

经过艰苦不懈的努力，在学期结束之时，安然不仅课程赶上了进度，而且成绩优秀，其也改变成为老师眼中的好学生。手机和互联网络已不是他心中的唯一，利用网络资源自学课程、开发软件成为兴趣，经过自己的不懈努力最终成为学校创新工作室的成员，并成为老师的得力助手，大踏步地奔向理想的远方。

（三）加强上网的自我管理，养成“慎独”的好习惯

自律有两层含义：其一，自律总是与自由和理性联系在一起的，即要体现出人格尊严和道德觉悟，而不是被内在本能和外在必然性所决定；其二，自律是指自我主宰、自我约束、自我控制。对于一个人来说，只有自律才能既充分体现其自尊、自主与自由，又充分培养其自我控制力，养成良好的“慎独”习惯。

网络社会是一个既充满自由又缺乏足够的外在约束的社会。面对网络，大学生要有较强的自控意识，要学会拒绝来自网络的各种不良诱惑，积极了解关于正确使用网络的科学方法，主动接受学校关于网络知识教育的学习，多多利用网络中的积极因素以抵制其不良因素的影响。在网络社会里，信息量十分巨大，各种文化与价值理念交织，各种论断莫衷一是，各色诱惑比比皆是。一个缺乏自律的人不可能是一个自尊自重的人，也不可能是一个获得自由与自我价值实现的人。大学生应合理安排好自己的日常生活，保持正常的生活、工作、学习规律，控制上网时间，同时，还要勇于直面现实、直面人生，积极面对现实，应多参加有益的社会活动，从网络的迷恋中解脱出来。

（四）提高网络素养，自觉规范网络行为

随着互联网技术的普及和推广，通过网络获取信息、发表言论成为每一个公民的权利，已融入每个人的日常生活当中。互联网在为人们带来便利的同时，也产生了很多社会问题，如个人信息泄露、网络暴力、人肉搜索等一系列有悖道德、有损公共利益的事件，产生了极其恶劣的影响。公民作为自由人，有自己选择信息的权利，也有表达自己观点的权利，然而受制于大众网民素质的良莠不齐，极易造成不良言论的传播，引发社会动乱，甚至会成为境外敌对势力的策反对象。大学生是网络世界里的生力军，是社会主义建设的接班人，对其进行网络素养的引导和培养更是尤为重要。

大学生网络行为指的是在校大学生通过互联网进行的知识获取、信息交流、通信、交

友以及娱乐等以个人为基本单位的活动。提高大学生网络素养最直接、最关键的方法在于在认知与实践层面规范他们的网络行为，提高大学生自身素质以及辨别是非的能力，增强大学生的自律感和社会责任感。

2013年8月中国互联网大会发出倡议，全国互联网从业人员、网络名人和广大网民都应坚守“七条底线”，即法律法规底线、社会主义制度底线、国家利益底线、公民合法权益底线、社会公共秩序底线、道德风尚底线和信息真实性底线，积极营造健康向上的网络环境，自觉抵制违背“七条底线”的行为，积极传播正能量，为实现中华民族伟大复兴的中国梦作出贡献。

因此，当代大学生要学会有担当，科学、合理、正当、安全、有效地使用网络，严格自身网络行为，规范网络文明用语，正确发表网络言论，做维护网络道德、网络文明行为的践行者。具体表现为：以互联网“七条底线”为行为准则，高举网络行为文明的大旗，正确地利用电子邮箱、QQ、微信、论坛等新媒体为社会、为人民服务，不用网络去伤害他人；网络行为要诚实守信，不在网上发布虚假信息；尊重他人的知识产权，未经许可不使用他人的信息资源；尊重他人隐私，不窥探或泄露他人的信息资源；谨慎使用计算机，不干扰他人的计算机工作；科学选择网络资源，不浏览黄色或反动的网络信息，以自身的行为规范努力促进规范健康上网和社会网络文明行为的良好氛围，共同营造健康、和谐、文明的网络环境，传递当代大学生的正能量。

成长训练营

一、校园心理剧：《拿什么拯救你》

（一）活动目的

通过角色扮演，使学生体会到沉迷网络的危害。

（二）活动过程

（1）学生分组进行表演。

（2）演员及观众谈体会。

（3）教师总结。

附：

剧本参考内容：学生可以参考以下剧本内容，也可以进行再创作。

1. 演员角色

甲——主人公沉迷网络；

乙——良知的心；

丙——诱惑的力量。

2. 道具

一把椅子、一根绳子。

3. 演员服装

良知的心穿白色袍子，诱惑的力量穿黑色袍子。

4. 表演内容

旁白：对于一个初入大学的人来说，这座象牙塔里，珍藏着我们美好的梦想，奇特、瑰丽纠缠于手心间的曲线。看，一个朝气蓬勃的大学生，正向我们走来！

甲：（开心，兴奋，上场）各位老师、同学，大家好，见到你们我真是太高兴了！你们知道吗？能考上这所理想中的大学，我太激动了！将在这座美丽校园里度过我的大学时光，我一想到未来的生活，就无比兴奋。在毕业之后，我将从这里走上工作岗位，成为一名优秀的技师，设计出世界上最精巧的机器，那个时候，所有的人都将为我骄傲！这里就是我人生的起航点！我美好的大学生活起航了，这是一场华丽的旅行！（定格）

乙：充满阳光的理想固然美好，但是要实现它，更需要不断地努力，努力，再努力。时间转瞬即逝，初入大学的新鲜感也随着时间的推移渐渐消失了……

甲：三个月过去了，我的大学生活里，那些没课的时间，多少有些无聊。我要怎么打发才好？

乙：参加社团活动，去书法社吧。

甲：没那个天赋。

乙：那就去学生会？

甲：学生会，忙别人的事情。我该怎么打发无聊的时间？

丙：（邪恶，诱惑）还有网络呢。

甲：（惊喜）对！还有网络！以前在家，没有电脑，老师也整天强调不能上网，现在，通过这个充满魔力的窗口，我能仰望到世界的光芒，能听到未来的声音。多奇妙！多奇妙！

乙：网络的确是一个色彩斑斓的大千世界，这世界可能改变一个人的生活轨迹，因为它有两种选择：一种是健康有益的学习，能掌握新的知识。

丙：另一种，就是我。我是网络中让人痴迷、留恋、兴奋的网络游戏！

甲：（兴奋，入迷）不看不知道，这一看，哈哈，我还就真忘不了！哈哈，你看！在网络中，在这个叫“虚拟世界”的游戏中，现实生活中的一切，这里都有！我是一个不断战斗的勇士！

乙：坏了，坏了，他已经开始依赖网络了！像一个寄生虫，网络正在侵蚀着这个人。

甲：（打哈欠，伸懒腰）

乙：日复一日，年复一年，宿舍，食堂，网吧——演绎着简单无味的生活。看到成绩单上一盏盏的“红灯笼”，真不忍心看！但网络中的诱惑，让他奋不顾身地扑去……哎……一次次走进考场，一次次失败而归。

乙：就连那个深深爱着他的女孩，也因为他对网络的不能自拔而离开了他！

甲：为什么要离开我？

乙：因为你一无所有，无所事事！

甲：（不屑的口气）哼！谁说我一无所有！

丙：（拉甲，引诱他走向电脑）至少在这“虚拟世界”里，不但有妻子、孩子，还有车子、房子，最美的是，能做一个战斗的勇士，成为铲除恶魔的王者！来吧，别烦了，来吧！

乙：（呼唤）不，那都是虚幻的东西。你已经很久没有去上课了。

甲：（厌恶）课堂！听不懂的英语，难解的高数，还有看了就发慌的图纸！天哪，真难！太没有意思了！

丙：是啊，在这里绝没有那些烦恼。你是这里的王者，是网络里人人追寻的王者！

甲：是！我不能离开！最难得的，我还拥有王者的尊严和霸气！（张狂）还有，那些技不如我的人，对我的顶礼膜拜！在这个美好的世界，没有实习不能通过的烦恼，没有不及格的忧愁！也没有失恋的悲痛，甚至还能找到新的感情寄托！（站在椅子上）我是至高无上的王者，所有的人，都要臣服在我的铠甲之下！我是王者！王者！（拔出剑）

甲：我……我多渴望那种人人崇拜我的感觉！我是我网络世界的王者！（站不稳，晕）怎么了？我怎么了？

丙：（冷笑）宝贝儿，你已经两天两夜没有合眼了，只是身体不如从前而已！

乙：（指责，痛惜）这个现实生活中的失败者！他忘记了自己的梦想！他的意志已经被渐渐消解，他这索然无味的生命仿佛已经提早进入死亡的墓穴！网络，吸食了他的青春，让他失去了健康！

甲：是的，我是现实生活中的失败者！技能证书没通过！一次次的考试不及格！我该怎么办？我痛苦！痛苦！

丙：（拍甲）想想吧，还是网络游戏能让你开心起来。这里有你的梦想，技能证、挂科又算什么?！放弃吧！

甲：对！这些东西给我带来莫大的痛苦，索性放弃！放弃它们！

乙：你不能放弃，不能！你应该勇敢地走出虚幻的世界，回到现实的生活，想想你的父母，你又怎么对得起他们?！还记得你母亲的来信吗？

（母亲的信）（配乐）儿子：这已经是你第二个五一节没有回家了。妈知道你现在不容易，要自己一个人生活、学习，虽然学校离家并不远，你这么长时间没回家，也不怨你。为了让你上学，我和你父亲辛苦了大半辈子，其中的艰辛你也知道。那天你打电话回来说你想上英语辅导班，你父亲在工地上帮人家搬了一个星期的砖，才凑足钱送给你，你父亲舍不得花钱坐车，就骑了三个多小时的自行车去你学校，当他在网吧里找到你，看见你痴迷的神情，儿子，你不知道，他的心痛远远超过在工地上受伤的腿痛！眼看我和你父亲年岁都高了，妈不求你能对我们多好，只是希望你在大学里能过得对得起你自己。儿子，天下的父母都希望自己的孩子能学会如何关爱自己的生活，让生活更有价值和意义，才能拥有美好的人生。你已经不再是小孩子了，要知道，真正的尊贵，不是有钱，而是坚强独立。真正的荣耀，是你靠自己的力量战胜内心的空虚。孩子，这两天，妈妈的膝盖又疼得厉害，可能天气要变了，你要注意身体，多吃有营养的东西。

甲：（痛苦，哭泣，跪倒在地）妈妈，我……我……我，我也很痛苦！两年了，我的大学生活已经被我在网络中浪费了两年！而你们，都在为我的学业饱受生活的艰辛和磨难……

乙：（指责）这个人！他都做了些什么?！

丙：他想要让天黑永驻！（绳索套住甲）他沉迷在虚无的网络，他要在网络中度过他行侠仗义的人生！在网络中歌唱理想的辉煌！真荒谬！

乙：（拉甲和丙，开始摇晃甲）别再让这荒谬继续下去了。

丙：让这荒谬继续下去，实现你网络世界中王者的梦想！

（甲挣开绳索）

甲：我该怎么办？我该怎么办？我该怎么办？

乙：看到了吗！失去了渴求收获、勇敢向前的心，让生命浪费在虚无中，萎缩在梦幻里。变得愚蠢、无知、痴迷网络，成为网络的奴隶！拿什么拯救你？

丙：拿什么拯救你？（把问题抛给观众）你，你，还有你，你们说，要拿什么拯救这样一个人？

乙：是的，拿什么拯救你？谁能告诉我？我们，应该伸出手，拯救他。

丙：老师们，同学们，兄弟姐妹们，我们所有人，都应该向痴迷网络的人，伸出援手，拉他，他，他，他……拉他们一把吧！

旁白：生命无论是以何种方式凝结，我们的最终目的都是一样的，拥有美好的理想和追求，希望能为社会、为我们和谐校园生活的存在和发展做出自己的一份贡献。当你理想缺失、沉迷于网络而不能自拔的时候，朋友，谁能告诉我，我要拿什么拯救你？

二、思考：《手机滴答》

（一）活动目的

（1）让学生懂得在课堂使用手机的消极影响，通过活动，学会自我认知，走出误区。

（2）感受人生的欢乐和幸福，以一颗积极乐观的心来善待周围的每一个人，善待生命的每一天。

（二）活动准备

上课前招募人员将课堂情景再现，人物介绍共 6 人，由学生扮演，人物有 1 位老师、4 名学生、1 个旁白。

（三）活动过程

最近我们班就发生了一件与手机有关的事情，而当事人愿意将过程重现给我们，我们一起来看看、讨论讨论。

1. 第一幕

旁白：上课铃响，老师走进教室。

老师：“上课。”

同学：“起立。”

老师：“同学们好”。

同学：“老师好”。

老师：“今天，我们讲解练习册，大家把练习册拿出来，翻到第 22 页。”

旁白：同学们纷纷地把书翻开来了。

旁白：A 同学把书立了起来，看看老师的动静，一见没事，麻利地把手机从口袋摸出，玩着他心爱的手机。

老师看了他一下，说：“那位同学，你在干什么？”

A 同学说：“没有做什么啊。”

老师反问道：“没有？把手机收起来。”

旁白：A 同学没说什么，默默地把手机放进了课桌。

…………

旁白：数分钟后，A 同学又看了看老师的动静，又拿出了手机，这次是来了信息，他在课桌下回信息，以为这样老师就不知道了。但精明的老师还是看出来了。

老师说：“A 同学，你又在干什么？”

旁白：他好像没听到似的，继续发短信，同桌用胳膊使劲顶他，他才注意到。

老师说：“你在干什么？你把书给我摊在课桌上。”

旁白：A 同学没办法，把手机放进了课桌。老师转身在黑板上写字，突然手机声音响起，老师径直走下去。

老师说：“你把手机拿出来。”

A 同学说：“我没有手机。”

老师说：“那刚刚是什么在响啊？”

B 同学说：“老师，我刚刚看到他在用。”

老师说：“你看，同学也说你在用手机了，你把手机给我。”

A 同学说：“老师，是我家里有事。”

C 同学也帮着 A 同学，说：“老师，他家里真的有事就算了吧。”

老师说道：“好，就算你家里有事，你下课可以打，而且可以和老师说，老师也会同意你打电话啊，但你不跟老师说，还在课上打，这就是违规。还是把手机给老师保管吧。”

A 同学一看不行，马上缠着老师说：“那……老师，你下课还我好不好啊。”

老师严厉地说：“不行，要你爸妈来拿吧。”

旁白：A 同学见没招，只好乖乖地把手机给了老师。

旁白：老师继续上课。

学生讨论：大家对于课堂上的这样的插曲有什么看法？你能否立马重新专注到学习上？是不是有事就可以在课堂上使用手机？

2. 第二幕

旁白：N 分钟后，教室里再次响起了手机铃声。教室里随即哄堂大笑。

老师走到 D 同学的身边，说：“你把手机给我拿出来。”

D 同学说：“你这么无聊啊？我用手机关你什么事啊？”

旁白：A 同学在旁边起哄笑。

老师严厉地说：“你们都给我别吵，自己看自己的书。你给我把手机拿出来！”

D同学说："你上你的课，我玩我的手机，不就是不小心响了一下吗？"

老师愤愤地说："什么？这是我的课堂，总之在我的课堂你就不能用手机，快点，把手机给我拿出来。"

D同学又说："你怎么这么无聊啊？我上你的课已经够好了，你最好别收我的手机，我不会给的，快点上课去。"

A同学也起哄着说："对啊，老师，上课去吧，快下课了。"

旁白：其他同学一阵骚动。

B同学帮忙说道："老师算了嘛，反正快下课了啊。算了算了。"

老师说："你们别给我吵，你，给我快点，要不然我把你送辅导员办公室去，快点拿出来。"

D同学受不了老师的唠叨，气愤地说："拿去拿去，这么无聊，真是的，烦躁！"

活动要求：

(1) 讨论：对于课堂上的又一个插曲，你有什么看法？从手机对课堂的影响和学生对老师的不敬两方面进行讨论。

(2) 由角色扮演者谈感受。

3. 第三幕

老师："这是谁发的信息啊？骂人骂得也太狠了吧？"

旁白：老师拿着手机打了过去，没人接。

活动要求：

(1) 学生讨论：大家猜猜这是怎么回事？

(2) 学生谈感受，明是非。

(3) 开展"放下手机，品味书香，让心回归课堂"的体验周活动。

旁白：我们的老师甘守这三尺讲台，手握一支粉笔，两袖清风，只望在座的各位成才，有时语气偏激些，那也是恨铁不成钢啊！而现在却落得如此境地。当你在学习上获得小小的成功时，你是否会想起这其中也凝结了老师的多少汗水；当你在学习上受到了挫折没有了激情，你是否知道老师也在那伤了多少脑筋。人与人的沟通，心与心的碰撞，才会让冷漠的心情有暖春，这个社会需要理解，这个学校需要沟通，让我们架起理解的桥梁，让我们的人生之路越走越豪迈，越走越宽阔吧！

成长体验与感悟

通过本站的学习与活动，你对网络的认识有哪些变化？今后该如何去做？请把你的体验与感悟写下来：

成长加油站

一、好书分享

1.《学会自己长大》

任何人都不可能代替你成长，你的人生需要自己掌控。这是一本关于成长的书，涉及青少年成长过程中无法避开的七类问题：自我问题、学习问题、情绪问题、行为问题、人际关系问题、情感问题和目标生涯规划问题，是北大博士和云峰老师为青少年量身打造的青春自助手册。每天学习一点点，每天改变一点点，坚持下去，一年后，变化将超乎你的想象。相信在这本书中，你能找到解决问题的方法，顺利度过美好而富有挑战的青春期。

2.《积极心态带来成功》

本书与《思考致富》《成功法则》一并被称为拿破仑·希尔三大经典著作。本书向你展示了如何应用积极心态清除蒙蔽心灵的蛛网——如何将你的目光集中到目标上，如何通过持久的思考和积极的行动达成目标。现在就出发吧，阅读其他人做到了的事情，以及他们如何做到的，你也就能做到！

3.《打开积极心理学之门》

本书的作者克里斯托弗·彼得森教授是当今世界最著名的心理学家之一，他和这一领域的其他先驱奇克森、特米海伊、迪纳、贾米森、瓦利恩特和塞利格曼等人一起构建起了新积极心理学的理论体系，为我们打开了积极心理学之门，指引我们如何发挥自身优势，享受健康快乐生活。

4.《自控力》

“自控力”是斯坦福大学最受欢迎的心理学课程。这门课程告诉人们如何改变旧习惯，培养健康的新习惯，克服拖延，抓住重点，管理压力。这门课程还阐述了人们为何会在诱惑前屈服，以及怎样才能抵挡诱惑。此外，这门课程还诠释了为什么自控力非常有限，以及培养自控力的最佳策略。学过本课程的人称其能够改变一生，这门课程也是这本书的基础。

5.《青少年网络生活的心理学研究》

本书从心理学的微观视角，采用质性研究和量化研究相结合的方法，探讨了网络对青少年发展的影响。全书首先总结了青少年网络生活的现状，然后在此基础上，选取了青少年网络生活中的四个主要行为，即网络自我调节学习、网络交友中的自我表露、观看网络动漫和接触网络电子游戏等，分别深入探讨了青少年的各个网络行为特点及其对青少年发展的不同影响。考虑到研究的内容涉及社会学、教育学、心理学和传播学等相关科学，本书适合用作相关科学研究人员的专业参考书，同时也适用作为一线教师和青少年家长的网络教育参考书。

二、趣味心理测试

（一）网络成瘾自测

网络成瘾的基本症状是上网时间失控，欲罢不能，可以不吃饭不睡觉，但是不能不上网。患者即使意识到问题的严重性，也仍无法自控。常表现为情绪低落、头昏眼花、双手颤抖、疲乏无力、食欲不振等。下面是网络成瘾自测，看看您是否网络成瘾（如果与自身情况相符请答“是”，如果与自身情况不相符请答“否”。）。

1. 你是否对网络过于关注（如下网后还想着它）？
2. 你是否感觉需要不断增加上网时间才能感到满足？
3. 你是否难以减少或控制自己对网络的使用？
4. 你是否对家人或朋友遮掩自己对网络的着迷程度？
5. 你是否将上网作为摆脱烦恼和缓解不良情绪（如紧张、抑郁、无助）的方法？
6. 当你准备下线或停止使用网络的时候，你是否感到烦躁不安、无所适从？
7. 你是否由于上网影响了自己的工作状态或朋友关系？
8. 你是否常常为上网花很多钱？
9. 你上网时间是否经常比预期的要长？
10. 是否下网时觉得心情不好，一上网就会来劲？

结论：

答一个“是”得1分，将每道题目的答案所对应的分值相加，结果说明如下：

（1）总分在5分以下，说明你的网瘾不大。

（2）总分在5分及5分以上，说明你的网瘾很大。

（3）总分在8分及8分以上，说明你需要诊断是否患了网络成瘾症。

（二）网络的依赖度测试

1. 你是否因为囊中羞涩而烦恼？

A. 天天烦恼　B. 偶尔会郁闷一下　C. 钱乃身外之物，不在乎

2. 周末你在家的时间远比在外的时间长？

A. 一直如此　B. 偶尔　C. 在家从来待不住

3. 你是否拥有因为网络而认识的好朋友？

A. 很多，男的多，女的更多　B. 很少　C. 一个也没有，网络毕竟是虚拟的

4. 你经常试图隐瞒你在网上的时间吗？

A. 经常的　B. 很少　C. 从不隐瞒

5. 当你看到网上诸如“兽兽门”之类的事件时，你的第一反应是什么？
A. 炒作，求种子　B. 人为什么会这样呢　C. 太让人气愤了
6. 你一般都是在几点之前睡觉？
A. 12 点之前没睡过　B. 晚上 10 点至 12 点　C. 晚上 10 点之前
7. 在非工作时间，你的 QQ 一般的状态是？
A. 隐身　B. 在线　C. 忙碌（其实在游戏）
8. 当你看到“神魔大陆”一词时，你的第一反应是？
A. 大型网络游戏　B. 电影　C. 小说
9. 你回到家以后，一般多长时间打开电脑？
A. 前脚进，马上开　B. 先填饱肚子再说　C. 用时才打开
10. 朋友聚会时，你们谈论最多的事情是？
A. 网络中的各种事件（黄瓜门、西瓜门、啤酒门、红酒门）
B. 生活中的琐事（我今天花了××元买了件上衣，我今天花了××元买了条裤子）
C. 理想与未来计划（总有一天，我会成功的）

结论：

以上 10 道题目，A 选项得 5 分，B 选项得 3 分，C 选项得 1 分，将每道题目的答案所对应的分值相加，结果说明如下：

（1）10～20 分：你对网络的依赖度很低。可能因为工作的原因，平时会在网上。但在非工作时间，最喜欢的还是做一些户外的事情。网络对你来说，仅仅是一个工作的道具。建议你在闲暇时间多从网络中摄取信息，来丰富你的阅历。

（2）21～35 分：网络的存在已经开始影响你的生活。你已经开始察觉，在 21 世纪，网络是一个不可或缺的工具。生活中你开始慢慢利用网络来处理一些事情，对现在的你来说，网络绝不能没有，但也绝不能整天埋头于网络。

（3）36～50 分：你对网络的依赖度非常严重，你经常发觉自己在网上需要做的事情太多了，除了工作，你把其余几乎所有的事情通过网络来解决。通过网络，你认识了很多朋友；通过网络，你不再花太多的时间逛街；通过网络，有时候对于那些可去可不去的聚会你会拒绝；通过网络，当你看到“神魔大陆”字眼时，你的第一感觉就是“这游戏好玩吗”。总之，网络对于你来说已经不单单是个工具。目前的你可能无法忍受连续一天不上网的生活。建议你及时调整自己的心态，经常性地说服自己外出做一些其他的事情，以便能够缓解你对网络的依赖程度。

三、实践作业

请以小组为单位，调查本校学生上网与智能手机使用情况，撰写调查报告。

（一）作业要求

（1）调查对象为本校学生。

（2）调查的主要内容由各小组结合本驿站的学习内容确定，要突出重点。

（3）调查方法科学、合理。

（4）调查报告格式规范，内容全面，逻辑清晰，字数不少于1 500字。

（二）评分标准

（1）计分标准：按100分计，85～100分为优秀，70～84分为良好，60～69分为合格，59分以下为不合格。

（2）评分时考虑的主要因素：调查报告的真实性；现象陈述的合理性；问题分析的深刻、翔实；报告结构的严密性和逻辑性；语言的表达；字数要求。

（3）具体评分标准见表7—2。

表7—2　评分标准

分数	评分标准
85～100分（优秀）	实际进行了社会调查工作；现象分析得非常深刻、翔实；报告结构严谨，逻辑性强；报告语言非常简洁、流畅，叙述清楚明了；字数符合要求。
70～84分（良好）	实际进行了社会调查工作；报告结构比较规范，内容充实，语言流畅；字数符合要求。
60～69分（合格）	实际进行了社会调查工作；结构基本规范，内容基本充实，语言基本达意；字数符合要求。
59分以下（不合格）	理论脱离实际；没有进行社会调查工作；结构不规范，内容贫乏，语言不流畅，词不达意；字数不符合要求。

成长驿站八 把握生命里的每一分钟——珍爱生命

教育的目的应当是向人传送生命的气息。

——泰戈尔

人，最宝贵的是生命，生命对每个人来说只有一次，这仅有的一次生命应当怎样度过呢？

——保尔·柯察金

成长故事

奶奶去世的悲伤

放寒假了，安然像往常一样快乐地回了家，还用零花钱为亲人买了新年礼物。可是假期返校后，阳光快乐的安然仿佛变了个人，时常挂着笑容的脸上没有了往日的欢笑容颜，经常带着一丝忧伤，幽默感十足、谈笑风生的他常常寂寞寡言，时常光顾网吧，从不做兼职的他通过朋友介绍去肯德基打起了零工。老师和同学们都发现了安然的变化。开学后第二周的一个晚自习，安然称有点感冒，请假在宿舍休息，辅导员老师决定到宿舍看望一下并了解情况。交谈中，老师问安然："假期过得怎么样，家里没什么事吧?"安然突然流了眼泪，心中积压了多日的悲痛得到了释放。原来，一家人度过了团圆温馨的除夕夜，初一早上穿新衣即将吃早饭，奶奶迟迟未出房间，一家人以为奶奶累了而多睡会，敲了两次门未回应，后来，安然爸爸强行打开房门，发现奶奶没了呼吸，打120去了医院也是无力回天，医院诊断为急性心梗。说到这里，安然已经哽咽不断，安然和他的父亲都是独生子，爷爷去世多年，奶奶对他疼爱有加，想起为奶奶买的新外套还没来得及穿上，更是心情悲痛。经过一晚上的交流，安然心情渐渐有所好转。

成长困惑

你是否经历过亲人离去？你认为大学生应如何珍惜生命里的每一分钟？

____

____

成长导航

第一站　珍爱生命——认识生命及意义

每一个来到这个世界上的生命，都是一个偶然的美丽。从生命伴随着那声响亮的啼哭来到人间，每一个生命就成了爱的凝聚、情的相牵。从生命诞生的那一天起，所有的父母会突然之间意识到莫大的责任，并在享受到为人父母的喜悦、快乐之后，开始深刻地忧虑新生命的健康与成长，并全身心地投入与付出。从此，父母与孩子快乐与共，心手相连，成为不可分割的统一整体。这是刻骨铭心的记忆，是热切长久的期盼，是绵延浓重的情谊。"亲人"因此成为世界上最美妙、最深刻、最丰富内涵的词语，它凝聚了人世间最重的恩情，绽放着神圣的光泽。

一、生命及其特点

(一) 什么是生命

生命构成了世界上存在的基础，世界正是因为有了生命才精彩。而在所有生命存在中，人是超越其他一切生命现象的存在物。宏观上说，生命是蛋白质和核酸物质的运动形式，生长和发育是生命的基本过程，而新陈代谢则是生命的最基本的过程，是其他一切生命现象的基础。

从生物学角度看，生命就是生物所具有的活动能力。人的生命超越了纯粹的自然，人具有双重生命。从自然属性看，人的生命与动物相同，是自然给予的，遵循生物体的运行机理和规律，有生有死，是有限的生命，非人的意志和意识所能支配。每个人呱呱坠地，都是一个自然的生命体，没有太大的差异。从社会属性看，人的生命已经超越了自然生命的有限性，获得了自我创造、自我规定的自为性。从这个意义上说，人成为自己生命的主宰，能够自主地支配自己的生命活动。这就是人的生命的本质。

（二）生命的结构①

生命，特别是人的生命，应当由三个因素构成。

1. 生物性生命

人是生物性的存在，生物性是人的生命的最基本的特征，是人的生命的社会性、精神性存在的基础和前提。人的生命作为一个自然生理性的肉体生命而存在，其生长和发展就必然要服从生物界的法则和规律。因此，衣食住行、吃喝拉撒是每一个人都必须具有的，生老病死也是每一个人无法逃避的。这种生命如同人的“脚”，是后两种生命的基础和“载体”。它是“1”，后面的都是“0”，爱惜、尊重和敬畏它是人生的意义。

2. 社会性生命

社会性生命即人际生命，包括感觉社会、角色扮演、人际交往、求学择业、社会竞争等。每个人想要生存下去，就必须参与和融入社会活动中，在与人的沟通、交往和互动中保存自己的生命，追求自己生命的意义，实现自己生命的价值。正是这种社会性存在使人面对千差万别、千变万化的社会生活时，能够有一种生命的智慧和坚定的信念；使人面对有生有死、有爱有恨、有聚有散、有得有失的有限人生和无奈命运时，能够有一种豁达的胸怀和安然的态度。这种生命如同人的躯体，背负着人生的诸多意义，承上启下，居于生命的中间状态，有着10倍于“1”的生命质量，更精彩、更灿烂。

3. 精神性生命

精神性生命即永恒生命：传递真谛，承系天地，永世长存。人之所以为人，就在于人有高于动物的意识活动，有超越生物性生命的精神世界。这种生命如同人的头颅，主宰着人生大义，为最高层次，至少有着100倍于“1”的生命质量。人不但要思考如何活下来，还要思考如何更好地生活。这就是人对于生命意义发自内心的追问，是人对价值生命的一种诉求。当生物性生命消失后，只要他能够留给世界一丝痕迹和涟漪，精神生命就在人类得以传承和发扬，“死了，但他还活着”，亦即“精神不死”。

① 饶淑园、赖美琴：《大学生心理健康》，349页，广州，暨南大学出版社，2014。

趣味阅读

永恒的精神

2008年5月12日，四川汶川发生强烈地震。在地震中，东汽中学一栋教学楼顷刻倒塌。当时，学生们正在教室上课，他弓着身子，张开双臂，紧紧地趴在课桌上。伴着雷鸣般的响声，冰雹般的砖瓦、灰尘、树木纷纷坠落到他的头上、手上、背上，热血顷刻间喷涌而出。他咬着牙，拼命地撑住课桌，如同一位护卫小鸡的母鸡，他的身下蜷缩着四位幸存的学生，而他张开守护翅膀的身躯定格为永恒。5月12日22时12分，当搜救人员从四川省德阳市汉旺镇东汽中学教学楼坍塌的废墟中搬走压在他身上的最后一块水泥板时，所有抢救人员都为之震撼、落泪。谭千秋老师双臂张开趴在课桌上，后脑被楼板砸得深凹下去，血肉模糊，身下死死地护着那四位学生……谭千秋，一位普通的教师，他用自己51岁的宝贵生命体现了人生的价值，他被湖南省委书记张春贤誉为“英雄不死，精神千秋”。

资料来源：http：//www.bomimi.com.

（三）生命的特性

要正确解读生命的意义，首先要强化对生命特性的认识，只有这样才有可能树立正确的生命意识。

1. 生命是不可替代的

每一个生命都是唯一的，都具有自身的尊严。生命是平等而自由的，尊重生命，善待生命，珍惜生命，是人类共同的责任，是大学生应有的意识与觉悟。

2. 生命是有限的

“长生不老”“万寿无疆”只是个虚幻、美好的愿望而已。正因为生命的短暂与有限，才使人们长久地思考如何才能赋予生命最大的意义与光彩，追求“不枉此生”的境界。因此，任何虚度光阴、践踏生命的行为均被人们否定和唾弃。

3. 生命是不可逆的

生命对每一个人来说只有一次，失去了就不可复得。罗曼·罗兰曾说：“人生不是旅行，不出售来回票，一旦动身就很难返回。”因此，人们必须严肃认真地对待每一个生命的存在，包括自己和他人，做到对自己的生命负责，对家庭与社会负责，对他人的生命负责。

4. 生命是一切活动的基础

日本学者池田大作说：“生命是人生最宝贵的东西，只有生命存在，才有人的其他价值的创造和实现。”这是十分正确的。生命的存在是谈论一切活动的基础，没有了生命，其他一切无从谈起。“留得青山在，不怕没柴烧”，讲的是有生命就有希望，这是对生命存在的基础意义最朴素、最直白的表达。

5. 生命是独特的

每一个生命都是具体的、独一无二的。美国学者弗兰克尔说，每个人都有自己特殊的天职或使命……他的生命无法重复，也不可取代。中国也有句俗语，叫“天生我才必有用”，讲的是一个道理。

6. 生命具有超越性

每个生命都具有与生俱来的蓬勃向上的生命力。它是一个不断成长的个体，一直处在发展、变化之中，正是这种动态推进的过程，使生命获得了超越自我的意义与光彩，变得具体、生动和感人。

7. 生命具有两重性

一方面，生命是坚强、丰富、生动，且富有创造力的个体存在；另一方面，生命又是脆弱、被动、受压迫、很多时候难以自主的。所以法国思想家帕斯卡尔说："人只不过是一根芦苇，是自然界中最脆弱的。但是，人是一根会思想的芦苇。"脆弱和坚强的确是生命两个重要的特质。

认识了生命的特性与特征，可以帮助我们端正对生命的态度，树立正确的生命意识与人生信念，更好地理解生命、敬畏生命、爱惜生命、完善生命，追求生命自由与和谐的发展，这是生命存在的最高境界，也是对自己、对他人最好的人文关怀。

二、生命的意义

霍普金斯大学的社会科学工作者曾经对48所学院的7 948名学生做过一次调查，当问及他们目前极其重要的是什么时，78%的学生回答说，他们的首要目标是寻找人生的目的和意义。可见，对生命意义的追求，是人主动而为之，是人的基本的人生态度。如果体悟到了生活的意义，人的生命就会充满活力，就能充分体验到生活的幸福；否则就会觉得心灵空虚，感到精神苦闷甚至绝望。

通过对生命的积极思考，个人才能努力实现自己给予高度评价的生命目标。生命意义的阐释具有四个要点。一是人性观。人的存在具有身体、心理和精神三个层次。二是自由。人虽不能免于生物、心理和社会的各种限制，但面对这些限制，人却保有选择的权利。三是责任。人的首要责任是良知。人不仅有责任去实现个人生命的独特意义，而且要对自己、社会甚至全人类负责。四是自我超越。人类存在的特征是自我超越而不是自我实现，人的特征是"追求意义"而不是"追求自己"。

趣味阅读

生命的意义

他原本是位诗人，因为无人欣赏而不得不停止创作，改为深思人生的意义。他思考来思考去，认为人生就像一场梦，死才是梦的初醒，所以他决定自杀。

他从家里拿了一把铁锹，走到郊外开始给自己挖坟坑。坟坑挖好时他想起了那3本厚厚的诗集，那可是自己多年来的心血，即便是死，也一定要带在身边，于是他转身回家去拿。等到他再次一脸颓废地来到坟坑前时，他惊讶地张大了嘴巴：几个小孩子正兴致勃勃地在自己的坟坑上玩耍，只见他们用长短不一的木棒架在土坑的上边，铺上一层厚厚的宽草叶，然后开始往"地基"上培土。

"你们在干什么？"诗人问孩子们。

“我们要建一座城堡。”孩子们边忙边回答他。

“建城堡？你们觉得这样做有意义吗？”诗人又问道。

“意义？意义是个什么东西？”孩子们迷惑地眨着眼睛，“一会儿，我们的城堡就建起来了，建好了这个，我们还会再建一座。你要不要加入我们？这很好玩的。”孩子们天真地说。

看着孩子们快乐无比的样子，诗人突然明白了——原来生命的意义就在于做事，然后从做事中体会快乐啊！

什么事情都不做，却想思索出人生的意义，最终只会把自己逼到虚无的边缘上，而投入地去做眼前的每一件小事，反倒能给生命找到一个积极的答案。

资料来源：饶淑园、赖美琴：《大学生心理健康》，350页，广州，暨南大学出版社，2011。

三、珍爱生命

明确提出生命教育的学者是美国的杰·唐纳·华特士。1968年，他在美国加州创办了“阿南达村”、阿南达学校，倡导和实践生命教育思想。他还出版了《生命教育》一书，探讨必须关注人的生长发育与生命健康的教育真谛。生命教育理论一经提出之后，很快就波及许多国家和地区，并逐步地形成一种新的教育思潮。

生命教育是指对个体从出生到死亡的整个过程中，通过有目的、有计划、有组织地进行生存意识熏陶、生存能力培养、生命价值提升，最终使其生命质量充分展现的活动过程。该教育通过各种教育活动，引导学生思考生与死的生命课题，以积极的态度面对生活中的失落与痛苦，培养学生对自然、对自己、对他人、对社会的关爱情怀，提高学生对生命及其存在价值的认识。

【案例】药家鑫是西安音乐学院一名大三学生。2010年10月20日深夜，药家鑫驾驶私家小轿车行驶至西北大学长安校区外西北角学府大道时，撞上前方同向骑电动车的张某。药家鑫下车查看，发现张某倒地呻吟。药家鑫没有询问伤者的伤势情况，反而因为担心张某看到其车牌号，怕以后找麻烦，遂转身从车内取出一把尖刀，对倒地的被害人连捅8刀，至张某当场死亡。

药家鑫如此缺乏道义、漠视生命，给我们的教育以极大警示：以往我们的教育，过分倚重知识的传授，帮助学生提高增强生存竞争力等“何以为生”的本领，但却忽略了引导学生对“为何而生”的思考，忽视了对学生的心理健康、人格健全、价值观念和爱惜、尊重、敬畏生命的教育。

例如，一位纳粹集中营的幸存者当上了美国一所中学的校长。每当一位新教师来到学校，他就会交给那位老师一封信。信中写道：“亲爱的老师，我亲眼看到人类不应该看到的情景——毒气室由学有专长的工程师建造，儿童被学识渊博的医生毒死，幼儿被训练有素的护士杀害。看到这一切，我怀疑，教育究竟是为了什么？我的请求是：请你帮助学生成长为有人性的人。只有在使我们的孩子成长为有人性的人的情况下，读、写、算的能力才有价值。”

上面信中这段话揭示了生命教育的重要意义，人最宝贵的就是生命，人类的延续、人类的灿烂、事业的辉煌都因为生命的存在才得以成为可能与现实。舍弃自己的生命和漠视他人的生命，一切都无从谈起。

曾经有篇报道讲述美国某小学发生火灾，许多学生从火海中逃离出来，老师发现少了两个学生，于是命令所有的学生到火场外去寻找他们。一位来自中国的同学没有向老师报告，就奋不顾身地冲进火海而不幸遇难，而他要救的那两个美国小朋友早就顺利逃生。这个在我们看来“真正”的英雄，美国学校竟没有“表扬”，更谈不上“追认”，反而校方因为没有教好中国学生如何逃生而受到地方当局的处罚。美国人的这一做法，值得我们深思。生命教育首先是珍惜生命的教育，引导学生认识生命，学会保护生命。

【案例】2007 年 1 月 11 日上午，黔南某高校一名大二女生因为男朋友提出分手，一时想不开，便纵身从五楼跳下，在被送往医院的途中不幸身亡。

据目击者小君介绍，最近大家都在忙于期末考试，11 日早上大家都没上课，大约 11 点，正在寝室复习的她忽然听见外面有人喊：“有人跳楼了。”她跑出寝室一看，发现跳楼者就摔倒在距离自己宿舍不远处的水泥地上，有人拨打了 120 急救电话，救护车很快来到了现场。但由于伤势过重，跳楼者在被送往医院的途中不治身亡。

据了解，跳楼者叫小玉（化名），是该校小学教育专业大二学生，平时性格比较内向，不久前交了一个男朋友，就在事发前两天，男朋友提出了分手，这事情对她的打击很大。据小玉的同学介绍，分手后，小玉几天来一直都精神恍惚。当天早上，小玉参加考试后，可能是和男朋友分手的事情加上考试成绩不理想，一时想不开便发生了这样的悲剧。

一个鲜活的生命的消失，既让家人痛苦、朋友悲伤，也使国家多年的培养毁于一旦。著名文学大师罗曼·罗兰说过：“世界上只有一种英雄主义，那就是了解生命而且热爱生命的人。”通常而言，人们很难将死亡与青春年少、风华正茂的大学生联系在一起。但是，近年来，大学生自杀的事件屡有发生。当代的大学生处于一个经济高速发展、竞争激烈的社会，他们时刻担负着来自家庭、学校、社会各方面的压力，使他们一时之间难以应对。而在校的大学生处于一个由不成熟转向成熟的重要过渡阶段，心理上很容易导致波动，遇到问题情绪会不稳定，如果他们在面对这些挫折、压力、竞争时不能以一种健康的心态来应对的话，就会陷入忧郁、自闭和绝望中，这时有的学生就会走向极端，自己结束自己的生命。

那么，当代大学生应如何珍惜生命，善待生命，把握好生命的每一天呢？这就要大学生自觉地提高自身心理素质修养，提高对逆境的忍受力，寻求社会支持。

当你身处逆境、压力重重之时，你最需要的是什么呢？相信亲朋好友亲切的问候、深切的理解和热情的帮助是每一个人都热切渴望的。这些问候、理解和相助实际上就是心理学中所说的社会支持，它对于个体的身心健康有着十分重要的意义和作用。

一般来说，社会支持包括以下几类。首先是来自亲人的支持。父母、兄弟姐妹等亲人的支持，是个体最基本、最重要的社会支持源泉。和睦的家庭、温暖的亲情足以帮助人消除心灵的疲倦，顶住外界的种种压力。其次是来自朋友的支持。每个人都有一些知心的朋友，当遇到种种不快的时候，不妨向他们倾诉和求助。最后是来自社会的支持。社会是一个大家庭，一方有难，八方支持。

趣味阅读

用上所有的力量

星期六上午，一个小男孩在他的玩具沙箱里玩耍。沙箱里有他的一些玩具小汽车、敞篷货车、塑料水桶和一把亮闪闪的塑料铲子。在松软的沙堆上修筑公路和隧道时，他在沙箱的中部发现了一块巨大的岩石。

小家伙开始挖掘岩石周围的沙子，企图把它从泥沙中弄出去。他是个很小的小男孩，而岩石却相当巨大。手脚并用，似乎没有费太大的力气，岩石便被他连推带滚地弄到了沙箱的边缘。不过，这时他才发现，他无法把岩石向上滚动、翻过沙箱边墙。

小男孩下定决心，手推、肩挤、左摇右晃，一次又一次地向岩石发起冲击，可是，每当他刚刚觉得取得了一些进展的时候，岩石便滑脱了，重新掉进沙箱。

小男孩只得哼哼直叫，拼出吃奶的力气猛推猛挤。但是，得到的唯一回报便是岩石再次滚落回来，并砸伤了他的手指。

最后，他伤心地哭了起来。这整个过程，男孩的父亲从起居室的窗户里看得一清二楚。当泪珠滚过孩子的脸庞时，父亲来到了他跟前。

父亲的话温和而坚定："儿子，你为什么不用上所有的力量呢?"

垂头丧气的小男孩抽泣道："但是我已经用尽全力了，爸爸，我已经尽力了！我用尽了我所有的力量。"

"不对，儿子，"父亲亲切地纠正道，"你并没有用尽你所有的力量。你没有请求我的帮助。"

父亲弯下腰，抱起岩石，将岩石搬出了沙箱。

资料来源：http：//wenda. so. com/q/1380817099063757.

全社会都要为学生的健康成长努力，为他们营造一个健康的生存空间，用正面的舆论宣扬生命的价值，使生命教育在潜移默化中影响学生，达到生命教育的目的。

四、理解生命的终结

中国人的传统是忌讳提到死亡的。死亡是一种自然规律，令人害怕但又无法回避。然而，人正是因为对死亡的恐惧才会更加留恋、珍惜生命。《西藏生死书》作者索甲仁波切说："只有当我们学会面对死亡，我们才能学会生命中重要的课题：生为一个人，在最深层的意义上，如何面对自己并与自我达成协议。"

死亡教育是生命教育的一种形式。为推广生命教育，美国成立了各种专业协会，出版了许多专业及普及性的书籍和杂志。如成立了"美国死亡教育学会""死亡教育与咨商学会"，出版了《生死学》《死》等特别的杂志，各种书籍、影片、视听教材更是不计其数。美国的死亡教育名为谈死，实则是通过死亡教育让孩子树立正确的生死观念，以正确的态度保持生命、追求生命的价值和意义。

在瑞典，小学生就常常被父母或者老师带到医院太平间接受死亡教育，大人会让学生摸着死者冰凉的手感知死亡，还会用通俗的语言告诉孩子：死亡会让一个人再也看不到爸爸妈妈，看不到好看的动画片，吃不到好吃的冰激凌，这就叫做死亡。与此同时，学校也给学生辅之以生的教育，老师会让孩子们摸着孕妇的肚子给他们讲述人的出生。教育孩子，什么是生命，为什么来之不易；什么是死，死对周围的人意味着什么。从而使学生认识到生的可贵，珍惜生命，避免一旦遇到挫折就轻弃生命。

【案例】有一段时间，青少年流行养电子宠物，有一个孩子，养了一只鸡，定时给电子鸡喂食、放风，还挺认真的。如果给小鸡喂过多的食物，小鸡就会撑死，可是孩子只要一摁按钮，一只活蹦乱跳的小鸡就又活了，他又能开心地玩下去。有一天，这个孩子因为一点小事居然把同学给捅死了，他对警察说："我没想到同学会死，我以为他像电子鸡一样，只要一摁按钮他就能活过来呢。"这个孩子对生命存有多大的盲目性，他竟然不知道人的生命只有一次。

一直以来我们的教育始终在回避死亡这个话题，家长、老师甚至整个社会，都不想、不敢也不知如何与孩子讨论死亡的问题，这是学校心理健康教育中的一个盲点。加之我国特有的忌讳死亡的观念，使得死亡教育很难得到认同，这也是我国教育的一个误区。

正像中国公安大学李枚瑾教授感叹的那样，在感叹生命的美丽之时，"我们是否把生命的真相与意义告知过孩子。我们是否告诉过他们，这个世界上最伟大的奇迹都是生命活动的痕迹，从思想名著到令人陶醉的音乐，从让全世界受益的电的发明到深究生命起源的科学探索……生命是如此美好而神奇"。同时，我们是否还告诉过他们，生命的成长不会是一帆风顺的，其间有困苦、有曲折、有磨难，但困苦成就了生命的坚韧，曲折丰富了生命的底蕴，磨难强大了生命的力量。古往今来，多少伟大的人生就是这样造就的。

同时，人们还应注意到，生命其实也很脆弱。一次不小心，一场突如其来的意外，一个无法原谅的恶念，或侵入肌体、心灵的疾患等，都有可能让生命的花朵在瞬间凋落，造成情感的重创甚至难以愈合的创伤。因此，珍爱生命，呵护生命，是一个连续不断的过程，需要时刻注意并小心翼翼，才能使生命获得较为完美的历程。

第二站　感恩的心——走向幸福人生

俗话说：滴水之恩，当涌泉相报。《诗经》里有句珍珠般的言辞："投我以木桃，报之以琼瑶。"在英国很多古老教堂的石墙上刻着：思考与感谢。让我们随时提醒自己：思考我们所有的，并培养感恩的态度。感恩是一种生活态度，是一种善于发现生活中的感动，并能享受这一感动的思想境界。

趣味阅读

感恩节的由来

感恩节是在每年11月的第四个星期四，这个节日始于1621年。那年秋天，远涉重洋来到美洲的英国移民，为了感谢上帝赐予的丰收，举行了3天的狂欢活动。从此，这一习俗就延续下来，并逐渐风行各地。1863年，美国总统林肯正式宣布感恩节为国定假日。届时，家家团聚，举国同庆，其盛大、热烈的情形不亚于中国人过春节。

资料来源：http：//baike. so. com/doc/5349335-5584791. html.

趣味阅读

感恩的心

那一年，他在爱尔兰参加一次国际大会。会议结束的时候，一位女记者迅速登上讲坛采访了他。面对这位已经在轮椅上生活了30多年的科学巨匠，女记者不无动情地问："先生，病魔将您永远固定在了轮椅上，您不认为命运让您失去了太多吗?"

多年以前，他就不能开口说话了。面对女记者的提问，他用手指叩击着键盘，于是，在宽大的投影屏幕上缓慢而醒目地出现了这样一段话："我的手指还能动，我的大脑还能思维，我有终身追求的理想，有我爱的和爱我的亲人与朋友，对了，我还有一颗感恩的心……"在场的所有人都情不自禁地鼓起了掌。此时此刻，大概只有掌声才足以表达他们对这位科学斗士的敬意和爱意。

他就是史蒂芬·霍金——英国当代最著名的物理学家。在他刚满21岁的时候就被诊断为肌肉萎缩性侧面硬化病，又称卢伽雷病。按医生的说法，他最多能活2年，出乎医生意料的是，他不仅一直活了下来，而且还在科学上取得了非凡的成就。他被我们欣赏，让我们感动，不仅仅是因为他取得的成就，更是他面对灾难所表现出来的坚强、勇敢和乐观，他的人生是充实而快乐的。

资料来源：http：//www. chinavegan. com/2010/welcome _ to _ china _ vegan@20100714161917. htm.

一、感恩的意义

感恩是个外来词，牛津字典里的意思是："乐于把得到好处的感激呈现出来且回馈他人。"

"感恩"一词在《现代汉语词典》里的意思是："对别人所给的帮助表示感激。"

感恩，就是对哺养、培养、教导、指引、帮助、支持乃至救护自己的人心存感激，并通过自己十倍、百倍的付出，用实际行动予以报答。感恩是一种对恩惠心存感激的表示，是每一位不忘他人恩情的人萦绕心间的情感。

感恩的意义体现在以下几个方面：

(1) 感恩使人知足。俗语说，知足常乐。老子说，知足者富。知恩，感恩，谢恩，才会懂得知足。

(2) 感恩使人与环境融洽和谐。感人之恩，必不与人争；感人之恩，必与人为善。一个知恩、感恩的人，他的生活环境必定是完美的，使他幸福平安的。

(3) 感恩使人成长。感恩是一种学习态度，从别人所做的"一切"当中去体验和学习做人之道、处事之道，从而不断地使自己变得越来越完美。俗话说，没有最美，只有更美。人生的使命，就是使自己不断变得更完美。

(4) 感恩是对社会和谐的一种贡献，他使被感恩的人感受到自己的价值，进而以人为本、与人为善，共同营造出一个完美的社会环境。

由上可知，感恩最大的受益人首先是感恩者自己。被感恩的人也受益，前提是自己先受益。如果感恩者并不觉得受益，他人的受益也只是表面现象，很可能会是明益暗害。

趣味阅读

受资助学生不懂感恩被取消资助资格

受助一年多，没有主动给资助者打过一次电话、写过一封信，更没有一句感谢的话，襄樊5名受助大学生的冷漠逐渐让资助者寒心。2007年8月中旬，襄樊市总工会、市女企业家协会联合举行的第九次“金秋助学”活动中，主办方宣布：5名贫困大学生被取消继续受助的资格。

去年8月，襄樊市总工会与该市女企业家协会联合开展“金秋助学”活动，19位女企业家与22名贫困大学生结成帮扶对子，承诺4年内每人每年资助1 000元至3 000元不等。入学前，该市总工会给每名受助大学生及其家长发了一封信，希望他们抽空给资助者写封信，汇报一下学习、生活情况。

但一年多来，部分受助大学生的表现令人失望，其中三分之二的人未给资助者写信，有一名男生倒是给资助者写过一封短信，但信中只是一个劲地强调其家庭如何困难，希望资助者再次慷慨解囊，通篇连个“谢谢”都没说，让资助者心里很不是滋味。

今夏，该市总工会再次组织女企业家们捐赠时，部分女企业家表示“不愿再资助无情贫困生”，结果22名贫困大学生中只有17人再度获得资助，共获善款4.5万元。

多年来为资助贫困生东奔西走、劳神费力的襄樊市总工会副主席周萍为此十分尴尬，她感觉部分贫困生心理上“极度自尊又极度自卑”，缺乏一种正确对待他人和社会的“阳光心态”，有的学生竟自以为“成绩好，获资助是理所当然的”，缺乏起码的感恩之心。

资料来源：http：//blog.sina.com.cn/s/blog_4006675d01000bgx.html.

二、感恩于心，回报于行

感恩是一种生活态度，是一种美德。感恩应该是社会上每个人应该遵守的基本道德准则，是做人的起码修养，也是人之常情。对大学生而言，感恩意识绝不是简单回报父母的养育之恩，它更是一种责任意识、自立意识、自尊意识和健全人格的体现。

有位哲学家说过，世界上最大的悲剧或不幸，就是一个人大言不惭地说没有人给过自己任何东西。大学生应该学会知恩、感恩，父母的养育之恩，老师的教育之恩，社会的关爱之恩，军队的保卫之恩，祖国的呵护之恩……从家庭、学校开始，学会尊重他人。以平等的眼光看待每一个生命，尊重每一份平凡普通的劳动，也更加尊重自己。经常怀着感恩之心，才会心地坦荡，胸怀宽阔，自觉自愿地给人以帮助，助人为乐。

（一）感恩父母，养育了我

趣味阅读

一碗馄饨

那天，一个女孩跟妈妈又吵架了，一气之下，她转身向外跑去。

女孩走了很长时间，看到前面有个面摊，这才觉到肚子饿了。可是，女孩摸遍了身上的口袋，连一个硬币也没有。面摊的主人是一个看上去很和蔼的老婆婆，她看到女孩站在那里，就问："孩子，你是不是要吃东西?""可是，可是我，可是我忘了带钱。"女孩有些不好意思地回答。"没关系，我请你吃。"老婆婆说。

老婆婆端来一碗馄饨和一碟小菜。女孩满怀感激，刚吃了几口，眼泪就掉了下来，纷纷落在碗里。"你怎么了?"老婆婆关切地问。"我没事，我只是很感激!"女孩忙擦眼泪，对老婆婆说，"我们不认识，你却对我这么好，愿意煮馄饨给我吃。可是我妈妈，我跟她吵架，她竟然把我赶出来，还叫我不要回去!"

老婆婆听了，平静地说道："孩子，你怎么会这么想呢?你想想看，我只不过煮了一碗馄饨给你吃，你就这么感激我，那你妈妈煮了十多年的饭给你吃，你怎么不感激她呢?你怎么还要跟她吵架呢?"

女孩愣住了。

女孩匆匆吃完了馄饨，开始往家里走去。当她走到家附近时，一下子就看到了疲惫不堪的母亲正在路口四处张望……母亲看到她，脸上立即露出了喜色："赶快过来吧，饭早就做好了，你再不回来吃，菜都要凉了!"

这时，女孩的眼泪又开始掉了下来……

有时候，我们会对别人给予的小恩小惠"感激不尽"，却对亲人一辈子的恩情"视而不见"。

资料来源：http：//wenda. so. com/q/1366827436062392? src=130.

父母给予我们生命，让我们健康成长，父母的关爱是最无私的，吮着母亲的乳汁离开了襁褓，揪着父母的心迈开了人生的第一步。我们在父母无微不至的关怀中茁壮成长，父母不知为我们花费了多少心血与汗水。

"身体发肤，受之父母，不敢毁伤，孝之始也。"无论是对自己还是对他人，热爱生活，捍卫生命，是最深刻的孝道；忽视生命，是对生命价值的漠视，对亲情的摧残，是不负责的表现。

"羊有跪乳之恩，鸦有反哺之义"，而人也应有尽孝之念。从现在开始就要从身边的小事做起，去感恩父母、回报父母。为父母做一些力所能及的事情，在父母生日时献上一句祝福和一张卡片，在父母劳累后为他们揉揉肩、捶捶背。帮母亲洗碗，扫地，叠衣服。与父母多说说知心话，多交流，有事就要让父母知道，不要让他们担心。当你远在他乡时，给父母打上一个电话，捎上一句祝福……

（二）感恩老师，教育了我

每个人的成长和成才，都离不开老师的培养；社会的每一点进步和更新，无不饱含着老师的辛劳和奉献。在人生的十字路口，是老师向学生伸出了热情的双手，使学生在彷徨中坚定，在思索中清醒。在人生的旅途中，是老师丰富了学生的心灵，开发了学生的智力，为学生点燃了希望的光芒，给学生插上了理想的翅膀，使其遨游在知识的海洋里。

古人云：三尺讲台，三寸舌，三寸笔，三千桃李。十年树木，十载风，十载雨，十万栋梁。

"师者，所以传道授业解惑也。"有人说："疼爱自己的孩子是本能，而热爱别人的孩子是神圣!"老师所给予的爱恰恰就是这种神圣之爱。"教育没有爱就成了无水之池"，老师用自己的汗水辛勤耕耘，不断浇灌一朵朵美丽的心灵之花。作为学生，我们每一个人都要由衷地感激老师为我们所付出的一切。有一位名师说："让人们因我的存在而感到幸福。"那么，我们怎样做才能让老师因自己的存在而感到幸福呢？

趣味阅读

最好的礼物

有这样一个故事，说是一名学生在教师节时，费劲心思想送给老师一个礼物，可送什么呢？他想送一张自己做的贺卡，可是担心自己做出来的贺卡老师不会喜欢；送一束鲜花，又担心花儿凋谢后老师会忘了他的心意。想来想去，实在没主意，于是他就去问老师："老师，教师节你希望收到什么礼物？"老师笑了笑说："最好的礼物是在将来，请你现在就开始准备，10 年、20 年后再送给我。"

资料来源：http：//www. gkstk. com/article/1416659297724. html.

老师要的礼物是什么呢？老师要的是学生们每天的进步和将来的成就。课堂上，一道坚定的目光、一个轻轻的点头，证明了你在全身心投入，你在专心致志地听讲，这便是感恩；学生知错就改，接受老师的批评教育，这也是感恩；学生积极进取，尊重老师的劳动成果，这依然是感恩。当然，认真地完成每次作业，积极地举手发言，认真地思考，主动地参与，靠自己的努力换来理想的成绩，取得更大的进步，获得更好的发展，这便是对老师辛勤工作的最好回报，也是老师最大的欣慰。还有，学生在知识上、感情上理解老师、体贴老师，这更是对老师谆谆教诲的最大肯定，也是老师最快乐的满足。身边的这些点点滴滴包含的正是学生对老师的尊重和肯定，对自己健康成长的尊重和肯定。

（三）感恩社会，历练了我

学会感恩，不要总是抱怨命运不够好，得到的不够多，物质不够丰富，总是拿自己和别人做比较，愤然于别人丰富而自己贫穷，别人快乐而自己忧伤，别人幸福而自己孤独。也许真的并不是我们得到的太少，而是我们的心越来越不满足了。只要我们永远怀着一颗感恩的心去生活，就会发现生活的美好、世界的美丽，就会永远快乐地生活在真情的阳光里。

趣味阅读

手术费

一个生活贫困的男孩为了积攒学费，挨家挨户地推销商品。傍晚时，他感到疲惫万分，饥饿难挨，而他推销得却很不顺利，以至于他有些绝望。这时，他十分饿，他敲开一扇门，希望主人能给他一杯水。开门的是一位美丽的年轻女子，她却给了他一杯浓浓的热牛奶，令男孩感激万分。许多年后，男孩成了一位著名的外科大夫。曾给他恩惠的女子，因为病情严重，当地的大夫都束手无策，便被转到了那位著名的外科大夫所在的医院。外科大夫为妇女做完手术后，惊喜地发现那位妇女正是多年前在他饥寒交迫时，热情地给过他帮助的年轻女子，当年正是那杯热奶使他又鼓足了信心，完成了学业。那位妇女想这次费用一定很贵，当她鼓起勇气看时惊喜地发现手术费单上有一行字：手术费＝一杯牛奶。

资料来源：http：//blog. sina. com. cn/s/blog _ 603d862d0102e2sh. html.

感恩是一种美德，只有会感恩的人才能承担责任。静下心来仔细想想，生活中值得自己感恩的人、事、物还真的不少。

我们要感恩时代，同过去相比，我们的物质生活可以说是极大地丰富了，珍惜现在的拥有，增强奉献意识和社会责任意识，懂得回报社会，从身边的小事做起，从身边的点滴做起。实现中国梦，需要我们加强自身的学习，增强自身的素质，提高实现梦想的能力；要加强对理论知识、文化知识、专业知识的学习，树立终身学习的理念，不断提高自己认识问题、解决问题的能力，脚踏实地地做好自己的事情；要发挥自己的先锋模范作用，以自己的实际行动感染更多的人，用自己的热情来带动更多的人。

成长训练营

一、案例讨论

1991 年，一起骇人听闻的凶杀案发生在美国艾奥瓦大学，中国留学生卢刚开枪打死了该校一位副校长、三名教授和他的同学山林华，随后，卢刚开枪自杀。凶手卢刚是北京大学物理系的高材生，1985 年来到美国艾奥瓦大学深造“空间物理”，1990 年夏天取得了物理学博士学位，在学术上取得了令人瞩目的成就。但他生性孤僻，不喜欢与人交往，几乎没有朋友。毕业以后，他一直未找到工作，情绪十分低落。他渴望自己的博士论文能获得物理系的荣誉奖，对此期望甚高。然而他的博士论文在物理系最佳论文的提名中被否决。而与此同时，与他同一导师的中国留学生山林华的博士论文却获奖，并被校方留下做博士后研究。闻悉，卢刚心里不平衡，并对山林华满怀嫉妒，对他们共同的导师和校方也心存怨恨。终于他采取他杀和自杀行动，制造了震惊世界的大血案。

二、心理游戏——生命线

（一）活动目的

通过描述自己的生命线，引发学生去思考自己的人生和生活的意义与价值，反思自己的目标和追求，并最终提升自己的生命价值。

（二）活动操作

在纸上画一条线，在右侧标出箭头，这一条线代表你的生命线，起点代表你出生的时候，在终点写出你的预测死亡年龄，然后找出自己现在所处的位置。首先回忆过去发生在你生活中的事情，并将它们按时间顺序在生命线上列出来，根据你的感受，愉快的可以放在线条上方，不愉快的可以放在线条下方，然后再想象未来想要做的事情及可能发生的事情，仍然按可能是愉快的或不愉快的放在线条的上、下方，最后仔细看看你的生命线，它就是你的心灵地图。

讨论：

（1）你想到了什么？

（2）这些给你什么启示？

成长体验与感悟

经过本成长驿站的学习，相信大家对生命、规划大学生活会有更加深刻的认识和体会，那么就请大家在此分享自己成长的体验与感悟吧！

成长加油站

一、拓展阅读

（一）敬畏生命

敬畏生命

张晓风

那是一个夏天的长得不能再长的下午，在印第安纳州的一个湖边。我起先是不经意地坐着看书，忽然发现湖边有几棵树正在飘散一些白色的纤维，大团大团的，像棉花似的，有些飘到草地上，有些飘入湖水里。我当时没有十分注意，只当是偶然风起所带来的。

可是，渐渐地，我发现情况简直令人吃惊。好几个小时过去了，那些树仍旧浑然不觉地，在飘送那些小型的云朵，倒好像是一座无限的云库似的。整个下午，整个晚上，漫天都是那种东西。第二天情形完全一样，我感到诧异和震撼。

其实，小学的时候就知道有一类种子是靠风力吹动纤维播送的。但也只是知道一道测验题的答案而已。那几天真的看到了，满心所感到的是一种折服，一种无以名之的敬畏。我几乎是第一次遇见生命——虽然是植物的。

我感到那云状的种子在我心底强烈地碰撞上什么东西，我不能不被生命豪华的、奢侈的、不计成本的投资所感动。也许在不分昼夜的飘散之余，只有一颗种子足以成树，但造物者乐于做这样惊心动魄的壮举。

我至今仍然在沉思之际想起那一片柔媚的湖水，不知湖畔那群种子中有哪一颗成了小树，至少，我知道有一颗已经成长。那颗种子曾遇见了一片土地，在一个过客的心之峡谷里，蔚然成荫，教会她怎样敬畏生命。

资料来源：http：//www. kanunu8. com/book4/8829/195625. html.

（二）珍爱生命

美国作家杰克·伦敦曾写过《热爱生命》这篇小说，文中以巨大的艺术力量表现了对生命的热爱如何帮助一个人战胜死亡。古人说过：“花和人都会遇到各种各样的不幸，但是生命的长河是无止境的。”生命，对一个人是非常重要的，有许多关于生命的散文诗歌都对生命有着怜惜和珍爱。

我曾经读过刘白羽写的《白蝴蝶之恋》，那是一只轻柔纤细楚楚动人的白蝴蝶，风雨中，它飞出来寻觅什么，被雨水打落。它试图挣扎，但终于倒下，当太阳用明亮的光辉照满人间，那美丽勇敢的小精灵在晶莹的世界中终于一跃而起，向清明如洗的空中冉冉飞去，像一片小小的雪花，带着珍爱生命的情怀，消失在阳光下的青草地上空，演绎了生命的一次升华……

既然蝴蝶都这样，那我们人类又是怎样对待生命的呢？有些人更懂得生命的可贵。雨果就是一个典型的例子，他虽然患有心脏病，却意志坚强。他尽自己的全力为文学事业作出了伟大的贡献。别人看他的病情这么严重，认为他一定活不了多久。但他从没有放弃过生命，反而更加争取、珍爱自己的生命。他没有自暴自弃，而是去挑战生命，挑战自我。他每天都坚持做体育锻炼，不管怎样累，他都会坚持。现代散文作家朱自清写的《匆匆》里面说：“但不平的，为什么偏要白白走这一遭啊！”这句话说明人要活得有意义，不应该虚度年华、碌碌无为过一生。就算当生命垂危时，也不能白白走这一生，应该去珍爱自己的生命，同时去做一些有意义的事情。雨果不仅进行体育锻炼、强身健体，而且还写下了许多著作，他的一生洒下了光辉，没有虚度年华。他的代表著作有《巴黎圣母院》《悲惨世界》《海上劳工》等。他这样珍爱生命，使他从原来是快要死去的人，转变成为一个长寿者，去世时为 82 岁。

可曾记得，“非典”来临的日子，一群白衣天使迎着风雨而起，全国人民众志成城，不怕困难。人们为了珍爱自己的生命，每天进行体育锻炼，讲究卫生，经常通风。抗击“非典”的一些护士和医生，遇到困难不退缩，他们坚持能战胜“非典”的信念，夜以继日也为病人治病，他们忘我地工作，永远站在“非典”的前线，与 SARS 病毒作斗争。现在回想起来，让人感觉到“珍爱生命”这四个字。在“非典”时期，人们的举动，同时也在推动着祖国的前进步伐。珍爱生命也是一种使祖国向前进步的表现，如果人们都珍爱生命，那将是一个充满积极向上气息的社会。可现在呢？“非典”已经过去了，人们又恢复了以前的样子：不讲究卫生。更有甚者卖一些不干净的东西，拿大家的健康开玩笑。SARS 的出现不就是不注意卫生所造成的吗？我们应“前事不忘，后事之师”，时刻注意卫生，注意生命安全，珍爱生命。

人生是一条无名的河，是深是浅，人们都过；人生是一杯无色的酒，是苦是甜，人们都喝。在这匆匆的岁月里，生命就像一朵美丽的鲜花，在阳光下，慢慢地绽开，我们一定要保护好这朵花。让我们以饱满的热情迎接生活，挑战自我，珍爱自己的生命。

资料来源：http：//www. zuowen. com/e/20110429/4dba09468be66. shtml.

（三）生命是一支蜡烛

如果说生命起初是一片黑暗，等待我们用血水、泪水和汗水去点燃自己的目标和方向，那么生命便是一支蜡烛，它总是用自己矮小的身躯，在冥冥黑夜中燃烧出自己的光亮……

生命之所以是一支蜡烛，而不是电灯、日光灯或别的什么，是因为电灯和日光灯可以多次使用，只要供应充足的电，它们就能长时间亮下去。而蜡烛却不是这样，它总是不断地磨损、衰减，用去一截便少一截，这就犹如光阴从我们身边一日一日地溜走，并且永不复返。鉴于此，我们必须珍惜自己的生命时光——须知蜡烛是越用越短的。

生命是一支蜡烛，意味着在人生这篇文章里，如果因为风的原因而熄灭了，你就可以用希望的火光重新点燃。一个人遇到挫折并不可怕，可怕的是你不敢、不愿正视和克服它。

生命是一支蜡烛，不管是对自己还是对别人，你都可以踏踏实实、认认真真地奉献自己。你可以在朦胧的黑夜里用强烈的光芒照亮一方，也可以在冰冷的寒风中，用博大的爱去温暖整个世界。

生命是一支蜡烛，它总是用自己去见证流逝的光阴，用眼泪去抚慰人黑暗的心灵，用光芒去创造自己人生的一抹光辉。

生命是一支蜡烛，它还给予我们这样一个有力的启示——做人，要像它一样，时时刻刻坚守自己的岗位，无论遇到多大的困难，永不放弃！

资料来源：http：//www. zuowen. com/e/20121123/50af1164363ad. shtml.

二、图书、电影推荐

1. 图书：《最后，才知道该如何爱你》

《华盛顿邮报》、美国国家公共广播电台感动推荐，全球 15 个国家竞相传诵的亲情赞歌！

精彩片段：

我是一个很老、很老的人的儿子。尽管在他的记忆中，自己仍然是年轻的——全然不顾自己根本无法自行从椅子上站起来，非得靠着旁人的搀扶和助行器才能艰难地从客厅挪到卧室。

我虽然是经验丰富的老年医学医师，但父亲衰老的现实让我与其他任何人一样感到无力。我能预测父亲的病情转折，描述他的病况进展，但我却无力阻止这一切的到来。

疾病，确切地说是阿尔茨海默病，正使父亲变成一个陌生的、让人难以接受的人。

曾经有一位病人的女儿请求我撤掉她父亲的维生装置，被我拒绝后，她说：“我只希望，你自己的父亲也会死得缓慢而冗长，就像你强迫我父亲所忍受的。”

现在，我用谈话来填补父亲那空洞的时间，为他准备每天服用的药丸，在他喘不过气时，为他加服一点利尿剂。

“爸，你快乐吗？”

“当然，我很快乐……我有你妈陪我，我爱你妈，你知道的。”他说，“我知道我是睡得多了点，可我做的都是美梦啊。”

是父亲教给了我这样一个真实而无可逃避的人生道理：父母若活得够久，终将成为我们的孩子。我对他们的爱必须是没有条件的，正如他们以前对我那样。

2. 电影：《阿甘正传》

阿甘于第二次世界大战结束后不久出生在美国南方阿拉巴马州一个闭塞的小镇，他先天弱智，智商只有75，然而他的妈妈是一个性格坚强的女性，她常常鼓励阿甘“傻人有傻福”，要他自强不息。阿甘像普通孩子一样上学，并且认识了一生的朋友和至爱珍妮，在珍妮和妈妈的爱护下，阿甘凭着上帝赐予的“飞毛腿”开始了一生不停的奔跑。阿甘成为橄榄球巨星、越战英雄、乒乓球外交使者、亿万富翁，但是，他始终忘不了珍妮，几次匆匆的相聚和离别，更是加深了阿甘的思念。有一天，阿甘收到珍妮的信，他们终于又要见面了……

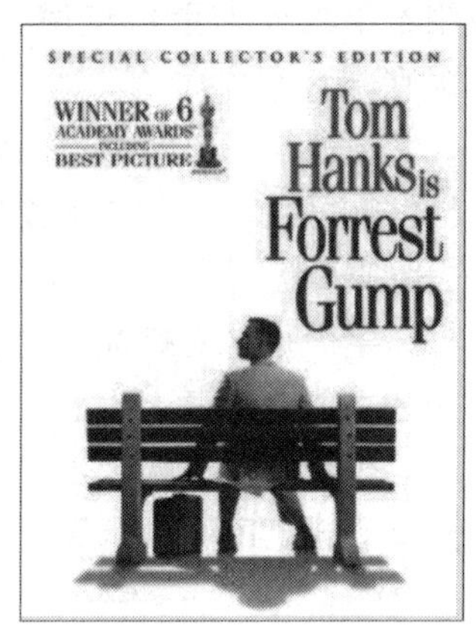

三、心理自测

本问卷旨在了解大家对生命意义的理解，因此，请每位同学真实地回答以下问题。

1. 你对自己目前的生活满意吗？

A. 满意　B. 比较满意　C. 不满意　D. 非常不满意

2. 现实生活中，最困扰你的生活的是什么？

A. 学习压力大　B. 人际关系紧张　C. 未来就业形势严峻，前途渺茫

D. 心理素质差　E. 生活困难　F. 家庭关系不和　G. 特殊成长经历

3. 在你人生中若遇到极不如意的事情，你会如何处理？

A. 找父母或亲戚中的长辈交流

B. 找同学、朋友交流

C. 找老师交流

D. 找心理辅导老师交流

E. 放在心里，自己化解

F. 在网络上寻找交流

4. 当你遇到重大压力或严重挫折，如失去亲人、失恋、残疾、被疾病折磨等，你是否会选择自杀？

A. 是　B. 否　C. 说不准

5. 你身边有青年朋友发生过自杀的事件吗？

A. 有，但很少　B. 很多　C. 没有

6. 对于不时见诸传媒的学生自杀事件，您会觉得怎样？
   A. 他们失去生命，太可惜
   B. 感到害怕，自己在烦恼的时候也想到过
   C. 死亡是一种解脱，死了就可以抛除烦恼
   D. 不关我的事，我不关心
   E. 自杀行为是一时冲动，好死不如赖活
   F. 是对家人极端不负责任的行为
   G. 逃避现实的一种行为，无济于事
   H. 其他
7. 你认为自杀会对周围的人造成影响吗？
   A. 会，严重影响　　B. 会，影响不深　　C. 不会
8. 你认为人有自由选择结束自己生命的权利吗？
   A. 有权利　　B. 没有权利　　C. 说不清
9. 你是否曾经与死亡擦肩而过？
   A. 否　　B. 是
10. 你对死亡怎么看？
   A. 忌讳谈死
   B. 死亡是生命的归宿，是生命的重要部分
   C. 死亡是和生命相对立的，是生命的终结
11. 你是否对人的生命及生命价值进行过思考？
   A. 经常思考　　B. 偶尔思考　　C. 从不思考
12. 你是否觉得活着有意义？
   A. 很有意义　　B. 没有太大意义　　C. 没有意义
13. 你认为生命的意义和价值是什么？
   A. 人生的价值在于奉献　　B. 挑战自我，超越自我
   C. 吃喝玩乐，享受人生　　D. 平淡、从容地生活
   E. 有较高的地位和一定的经济实力
   F. 受到社会的认可和他人的尊重
   G. 追求自己的信仰　　H. 其他
14. 生命的宝贵在于什么？
   A. 身体发肤，受之父母　　B. 生命的唯一性
15. 你能做到热爱、珍惜生命吗？
   A. 能　　B. 不能　　C. 不知道
16. 在你个人成长中，生命观教育主要来自哪里？
   A. 课堂　　B. 家庭
   C. 电视、广播、报刊　　D. 同学、朋友
   E. 无

17. 在学校教育中，你觉得生命教育是否重要？
    A. 重要　　　B. 不重要　　　C. 说不清
18. 你认为生命教育以下列哪种途径开展更有效？
    A. 开设专门的生命教育课程
    B. 开展专题讲座　　　C. 通过学科间进行渗透教学
    D. 开展主题活动　　　E. 其他

四、实践作业

以小组（小组成员不得超过 10 人）或个人形式到儿童福利院、敬老院或医院急诊室参加一次志愿者活动。

（一）作业要求

活动结束后参照附表每人写一篇活动的体验总结，不少于1 500字。

（二）作业评分标准

活动真实，配有图片或影像资料（30 分）；总结有自己的思考和感悟，结合所学内容，内容不雷同（50 分）；活动取得志愿活动单位的良好评价，有负责人签字和单位公章（20 分）。

附表：

志愿者活动调查表

姓名		班级	
参加志愿活动单位		参加活动时间	
共同参与人员			
体验总结（可附页）			
志愿活动单位负责人意见			

负责人签字：　　　　　　（单位公章）

参考文献

1. 徐宏俊，顾定红．高职生心理健康体验式教程．北京：中国人民大学出版社，2015.

2. 刘嵋．心理健康教育．北京：清华大学出版社，2015.

3. 朱坚强．大学生心理辅导与体验．上海：上海教育出版社，2015.

4. 樊富珉，费俊峰．大学生心理健康十六讲．北京：高等教育出版社，2013.

5. 徐虹．大学生心理健康教育：和谐与成长．北京：高等教育出版社，2014.

6. 李伟兰，张玉亚．大学生心理与生理健康教育．北京：中国政法大学出版社，2016.

7. 宋宝萍．大学生积极心理健康教育——理论与实践．西安：西安电子科技大学出版社，2015.

8. 郑安云．大学生心理健康教育案例教学．北京：高等教育出版社，2015.

9. 唐仁郭，唐文红．致心灵：大学生心理健康教育课程教案集锦．广西：广西师范大学出版社，2015.

10. 阳志平，彭华军等．积极心理学团体活动课操作指南．2 版．北京：机械工业出版社，2016.

11. 郑爱明，徐海波，杨雪花．成长从心开始——大学生心理健康读本．南京：南京大学出版社，2013.

12. 聂振伟．大学生心理健康——成长从“心”开始．北京：中国人民大学出版社，2014.

13. 周莉．大学生心理健康教育．2 版．北京：中国人民大学出版社，2015.

14. 谭华玉，马利军．大学生心理健康教育——基于积极心理学角度．北京：人民邮电出版社，2016.

15. 吴青枝，王利平．当代大学生心理健康教育．北京：北京师范大学出版社，2016.

16. 刘志国，刘书瑜，冉红琼．身边的心理故事：大学生心理健康教育读本．北京：重庆大学出版社，2015.

17. 朱育红，潘力军，王爱丽．大学生心理健康教育课堂互动手册．北京：华东理工大学出版社，2015.

18. 谢金凤，朱晟华．大学生心理健康教育．北京：高等教育出版社，2013.

19. ［美］C. R. 斯奈德，沙恩·洛佩斯著．积极心理学：探索人类优势的科学与实践．王彦，席居哲，王艳梅，译．北京：人民邮电出版社，2013.

20. ［美］Michelle N. Shiota，James W. Kalat 著．情绪心理学．周仁来等，译．2 版．

北京：中国轻工业出版社，2015.

21. 王絮．拿来就用的心理学．北京：立信会计出版社，2015.

22. ［美］罗伯特·J. 斯腾伯格，凯琳·斯腾伯格著．爱情心理学．李朝旭等，译．北京：中国出版集团，世界图书出版公司，2015.

23. 李华宾，张丽芳．通用职业素养指导与训练．北京：中国人民大学出版社，2015.

24. 吴丽玫．高职学生心理健康实训教程．北京：中国人民大学出版社，2014.

25. 张敏生．大学生心理健康教育与训练．北京：高等教育出版社，2015.

26. 杜萍．大学生心理健康教程．南京：南京大学出版社，2016.

27. 肖淑梅，彭彤．高职大学生心理健康．北京：机械工业出版社，2016.

28. 杨素华，孙新红．大学生积极心理培养．济南：山东人民出版社，2014.

29. 郑海风．捕捉心灵的快乐：积极心理训练．苏州：苏州大学出版社，2013.

30. 雷雳主编．互联网心理学：新心理行为研究的兴起．北京：北京师范大学出版社，2016.

图书在版编目（CIP）数据

心灵成长之旅：大学生积极心理指导与训练 / 张丽芳，郑静主编．—北京：中国人民大学出版社，2017.5

21 世纪高职高专规划教材．通识课系列

ISBN 978-7-300-24306-1

Ⅰ.①心… Ⅱ.①张… ②郑… Ⅲ.①大学生-心理健康-健康教育-高等职业教育-教材 Ⅳ.①G444

中国版本图书馆 CIP 数据核字（2017）第 065969 号

21 世纪高职高专规划教材·通识课系列

人文素质与职业素养系列教材

心灵成长之旅——大学生积极心理指导与训练

主　编　张丽芳　郑　静

副主编　焦莹莹　吴　蕊　赵秋叶

Xinling Chengzhang zhi Lü——Daxuesheng Jiji Xinli Zhidao yu Xunlian

出版发行	中国人民大学出版社		
社　　址	北京中关村大街 31 号	**邮政编码**	100080
电　　话	010－62511242（总编室）		010－62511770（质管部）
	010－82501766（邮购部）		010－62514148（门市部）
	010－62515195（发行公司）		010－62515275（盗版举报）
网　　址	http：//www. crup. com. cn		
	http：//www. ttrnet. com（人大教研网）		
经　　销	新华书店		
印　　刷	北京昌联印刷有限公司		
规　　格	185 mm×260 mm　16 开本	**版　　次**	2017 年 5 月第 1 版
印　　张	15.5 插页 1	**印　　次**	2019 年12月第 4 次印刷
字　　数	356 000	**定　　价**	34.00 元

信息反馈表

尊敬的老师:

您好！为了更好地为您的教学、科研服务，我们希望通过这张反馈表来获取您更多的建议和意见，以进一步完善我们的工作。

请您填好下表后以电子邮件、信件或传真的形式反馈给我们，十分感谢!

一、您使用的我社教材情况

<table>
<tr><td rowspan="2">您使用的我社教材名称</td><td colspan="3"></td></tr>
<tr><td colspan="3"></td></tr>
<tr><td rowspan="2">您所讲授的课程</td><td></td><td rowspan="2">学生人数</td><td></td></tr>
<tr><td></td><td></td></tr>
<tr><td>您希望获得哪些相关教学资源</td><td colspan="3"></td></tr>
<tr><td>您对本书有哪些建议</td><td colspan="3"></td></tr>
</table>

二、您目前使用的教材及计划编写的教材

<table>
<tr><td rowspan="3">您目前使用的教材</td><td>书名</td><td>作者</td><td>出版社</td></tr>
<tr><td></td><td></td><td></td></tr>
<tr><td></td><td></td><td></td></tr>
<tr><td rowspan="3">您计划编写的教材</td><td>书名</td><td>预计交稿时间</td><td>本校开课学生数量</td></tr>
<tr><td></td><td></td><td></td></tr>
<tr><td></td><td></td><td></td></tr>
</table>

三、请留下您的联系方式，以便我们为您赠送样书（限1本）

<table>
<tr><td>您的通信地址</td><td colspan="3"></td></tr>
<tr><td>您的姓名</td><td></td><td>联系电话</td><td></td></tr>
<tr><td>电子邮箱（必填）</td><td colspan="3"></td></tr>
</table>

我们的联系方式:

地　址: 苏州工业园区仁爱路158号中国人民大学苏州校区修远楼

电　话: 0512-68839320　　传　真: 0512-68839316

E-mail: huadong@crup.com.cn　　邮　编: 215123

网　址: www.crup.com.cn